A raiz das coisas

Carlos Henrique Cardim

A raiz das coisas
Rui Barbosa: o Brasil no mundo

2ª edição revista e ampliada

Rio de Janeiro
2023

Copyright © Carlos Henrique Cardim, 2007

Design de capa: Anderson Junqueira
Imagens de capa: Candido Portinari, *Retrato de Rui Barbosa*, 1949. Direito de reprodução gentilmente cedido por João Candido Portinari. *Mappa geral da República dos Estados Unidos do Brasil*, 1908. Biblioteca do Congresso (EUA), Estados Unidos e Brasil: Expandindo Fronteiras, Comparando Culturas.
Diagramação de miolo: Abreu's System

Todos os esforços foram feitos para localizar os fotógrafos das imagens e os autores dos textos reproduzidos neste livro. A editora compromete-se a dar os devidos créditos em uma próxima edição, caso os autores as reconheçam e possam provar sua autoria. Nossa intenção é divulgar o material iconográfico e musical, de maneira a ilustrar as ideias aqui publicadas, sem qualquer intuito de violar direitos de terceiros.

Todos os direitos reservados. É proibido reproduzir, armazenar ou transmitir partes deste livro, através de quaisquer meios, sem prévia autorização por escrito.

Texto revisado segundo o Acordo Ortográfico da Língua Porguesa de 1990.

Direitos desta edição adquiridos pela
EDITORA CIVILIZAÇÃO BRASILEIRA
Um selo da
EDITORA JOSÉ OLYMPIO LTDA.
Rua Argentina, 171 – Rio de Janeiro, RJ – 20921-380 – Tel.: (21) 2585-2000.

Seja um leitor preferencial Record.
Cadastre-se no site www.record.com.br
e receba informações sobre nossos lançamentos e nossas promoções.

Atendimento e venda direta ao leitor:
sac@record.com.br

CIP-BRASIL. CATALOGAÇÃO NA PUBLICAÇÃO
SINDICATO NACIONAL DOS EDITORES DE LIVROS, RJ

C258r
2. ed.

Cardim, Carlos Henrique
    A raiz das coisas : Rui Barbosa : o Brasil no mundo / Carlos Henrique Cardim. – 2. ed., rev. e ampl. – Rio de Janeiro : Civilização Brasileira, 2023.
    ; 23 cm.

    Inclui bibliografia
    ISBN 978-65-5802-083-7

    1. Barbosa, Rui, 1849-1923. 2. Políticos – Biografia – Brasil. 3. Política internacional. 4. Brasil – Relações exteriores. I. Título.

22-81565

CDD: 320.092
CDU: 929:32

Meri Gleice Rodrigues de Souza – Bibliotecária – CRB-7/6439

Impresso no Brasil
2023

Sumário

PREFÁCIO À SEGUNDA EDIÇÃO REVISTA E AMPLIADA (2023)   9
Rui Barbosa: maior legado em vida foi internacional

PREFÁCIO À PRIMEIRA EDIÇÃO (2007)   17
Dossiê Rui Barbosa diplomata

CAPÍTULO 1 – RUI, SUAS IDEIAS E SEU TEMPO   21

A trajetória de Rui   23

A ideologia política de Rui Barbosa   31

O Brasil nas primeiras décadas da República: Crise e criatividade   67

CAPÍTULO 2 – RUI, POLÍTICA EXTERNA E POLÍTICA INTERNACIONAL   97

Rui e a entrada do Brasil na política internacional   99

A escolha de Rui para Haia   105

CAPÍTULO 3 – A PRINCIPAL QUESTÃO DA SEGUNDA CONFERÊNCIA DA PAZ DE HAIA (1907)   127

A proposta dos Estados Unidos e a oposição do Brasil   129

A questão da cobrança coercitiva de dívidas contratuais: A doutrina Drago e a proposta Porter   161

A parceria entre Rio Branco e Rui Barbosa   169

Balanço da Segunda Conferência da Paz de Haia   175

O incidente com o delegado russo   195

Julgamento de presas marítimas   209

CAPÍTULO 4 – "O NOVO DESCOBRIMENTO DA AMÉRICA"   219

CAPÍTULO 5 – OUTRAS PARTICIPAÇÕES IMPORTANTES DE RUI NA POLÍTICA INTERNACIONAL   231

Novo conceito de neutralidade: O Brasil e a Primeira Guerra Mundial   233

Rui, o primeiro defensor de Dreyfus   289

Rui e o rearmamento naval   293

O melhor trabalho de Rui em política internacional   297

CAPÍTULO 6 – ATUALIDADE DE RUI PARA A POLÍTICA EXTERNA E POLÍTICA INTERNACIONAL DO BRASIL   305

ANEXOS   325

   I. A luta pelo princípio da igualdade entre as nações   327
   II. Nota do governo russo às missões estrangeiras acreditadas em São Petersburgo   349

III. Artigo intitulado "Brasil e Argentina", de autoria de Rio Branco, publicado no *Jornal do Commercio* de 26 de setembro de 1908, sob pseudônimo   355

IV. A questão do Acre: As cartas entre Rio Branco e Rui Barbosa   361

V. A organização da conferência da Paz de Haia   369

VI. Bibliografia de Rui na Conferência de Buenos Aires   371

VII. O Protesto Saraiva   373

VIII. Sumários dos três tomos de *O direito do Amazonas ao Acre Setentrional*   375

BIBLIOGRAFIA   379

PREFÁCIO À SEGUNDA EDIÇÃO REVISTA E AMPLIADA (2023)

Rui Barbosa: maior legado em vida foi internacional

> "Vi todas as nações do mundo reunidas, e aprendi a não me envergonhar da minha."
>
> (Rui Barbosa, "Segunda Conferência da Paz de Haia, de 1907)

RUI, CONQUISTAS EM VIDA, SOMENTE NO EXTERIOR

As únicas e principais vitórias, em vida, de Rui Barbosa – cujo centenário de morte se comemora em 2023 –, na sua larga trajetória pública, foram na política internacional: defesa da igualdade das nações; manutenção, na Segunda Conferência da Paz de Haia, em 1907, da Corte Permanente de Arbitragem, criada na Primeira Conferência, de 1899; e a entrada do Brasil na Primeira Guerra Mundial. Registre-se que o Brasil e o México foram os únicos dois países da América Latina convidados para a Primeira Conferência. O Brasil recusou o convite alegando questões internas. O México aceitou e se fez representar. Rio Branco corrige esse erro diplomático de Campos Salles e indica Rui Barbosa como delegado brasileiro à Segunda Conferência da Paz de Haia, e assim atualiza o Brasil na agenda internacional.

Todas as grandes lutas de Rui na política interna – industrialização do Brasil em 1890, candidatura por duas vezes à Presidência da República e moralização da vida pública –, apesar do enorme mérito, foram malsucedidas historicamente. Sem dúvida hoje, é possível definir Rui Barbosa e sua herança, como um dos grandes construtores da República do Brasil, particularmente das liberdades políticas. Não à toa, no plenário do Senado Federal, em Brasília, há somente duas figuras sobre a mesa: Jesus Cristo e Rui Barbosa.

A tal ponto chegaram suas duras críticas à Primeira República, que Hermes Lima considerou Rui Barbosa um dos grandes inspiradores da Revolução de 1930.

A CORTE PERMANENTE DE ARBITRAGEM (CPA), A GRANDE CONQUISTA DE RUI

O padre Antônio Vieira, no sermão da Terceira Dominga, na Capela Real, em 1655, dizia que: "Na antiga Hebreia, os juízes ficavam às portas da cidade, para poupar tempo, dinheiro e passadas às pessoas." O notável jesuíta, como prevendo o grande problema da justiça ser o tempo que leva um processo – de dez a vinte anos –, citava de propósito o exemplo da "antiga Hebreia", que tornava as decisões judiciais mais céleres, normais e sem causar desgastes ao indivíduo. Em outras palavras, em termos modernos, é uma eloquente defesa da arbitragem jurídica, hoje caminho consagrado para o presente e futuro da justiça, seja nacional ou internacional.

O professor Vicente Marotta Rangel, mestre e amigo, orientou-me que, quando da visita ao Palácio da Paz em Haia, localizasse, num dos corredores, um busto de Rui Barbosa e entrasse no salão indicado, pois teria uma grata surpresa. Lá é a sede da CPA. Quando estive lá e disse que sou brasileiro, fui recebido com grande efusão e congratulações pela defesa da CPA por Rui Barbosa.

A CPA continua até hoje muito ativa, sendo na atualidade um dos mais relevantes foros para grandes questões de arbitragem.

Valeria o leitor consular o site da CPA: <www.pca-cpa.org>.

PREFÁCIO À SEGUNDA EDIÇÃO REVISTA E AMPLIADA (2023)

COMO SURGIU A CPA?

A caricatura de Fred. W. Rose, datada de 1899, com o título *Pescando com caniço em águas revoltas*, apesar de se referir a Mister Bull, símbolo do Reino Unido, enfoca a figura do czar Nicolau II, tendo em uma das mãos um ramo de oliveira – símbolo da Paz – e na outra um tipo de armadilha direcionado ao Pacífico, ao Japão. Sublinhe-se que foi em 1888 que o chanceler de Nicolau II, conde Mouravieff, endereçou às nações representadas em São Petersburgo, uma carta, em nome do czar, convidando-os para participarem da Primeira Conferência da Paz de Haia, a se realizar em 1899.

Um ramo de oliveira à mão não parece combinar com a imagem de um poderoso czar, que domina uma sexta parte do mundo, e que pronunciou as seguintes palavras em sua coroação: "Nós, Nicolau II Alexandrovitch, pela Graça de Deus, Soberano, Imperador e Autócrata de Todas as Rússias, czar de Kazan, czar de Astrakan, czar da Sibéria, czar da Geórgia, grão-duque da Finlândia e da Lituânia, de Rostov e de Podolk, Senhor da Grande Rússia, da Pequena Rússia e da Rússia Branca, e Autócrata e Soberano de muitas outras terras…"

Como assinala Essad Bey, em sua biografia de Nicolau II,

> O Império russo governa-se em leis indestrutíveis, promulgadas por um superior absoluto. Esta cláusula, octogésima sétima da lei fundamental do Império Russo, era a única lei imutável da Rússia. […] De acordo com isso, o Império russo não era um estado despótico, e sim uma monarquia autocrática, baseada na lei. […] O governo do czar abrangia 8.660.000 milhas quadradas e 160.000.000 de habitantes.

Esse czar, na expressão de Essad Bey, "dom Quixote da autocracia", foi Nicolau II. A sua carta convocatória da Primeira Conferência da Paz de Haia é uma verdadeira aula de diplomacia e um marco da política internacional contemporânea, pois reuniu, em 1899, o primeiro conclave mundial sobre a paz. Registre-se que como balanço dessa conferência ficou uma grande conquista: a Corte Permanente de Arbitragem CPA, com sede na Haia, e que foi preservada por Rui Barbosa, em 1907. No Palácio da Paz de Haia, estão um quadro de Nicolau II e um busto de Rui Barbosa, como duas merecidas homenagens. São poucos eventos internacionais que deixam uma obra concreta para o futuro.

Como lembra Essad Bey: "[...] as primeiras palavras do tribunal recém-fundado (CPA), que começou a funcionar a 8 de maio de 1899 – dia natalício do czar – foram uma expressão de grato reconhecimento ao pacifista Imperador de Todas as Rússias".

UM BALANÇO DE NICOLAU II

Segundo Dominic Lieven, em *Nicholas II: Emperor of all the Russias,*

> *Nicholas II was not stupid. Nor was nearly as weak as is commonly thought. The dilemmas of ruling Russia were vast and contradictory, and it was an illusion to think that simply by agreeing to become a constitutional monarch Nicholas could have preserved his dynasy and empire.*

Para Winston Churchill, em *The World Crisis,*

> *Exit Tsar. Deliver him and all he loved to wounds and death. Belittle his efforts, asperse his conduct, insult his memory; but pause then to tell us who else was found capable. Who or what could guide the Russian state? Men gifted and daring; men ambitious and fierce, spirits audacious and commanding – of these were no lack. But none could answer the few plain questions on which the life and fame of Russian turned.*

MUSEU DE HISTÓRIA CONTEMPORÂNEA DA RÚSSIA

Em setembro de 2022, estive em Moscou por vinte dias para contatos acadêmicos e institucionais, voltados principalmente para colher subsídios para a segunda edição deste livro. Destaco, entre eles, a visita que fiz ao

PREFÁCIO À SEGUNDA EDIÇÃO REVISTA E AMPLIADA (2023)

Museu de História Contemporânea da Rússia, onde me chamaram a atenção a caricatura de Fred. W. Rose e uma sala com um vagão de trem da linha Transiberiana, com uma foto em tamanho natural do famoso conde Sergei Witte (1849–1915), "o homem que construiu a moderna Rússia". Considerado *the most important stateman of pré-revolucionary Russia, Sergei Witte's political carrer saw him construct the Trans-Siberian Railway*".

Denominado por Hélène Carrère d'Encausse, na obra *Nicolas II La Transition interropue*, como "Le Colbert de la Russie", Witte tinha uma concepção geral do desenvolvimento russo que mesclava as ideias econômicas modernas e uma visão quase eslavófila da especificidade de seu país.

Witte, em suas *Memórias*, sublinha que a Rússia, por seu poderio econômico, pela intensidade de seu esforço, começava a ter um papel respeitável no mundo moderno. Registre-se que a prosperidade crescente da Rússia, no final do século XIX e início do século XX, despertava grande interesse na Europa e nos Estados Unidos.

"FELICÍSSIMO INCIDENTE"

Em seu telegrama 10, do dia 12 de julho de 1907, Rui destaca fato que ficou conhecido como o "incidente Martens", nos seguintes termos: "Suscitou-se incidente animado entre mim e presidente Martens, obrigando-me a falar de novo longamente. Finda sessão, Martens veio *buffet* na presença de todos, desfazer-se comigo explicações completas, amabilíssimo, considero felicíssimo incidente pelo qual fui felicitado."

Fyodor Fyodorovich Martens, ou Friedrich Von Martens (1845–1909). Diplomata e jurista russo, deu importantes contribuições ao direito internacional. Representou a Rússia nas duas Conferências da Paz de Haia, 1899 e 1907, e atuou em casos pioneiros de arbitragem internacional.

A RAIZ DAS COISAS

Remeto o leitor para o Capítulo 3 de meu livro, no subtítulo "O incidente com o delegado russo", onde analiso o caso à luz dos textos de Hildebrando Accioly e de Antônio Batista Pereira.

BUSCANDO RUI, E ACHANDO A RÚSSIA!

Ao escrever o livro *A raiz das coisas. Rui Barbosa: o Brasil no mundo,* sobre principalmente a atuação do delegado do Brasil na Segunda Conferência da Paz de Haia, de 1907, tomei conhecimento de que a Primeira Conferência da Paz de Haia, de 1899, fora convocada pelo czar da Rússia, Nicolau II.

As Conferências da Paz de Haia, de 1899 e de 1907, apesar de não lograrem um acordo sobre o desarmamento e a obrigatoriedade da arbitragem, colocaram o czar Nicolau II como uma figura proeminente em prol da paz, na política internacional. Lograram estabelecer a Corte Permanente de Arbitragem (CPA), até hoje muito ativa, e são consideradas precursoras da Sociedade das Nações (SDN), da Organização das Nações Unidas (ONU). No Palácio da Paz, em Haia, há um quadro retratando Nicolau II.

A partir daí, comecei a me indagar: por que a Rússia?

Lembrei-me, inicialmente, de que Alexis de Tocqueville (1805–1859), em *De la Démocratie en Amérique*, havia previsto com notável lucidez:

Il y a aujourd'hui sur la terre deux grands peuples qui, partis de points différents, semblent s'avancer vers le même but: ce sont lês Russes et les Anglo-Américains. Tous deux ont grandi dans l'obscurité; et tandis que les regards des hommes étaient occupés ailleurs, ils se sont placés tout à coup au premier rang des nations, et le monde a appris presque en même temps leur naissance et leur grandeur. Tous les autres peuples paraissent avoir atteint à peu près les limites qu'a tracées la nature, et n'avoir plus qu'à conserver; mais eux sont en croissance (La Russie est, des toutes les nations de l'ancien monde, celle dont la population augmente le plus rapidement, proportion gardée La Russie est, des toutes les nations de l'ancien monde, celle dont la population augmente le plus rapidement, proportion gardée: tous les autres sont arrêtés ou n'avancent qu'avec mille efforts; eux seuls marchent d'un pas aisé et rapide dans une carrière dont l'oeil

PREFÁCIO À SEGUNDA EDIÇÃO REVISTA E AMPLIADA (2023)

ne saurait encore apercevoir la borne. [...] Leur point de départ est différent, leurs voies sont diverses; néanmoins, chacun d'eux semble appelé par un dessein secret de la Providence à tenir un jour dans ses mains les destinées de la moitié du monde.

Depois li que Max Weber, o maior cientista social do século XX, após concluir sua obra sobre o protestantismo e o capitalismo, ao regressar dos Estados Unidos, em 1905, nas palavras de Robert Michels, "it was Russian affairs that attracted him most". O que é muito importante não é a qualidade acadêmica de seus ensaios sobre a Rússia, o que vale é sua preclara intuição. Como dizia Albert Einstein: "A intuição é mais importante do que o conhecimento."

Recordo, igualmente, que em 2012, em encontro que tive com Yevgeny Primakov, em Moscou, o líder russo falou sobre o papel de Anastas Mikoyan na crise de Cuba em 1962, ao responder a minha indagação sobre as motivações russas na política exterior. Disse-me que o chanceler russo, ao ser informado da morte de sua esposa, em meio a uma decisiva reunião com Fidel Castro, resolveu, mesmo com sentimentos abalados, continuar e concluir as negociações para se evitar um conflito nuclear entre os Estados Unidos e a URSS, numa alta demonstração de alta responsabilidade diplomática.

Cheguei à conclusão de que é mais do que o momento de se estudar a Rússia completa. Tivemos até aqui uma boa análise bibliográfica da "sovietologia", e ainda assim, como me sublinhou Ralf Dahrendorf, então Diretor da London School of Economics and Political Science, muitos "institutos e departamentos especializados deveriam ser fechados, porque não previram o fim da URSS em 1991".

Precisa-se de "russólogos" em Brasília, Moscou, Washington, Londres, Paris, Berlim, Roma, Lisboa, Beijing, Nova Déli etc.

RUI BARBOSA: A RAIZ DAS COISAS

A lúcida observação de William T. Stead relativa a Rui Barbosa e à Segunda Conferência da Paz de Haia, de 1907, aplica-se, igualmente, à política interna do Brasil. O problema central e permanente, como afirmou o correspondente inglês, "Em sua essência consiste nisso: se a Força ou o Direito deve ser o fator dominante nos negócios do homem". O covarde e terrorista ato ocorrido, em Brasília, no dia 8 de janeiro de 2023, coloca na contemporaneidade essa questão de fundo, "para pôr à prova a coragem e desafiar o discernimento", como Stead afirmou.

Norberto Bobbio, assim, define o problema central de o "governo dos homens [evoluir] para o governo das leis", e define a democracia como, fundamentalmente, uma "nomocracia".

Lembremos aqui trecho da certidão de batismo da democracia, o discurso de Péricles, contido na *A história da Guerra do Peloponeso*, de Tucídides:

> Nosso governo se chama democracia, porque a administração serve aos interesses da maioria, e não de uma minoria. [...] Decidimos por nós mesmos todos os assuntos sobre os quais fazemos, antes, um estudo exato: não acreditamos que o discurso entrave a ação; o que nos parece prejudicial é que as questões não se esclareçam, antecipadamente, pela discussão.

Na Segunda Conferência de Haia, Rui Barbosa ecoa a lição de Péricles ao afirmar: "Tem-se dado a esta Conferência o nome de Parlamento das Nações. Ora, é da essência dos parlamentos o falarem, a saber, o não se limitarem a votar, o discutirem com liberdade mais ampla da palavra. A palavra não faz mal, ainda às vezes transbordando."

Rui Barbosa é sempre atual e útil. Como disseram figuras tão distintas, e tão díspares, como Miguel Reale e Oswald de Andrade. O primeiro, ao assinalar que "Rui foi um humanista. [...] pelo grau de seu desprezo à certeza do êxito, pela sua *virtù* do risco, pelo amor à nobreza do gesto de optar". O segundo, ao afirmar que, "como a semente do Evangelho que precisa morrer para frutificar, ele [Rui] soube morrer pelo dia seguinte do Brasil".

PREFÁCIO À PRIMEIRA EDIÇÃO (2007)
Dossiê Rui Barbosa diplomata

A revista *Época*, em sua edição de 11 de setembro de 2006, publicou matéria sobre enquete realizada junto a um grupo de personalidades nacionais para escolher o maior brasileiro da História:

> O resultado final foi um empate entre Rui Barbosa e Machado de Assis. Como a ideia era eleger apenas um personagem, a redação, no voto de Minerva, optou por Rui Barbosa. Toda escolha do gênero envolve certo grau de arbitrariedade e provoca discussão. Rui foi escolhido, entre outras coisas, pela qualidade da discussão que certamente provocará.

O jornal *Folha de S.Paulo,* em sua edição de 1º de abril de 2007, divulgou o resultado de enquete com duzentas personalidades que escolheram o(a) "Maior brasileiro(a) de todos os tempos". O resultado foi o seguinte: 1) Getúlio Vargas; 2) Juscelino Kubitschek; 3) Machado de Assis; e 4) Rui Barbosa. Entre os eleitores de Rui, figurou o jurista Dalmo Dalari, para quem "ele foi o modernizador do Brasil".

Apesar dessa relevância, pode-se afirmar – sem desprezar contribuições expressivas como as de San Tiago Dantas, Luís Viana Filho e Bolívar Lamounier – que Rui ainda é, parcialmente, conhecido, e que tem sido um personagem mais distorcido, folclorizado, que, propriamente, estudado e analisado.

É evidente a atualidade de Rui e a necessidade de se aprofundar o conhecimento sobre seu pensamento e ação, centrados na criação de um Estado republicano brasileiro democrático, progressista e participante ativo do sistema internacional.

POR QUE ESTE NOVO LIVRO?

A política internacional foi o campo em que Rui colheu as maiores vitórias ainda em vida. No entanto, não existe uma monografia específica que englobe seu pensamento e ação em diferentes momentos no campo externo, como, por exemplo, a Segunda Conferência da Paz de Haia, a Primeira Guerra Mundial, o caso Dreyfus, a questão do Acre e o rearmamento naval.

Assim, os objetivos principais da presente monografia são: contribuir para organizar o legado ruiano em matéria de relações internacionais, procurar consolidar as múltiplas referências dispersas e produzir um roteiro da documentação e da bibliografia sobre a ação e o pensamento de Rui na política externa.

Note-se, ainda, que a coleção *Obras completas de Rui Barbosa* (OCRB) – editada pela Fundação Casa de Rui Barbosa (FCRB) e iniciada em 1941 – ainda não foi concluída e já alcança 137 tomos publicados, estando prevista para os próximos anos a conclusão do grandioso projeto com cerca de mais trinta tomos a serem editados; o que revela a complexidade do assunto. Nesse particular, registre-se, que, graças à inestimável ajuda da FCRB, o autor pôde ter acesso ao conteúdo do próximo volume da OCRB, ainda não publicado, intitulado "Jubileu cívico (1918)", e que traz interessantes trabalhos de Rui sobre o Brasil e a Primeira Guerra Mundial.

Não é demais lembrar que, em face dos fatores apontados, ainda, nos últimos anos, têm surgido textos de Rui Barbosa inéditos, quase inéditos,

PREFÁCIO À PRIMEIRA EDIÇÃO (2007)

ou de difícil acesso. Exemplo disso é a publicação, em 1991, pelo professor Estevão Chaves de Rezende Martins do discurso de Rui – cujo manuscrito original pertence a uma coleção particular, nunca editado na íntegra – com o qual o notável homem público baiano saudou o ex-secretário de Estado dos Estados Unidos Robert Bacon, em 1913, quando este veio ao Rio apresentar a recém-criada Carnegie Endowment for International Peace. No referido discurso, Rui fez uma análise das Conferências de Paz de Haia de 1899 e de 1907.[1] Vale lembrar, a propósito, que a Fundação Casa de Rui Barbosa lançou, em 2000, apelo público, solicitando a quem souber, ou possuir, algum original ou parecer do patrono da instituição, enviá-lo para a sede da FCRB, no Rio de Janeiro.

Ressalte-se, igualmente, que o espírito que animou a preparação deste trabalho foi o de ele ser mais um dossiê diplomático sobre Rui do que tese universitária. Daí a preocupação maior ter sido a de construir um panorama bem organizado e útil, com um alentado conjunto de citações ruianas, um tipo de "Guia de Rui na política internacional".

Além do acima mencionado esforço de organização e consolidação da vasta e não sistemática participação internacional de Rui Barbosa, registre-se o conselho de Evaristo de Moraes Filho, que sugeriu ao autor que desse especial atenção ao fato de que "ainda falta um título próprio, na historiografia brasileira, sobre o período de guerra (1914–1918) entre nós, com os debates parlamentares e pela imprensa, com as correntes de opinião, com o jogo dos grupos econômicos, e assim por diante". Tendo em vista que Rui Barbosa foi um dos principais protagonistas desses debates, o autor esforçou-se no sentido de incluir no roteiro um tópico específico sobre essa outra participação de Rui nos assuntos internacionais de seu tempo. A linha de pesquisa sugerida por Evaristo de Moraes Filho motivará a preparação de volume temático, em futuro próximo.

Ao pesquisar as contribuições de Rui Barbosa no campo internacional, o autor pôde também verificar a inexistência de uma antologia abrangente

A RAIZ DAS COISAS

sobre o pensamento e a ação do ilustre estadista brasileiro na política exterior. Por exemplo, dos cerca de cinquenta discursos que Rui proferiu, em Haia, somente dez foram traduzidos para o português, estando os demais acessíveis, apenas, em francês. Assim sendo, prevê-se uma edição conjunta desse título entre a Fundação Casa de Rui Barbosa, a Fundação Alexandre de Gusmão e o Conselho Editorial do Senado Federal.

O autor agradece a valiosa colaboração que recebeu da Fundação Casa de Rui Barbosa, na pessoa de seu presidente, o professor Mário Brockmann Machado e da diretora do Setor de Pesquisas Ruianas doutora Rejane Mendes Moreira de Almeida Magalhães. Expressa, igualmente, seus agradecimentos aos professores Antonio Paim, Walter Costa Porto, Evaristo de Moraes Filho e Eüti Sato.

NOTA

1. Estevão Chaves de Rezende Martins (edição e notas), "Ruy Barbosa e a paz mundial", *in: Arquivos do Ministério da Justiça*, ano 44, nº 177, Brasília, 1991.

CAPÍTULO 1
Rui, suas ideias e seu tempo

A TRAJETÓRIA DE RUI

Rui Barbosa é um dos maiores homens públicos da história do Brasil. Tem presença marcante tanto na política interna como na política externa do país. Conhecê-lo de corpo inteiro, em seu vasto e diversificado itinerário, contribui para melhor compreender sua atuação na diplomacia, objeto deste livro. Assim, pareceu útil oferecer ao leitor, inicialmente, uma síntese de sua biografia.

Intelectual e político, foi um dos organizadores da República, atuando, principalmente, na defesa da União e na promoção dos direitos e garantias individuais. Foi o primeiro ministro da Fazenda do novo regime, e marcou sua breve e discutida gestão com reformas modernizadoras da economia. Foi deputado, senador e, por duas vezes, candidato à Presidência da República. Destacou-se, também, como jornalista e advogado. Como delegado do Brasil na Segunda Conferência da Paz de Haia (1907), notabilizou-se pela defesa do princípio da igualdade dos Estados. Teve, ainda, papel decisivo na entrada do Brasil na Primeira Guerra Mundial.

Rui Barbosa nasceu em Salvador, no dia 5 de novembro de 1849, filho de João José Barbosa de Oliveira e de Maria Adélia Barbosa de Oliveira.

Formado em direito pela Faculdade de Direito de São Paulo (São Francisco), colega de Afonso Pena, Rio Branco, Rodrigues Alves e Joaquim Nabuco, Rui inicia sua vida pública ainda na academia, ao participar dos debates sobre a extinção do trabalho escravo. De volta à Bahia, começa vida profissional como advogado e jornalista.

RUI E A POLÍTICA INTERNA

Rui elege-se deputado geral aos 29 anos e muda-se para o Rio de Janeiro, em 1878. No período de 1878 a 1889, é reeleito deputado, em 1881, e permanece na Câmara até 1884. Produz nessa fase importantes pareceres sobre métodos pedagógicos e apresenta proposta de reforma do sistema educacional. Considera a instrução o fator decisivo para o progresso real do país, defende o estabelecimento de escolas superiores não estatais, o incentivo ao ensino técnico-industrial e o acesso das mulheres às faculdades. Além do combate à escravidão, Rui vai promover a ideia da federação e da reforma da monarquia para atender os reclamos da descentralização.

A antevéspera da queda da Monarquia coincide com artigos críticos de Rui ao regime decadente, que chamam a atenção de líderes republicanos. Proclamada a República em 15 de novembro de 1889, ele é convidado em seguida para ocupar o Ministério da Fazenda. Desempenha, também, as funções de vice-chefe do Governo Provisório até 1890. Propõe a separação da Igreja do Estado e, pelo seu grande conhecimento do sistema político norte-americano, transforma-se em uma das referências sobre o funcionamento das instituições republicanas.

Rui, desde os estudos acadêmicos e pela vida afora, foi sempre um estudioso sistemático da bibliografia dos temas que lhe interessavam. Dedicava boa parte de seu tempo à leitura dessas obras em suas versões originais. Assim, por exemplo, quando surge a República, é dos poucos intelectuais e políticos no Brasil que dominam a língua inglesa e a literatura política e jurídica anglo-saxã, em particular a dos Estados Unidos, modelo então da nascente República brasileira.

Assume o Ministério da Fazenda com um programa de incentivo à industrialização, à diversificação e à ampliação da atividade econômica. Interpreta os anseios de progresso e proteção dos direitos das classes médias em ascensão, como assinalou San Tiago Dantas em notável ensaio intitulado "Rui Barbosa e a renovação da sociedade". Tem entre seus objetivos a superação da estrutura agrária do Império, baseada somente na exportação do café. Seu propósito maior era transformar o Brasil em nação industrial. A gestão de Rui (de 15 de novembro de 1889 a janeiro de 1891) foi marcada por desenfreada especulação na Bolsa de Valores, que provocou surto inflacionário, seguido de falências, muitas delas fraudulentas. Esse episódio ficou conhecido como "encilhamento". Nas últimas décadas, verificou-se, na academia, uma reavaliação do "encilhamento" e da gestão de Rui como um todo no Ministério da Fazenda, a qual resultou em balanço mais positivo do que negativo desse esforço pioneiro pela industrialização do Brasil.

A principal contribuição de Rui na elaboração da primeira Constituição republicana de 1891, além da revisão do texto da "Comissão dos Cinco", que já consagrava o presidencialismo e o federalismo, foi a introdução de controles dos atos dos poderes Executivo e Legislativo pelo Judiciário. É de Rui a iniciativa de conferir ao recém-criado Supremo Tribunal Federal (STF) o controle sobre a constitucionalidade das leis e dos atos do Legislativo e do Executivo. Rui acrescenta, igualmente, no projeto constitucional, o direito ao *habeas corpus* para garantir a liberdade individual em situações de abusos de poder. Faz do STF, além de guardião da Constituição, guardião dos direitos e liberdades individuais.

Rui entra no STF, em 18 de abril de 1892, com o primeiro pedido de *habeas corpus* sobre matéria política – pedido esse em favor de oposicionistas presos pelo governo de Floriano Peixoto. Como resultado de sua campanha em prol das vítimas da "ditadura florianista", Rui é acusado de ser um dos mentores da Revolta da Armada (setembro de 1893) e, ameaçado de prisão, parte para o exílio, primeiro em Buenos Aires, depois em Londres. Regressa somente em 1895, no governo de Prudente de Morais.

Ponto alto da trajetória de Rui na política interna foi sua candidatura presidencial, em 1910, contra Hermes da Fonseca. Lança, nessa oportunidade, a Campanha Civilista. Critica não somente o militarismo como também o processo político comandado pelas oligarquias. Defende mudanças constitucionais, entre elas, a introdução do voto secreto.

Derrotado no pleito, Rui protesta contra as fraudes ocorridas no processo eleitoral. Continua com sua atividade política, jornalística e como advogado, com foco na proteção dos direitos individuais contra os abusos de poder, como é o caso da defesa que faz, no Senado, de marinheiros presos na Revolta da Chibata, em 1911.

Eleito presidente do Instituto dos Advogados do Brasil, em 1914, Rui fora eleito presidente da Academia Brasileira de Letras, em 1908, posto que ocupou até 1919.

Em 1918 comemorou-se o Jubileu Cívico de Rui. Essa data tem como referência a sua saudação a José Bonifácio, o Moço, em 1868. Recebe muitas homenagens nacionais e estrangeiras. Na inauguração de seu busto na Biblioteca Nacional, Rui sublinha sua condição básica de um "construtor", na qual "as letras entram apenas como a forma da palavra que reveste o pensamento", para dar "clareza às opiniões".

Em novembro de 1918, com a morte de Rodrigues Alves, novas eleições são convocadas, e Rui, aos 70 anos, apresenta sua candidatura, dessa vez concorrendo contra Epitácio Pessoa. Nesse pleito, a posição de Rui – de intransigente defesa da reforma da Constituição – muito enfraqueceu seu apoio no meio político.

Peça oratória de destaque nessa campanha é a conferência que Rui proferiu, em 20 de março de 1919, sobre "A questão social e política no Brasil". Nela agrega a seu ideário liberal os temas da desigualdade, das relações entre capital e trabalho e do atraso secular de amplos setores da população brasileira, expresso na figura do Jeca Tatu, criada por Monteiro Lobato e citada no início de sua palestra.

Rui, de forma pioneira, insere em sua plataforma de candidato temas como construção de casas para operários; proteção ao trabalho de menores;

limitação das jornadas laborais, em especial do trabalho noturno; igualdade salarial para ambos os sexos; amparo à mãe operária e à gestante; licença-maternidade; indenização por acidentes do trabalho; legalização do trabalho agrícola e seguro previdenciário.

Rui sofre nova derrota eleitoral, mas, desta feita, registra expressivo apoio nas capitais dos estados. Tal fato demonstra o eco que suas ideias encontraram no Brasil urbano e progressista. Ainda em 1919, participa ativamente da campanha do candidato oposicionista, Paulo Fontes, ao governo da Bahia. Empreende longas viagens pelo interior do estado, o que lhe afeta a saúde. Em 1920, como paraninfo dos formandos da Faculdade de Direito de São Paulo, redige a conhecida "Oração aos moços", que é lida pelo professor Reinaldo Porchat.

Mesmo com a saúde debilitada, Rui continua atuando na vida pública nacional como senador. Sua principal tese, nesse momento, é a da necessidade imperiosa da reforma da Constituição de 1891. O presidente Artur Bernardes convida-o para ocupar o posto de ministro das Relações Exteriores, mas o sério agravamento de seu estado de saúde impede-o de aceitar o convite. Rui Barbosa vem a falecer no dia primeiro de março de 1923.

RUI E A POLÍTICA EXTERNA

As contribuições de Rui Barbosa à teoria e à prática da política externa brasileira estão, principalmente, em três temas e momentos: na defesa da igualdade entre os Estados, na Segunda Conferência da Paz de Haia, em 1907; na crítica à noção antiga de neutralidade, numa conferência em Buenos Aires, em 1916; e no debate sobre a Primeira Guerra Mundial e a mudança de posição do Brasil, de l914 a l918.

A RAIZ DAS COISAS

A participação do Brasil na Segunda Conferência da Paz de Haia em 1907, tendo Rui Barbosa como seu delegado, marca a entrada do país na política internacional. Registre-se que o Brasil fora convidado para estar presente na Primeira Conferência, realizada em 1899, mas o presidente Campos Sales recusou o convite feito pelo czar russo Nicolau II.

No conclave mundial de 1907, em que estavam 44 Estados, Rui assume papel relevante ao opor-se à proposta dos Estados Unidos de criar o Tribunal Permanente de Arbitragem, que obteve a adesão da Alemanha. O tribunal, de acordo com tal proposta, contaria com dezessete juízes, dos quais oito permanentes, indicados pelas grandes potências, e os outros nove a serem designados pelas demais 36 nações, sob a forma de rodízio. Rui – com seus discursos em Haia – e Rio Branco – com suas instruções e articulações com as Chancelarias da região – construem a posição brasileira de oposição a esse tratamento diferenciado somente pelo critério do poder. Obtêm o apoio das nações latino-americanas e logram bloquear a proposta estadunidense de conteúdo discriminatório.

Na conferência em Buenos Aires, em 1916, Rui Barbosa critica a noção vigente de neutralidade, que, segundo ele, é entendida como passividade e omissão diante das ações arbitrárias e agressivas por parte de algum Estado. O normal à época era o anúncio da neutralidade, formalizada, em seguida, por decreto publicado no Diário Oficial, deixando o governo completamente silencioso quanto às atrocidades que viessem a ocorrer nos campos de batalha ou fora deles. Rui rechaça essa noção passiva de neutralidade e propõe uma nova, fundada na responsabilidade internacional das nações, que deveriam se interessar até mesmo pelos conflitos distantes de seus territórios. Entre a justiça e a injustiça não poderia haver omissão: essa era a sua divisa.

Da maior importância foi o debate ideológico registrado entre anglófilos e germanófilos no Brasil no período de 1914 a 1918. Rui participa ativamente dessa discussão, critica duramente a política alemã e defende

28

a entrada do Brasil na guerra ao lado dos aliados. Em 27 de outubro de 1917, o governo do presidente Venceslau Brás revoga o decreto de neutralidade e reconhece "o estado de guerra, iniciada pelo Império Alemão contra o Brasil".

Rui Barbosa foi eleito, pela Liga das Nações, membro da Suprema Corte Permanente de Justiça Internacional, em 1921.

No campo externo, merecem registro, também, sua defesa pioneira do coronel Dreyfus em 1895 e sua atuação como um dos três negociadores brasileiros na questão do Acre, ocasião em que discordou da estratégia de Rio Branco e exonerou-se da comissão. Nesse caso, a posição de Rui revelou-se equivocada.

RUI, O GRANDE IDEÓLOGO DAS CLASSES MÉDIAS

Há, na vida de Rui, certos valores e atitudes que norteiam seu pensamento e ação, expressam valores das classes médias e são, também, consensos básicos da própria sociedade brasileira:

1) valorização do Estado com poder centralizado na União, com hierarquia e ordem;
2) defesa das liberdades individuais pela vigência do direito e aplicação da lei;
3) promoção da descentralização do poder, em um federalismo sem excessos;
4) luta por acelerado progresso material;
5) diversificação da economia pela industrialização, imigração e educação;
6) empenho pela ascensão social e preservação do *status* alcançado;
7) visão universalista do papel do Brasil no mundo; e
8) importância do bom conceito externo do país.

OS 35 MIL VOLUMES DA BIBLIOTECA DE RUI

O número de livros na biblioteca de Rui indica a prioridade que dava ao estudo dos seus temas. Lia todos os dias, principalmente, no período da manhã, e ficava incomodado quando não podia seguir essa rotina de pesquisa e reflexão. Procurava sempre reunir a bibliografia, a mais completa possível, sobre os assuntos em que estava trabalhando.

Para preservar sua memória (documentos, arquivos e livros), foi instituída, em 1930, a Casa de Rui Barbosa — hoje fundação vinculada ao Ministério da Cultura — sediada na casa onde ele residiu.

A IDEOLOGIA POLÍTICA DE RUI BARBOSA

O ENIGMA RUI BARBOSA

San Tiago Dantas, no notável ensaio intitulado "Rui Barbosa e a renovação da sociedade",[1] ao destacar a vigência atual de certos impulsos vitais da sociedade brasileira a que serviu o homem público baiano, alertava, no entanto, para o fato de que "ainda é difícil pôr em evidência o que se poderia chamar a base existencial de sua doutrina e de sua vida pública".

Rui até agora é um enigma, parcialmente decifrado na política interna, e muito pouco reconhecido no terreno da política internacional. Ainda é visto como retrato na parede de uma Faculdade de Direito ou de um Tribunal de Justiça, ou busto no plenário do Senado.

As razões para tal situação encontram-se, em boa medida, no fato de que as variadas contribuições de Rui Barbosa à política externa e internacional do Brasil acham-se dispersas, em sua vasta vida pública, em livros, discursos parlamentares, pareceres, artigos de jornal e na sua correspondência.

Cabe destacar que um estudo sobre Rui, como sobre qualquer outra figura de seu porte, inclui uma pesquisa sobre suas leituras políticas, jurídicas e históricas. Aqui, também, surge a perplexidade. Sobre a Primeira Guerra Mundial, tema que o preocupou profundamente, o acervo de

A RAIZ DAS COISAS

títulos de Rui Barbosa alcançou a impressionante quantidade de cerca de 1.700 referências.

Vale dizer que, quando se trata de Rui Barbosa, verdadeiro ícone da cultura brasileira, há uma dificuldade adicional: a questão das fortes simpatias e antipatias. Assim como há adeptos, há críticos de Rui dedicados e apaixonados. Existem grandes nomes da inteligência brasileira em ambos os lados.

Nas palavras de San Tiago Dantas:

> É esse Rui Barbosa criador e impetuoso, esse reformador social, esse símbolo de uma classe cheia de futuro, que a meu ver pode e deve ser considerado o *estadista do progresso* em nosso meio, onde as maiores figuras de homens públicos antes encarnariam a prudência, a moderação, o espírito conservador. [...] Que quer dizer para esse povo o nome de Rui Barbosa? Quer dizer certamente a doutrina liberal e o culto do direito. Mas também, quer dizer o substrato social que animou e vivificou sua pregação de ideias: progresso econômico, enriquecimento, ampliação e diversificação do trabalho brasileiro, técnica, iniciativa, renovação das classes dirigentes, reforma social.[2]

Na visão de Capistrano de Abreu:

> A sua faculdade fundamental é a memória. [...] Outra faculdade é a análise: quando começa a dissecar um caso e julga-se que chegou ao fim, muitas vezes está apenas no meio. [...] A sua força é igual na escrita e na oratória. [...] Seu vocabulário é ilimitado. [...] Cultura filosófica parece não possuir. Para ele a filosofia reduz-se à lógica e a lógica à dialética. Sua dialética é feroz. [...] A Inglaterra influiu muito sobre sua formação intelectual. [...] Antes de tudo é advogado; adstrito à causa que defende, incapaz de ver a outra parte, esposa com o mesmo ímpeto as hipóteses mais contraditórias.[3]

Assim se expressa Gilberto Amado sobre o enigma Rui Barbosa:

> Sempre me interessou indagar como Rui Barbosa, mais que tudo um artista, apesar de fingir que não queria ser, pôde isolar-se tão completamente, sem

RUI, SUAS IDEIAS E SEU TEMPO

sentir necessidade de comunicar-se com outros artistas. Política que é a arte de conquistar o poder reunindo gente, implica, para isto, convivência entre indivíduos tendidos ao mesmo objeto. Também aí espanta-me a singularidade de Rui. Queria o poder e não se associava com os políticos. Estranha pessoa.[4]

Ocorre, ainda, que um mesmo destacado autor tenha dois julgamentos distintos, e, até certo ponto, contraditórios, sobre Rui. Assim, Afonso Arinos de Melo Franco considera, no livro *O som do outro sino – um breviário liberal*,[5] que Rui "não era propriamente um jurista, ele era um grande legista", e explica que "o legismo não é uma posição intelectual, é uma técnica, e a adesão à lei". Acrescenta Arinos, a propósito, que:

> Rui Barbosa era um homem de raciocínio, não era um homem de pensamento. [...] Rui parte de uma determinada premissa e esmaga o contendor; ele se encastela dentro de sua biblioteca, como se fosse uma fortaleza, e através das estantes ele abre fogo em cima do adversário com aquelas palavras complicadas, com aquela máquina prodigiosa de raciocinar. Agora, se o leitor começa a procurar a contribuição dele, do seu pensamento, eu me permito dizer que encontra muito pouco.

Na obra *Um estadista da República,* Afonso Arinos[6] se refere a Rui como "o insigne internacionalista" que "lançara a sua famosa tese da revisão do conceito de neutralidade". Destaca – ao narrar a atuação de Afrânio de Melo Franco, seu pai – a importância de Rui em várias ocasiões, como, por exemplo, quando "Melo Franco reitera, na Segunda Guerra Mundial, a doutrina brasileira [da neutralidade] estabelecida pelo ilustre baiano, que ele sempre e tanto admirara". Ao traçar o perfil de Afrânio de Melo Franco, seu filho compara-o a personalidades da vida nacional, entre elas Rui Barbosa, nestes termos:

> Não tinha a força de um talento criador, mas também devastador e um pouco rombudo, como o de Rui. [...] Nele a faculdade maior era mesmo a percepção, a lucidez, o entendimento. [...] Se ele não podia criar juridicamente o futuro,

A RAIZ DAS COISAS

como Teixeira de Freitas, nem construí-lo politicamente como Rui; se não lhe era dado reviver o passado, como Nabuco, mais do que os três, pôde compreender o presente.

Para Hermes Lima, "[Rui] É sempre um homem de seu tempo, no mundo e no país, e tanto no cenário da política internacional como da interna, um verbo, uma energia, uma consciência, uma intrepidez a serviço de grandes causas humanas".[7] No livro *Problemas de nosso tempo,* ele aponta que fora Rui

> [...] revolucionário histórico por excelência da Segunda República. Ele pôs, a serviço da regeneração dos costumes o prestígio e o ardor de sua palavra, concretizando, em denúncias candentes, a desconfiança, depois convicção generalizada, de que no país não havia eleições, nem representação, porém somente fraude, ata falsa e bico de pena.

Na observação do historiador José Maria Bello,[8] em Rui,

> Mesmo nas fases mais ardentes de sua longa carreira, quando vibram as páginas mais apaixonadas e mais formosas da sua obra, é fácil perceber-se qualquer coisa da sua íntima amargura. Amargura, afinal, de todos os bovaristas, isto é, dos que insistem em viver num ambiente fictício.

Nessa linha aduz que

> Foi, sob vários aspectos, um desenraizado no ambiente político da sua pátria, como aconteceu, na sua época, a tantas personalidades eminentes dos nossos países novos, transplantadas do solo intelectual da Europa. Encontraria, talvez, o seu clímax ideal na Inglaterra vitoriana, provavelmente muito mais *whig* do que *tory...*

Rui é muitas vezes exaltado, antes de ser explicado. Há casos de brasileiros cultos, como o professor Ernesto Leme,[9] destacado ruísta que, ao falar na ONU, citava inúmeras vezes o pensamento e a ação de Rui, referindo-se a ele apenas como "a Águia de Haia", como se fosse familiar a toda a audiência estrangeira. Em determinado momento, o representante britânico, não sem certa ponta de ironia, indaga a seu secretário: *"Who is this bird man?"*

Oliveira Vianna,[10] admirador e um dos maiores críticos do "idealismo" de Rui, tem uma avaliação *sui generis:*

> Tenho para mim que Rui era um grande intuitivo – e para as inteligências deste tipo o saber é antes uma iluminação, um dado imediato da consciência na sua instantaneidade compreensiva, do que o resultado trabalhoso do estudo e do raciocínio. [...] Ruy, sem a sua biblioteca, seria, talvez, mais vigorosamente original, mais poderosamente inteligente e criador do que foi. Os livros, propriamente, antes lhe enfeitavam o saber, não lhe davam. É aqui, talvez, que se encontre a razão deste gosto de erudição que era tão característico de Rui e que dava, a muitos, a impressão de que lhe faltava capacidade de criação original e, a outros, de vaidosa ostentação de saber. Rui sabia que falava para um país, em que os homens de pensamento, mesmo os de maior autoridade intelectual, nunca podem dispensar, como disse certa vez, com amargura, Alberto Torres, o bordão do autor estrangeiro.

Azevedo Amaral disse que "uma grossa argamassa separa Rui da realidade". Poder-se-ia dizer que, igualmente, em sentido contrário, uma grossa argamassa de opiniões contraditórias nos separa do verdadeiro Rui, nos dificulta chegar até ele. O destacado intelectual brasileiro, Bolívar Lamounier, em conferência realizada em maio de 2000,[11] confessou que levou cerca de trinta anos para chegar a Rui Barbosa e que, em sua época de estudante universitário, nunca teve contato com a sua obra, que há poucos anos descobrira com entusiasmo. Lamounier chegou a Rui e produziu o admirável ensaio "Rui Barbosa e a construção institucional da democracia brasileira".[12]

Boris Fausto, em oportuno artigo de 1999, intitulado "Revisão de Rui",[13] ao comentar o ensaio de Bolívar Lamounier, afirma que a obra ruiana foi objeto de três tipos de distorções: 1) a visão de ideólogos autoritários (Oliveira Vianna, Azevedo Amaral) que se contrapuseram a Rui, considerando-o um exemplo de idealismo utópico, divorciado da realidade do país, por sua pregação democrática, inspirada no modelo anglo-saxão; 2) o desprezo à sua atuação:

> O avanço da esquerda e do nacionalismo, nos anos cinquenta, levou por outros caminhos, a igual resultado. Uma concepção tosca das relações entre base material da sociedade e das lutas de classe possibilitou a essas correntes irmãs ignorar o "formalismo" de Rui e a desprezar seu esforço pela criação de um espaço público e pela construção de sólidas instituições políticas;

3) o balanço pouco equilibrado de sua figura:

> O endeusamento por parte das correntes liberais conservadoras, dominantes no Partido Democrático, na UDN, nas Faculdades de Direito, despiram Rui da dimensão humana, em nada favorecendo um balanço equilibrado de sua figura. Assim, se para uns ele foi o representante típico do formalismo bacharelesco – definição que sua prosa intrincada, fértil em hipérboles, ajudou a reforçar –, para outros representou um personagem sublime, acima de seu tempo – a Águia de Haia – pairando sobre um mar de mediocridades.

DECEPÇÃO COM A REPÚBLICA E COM O PAÍS

Antes de abordar os principais temas específicos do ideário de Rui Barbosa, é necessário tratar do problema político central e de fundo, do qual dependiam os demais nessa quadra da vida nacional: a institucionalização do Estado republicano brasileiro.

Desde a proclamação da República, em 1889, até a data da morte de Rui Barbosa, em 1923, o novo regime enfrentou sérios desafios internos e externos para sua implantação. O modelo político expresso na Constituição de 1891 trazia, entre outras, duas novidades: o presidencialismo e a federação. A realidade política, por sua vez, trazia os militares como um dos principais atores do sistema de poder, e, no entanto, essa mesma realidade jogava-os, após Canudos, à descrença da cidadania.

Alberto Sales, considerado por Luís Washington Vita como o principal ideólogo da República, no artigo "Balanço político – necessidade de uma reforma política", destaca que tanto o presidencialismo como o federalismo tinham fracassado em sua aplicação republicana no Brasil. Sales expõe, nesse artigo de 1901, sua frustração com a cena nacional, com os governos estaduais, que "outra coisa não têm feito senão atirarem-se com fúria à mais desbragada dilapidação dos cofres públicos, [...] que faz do exercício do poder um patíbulo do caráter".[14] Indaga, perplexo, por que:

> o regime presidencial, ou por vício oculto do sistema, ou por má interpretação, ou, finalmente, porque seja antipático ao caráter nacional, aos nossos costumes, às nossas tradições, às nossas crenças, tem sido tão lamentavelmente desvirtuado, tão profundamente desfigurado, que, ao cabo de uma experiência tão curta, já se vê, inteiramente, convertido, para o descrédito das instituições e a infelicidade de nossa pátria, na mais completa ditadura política.

Em sua interpretação, aplica-se ao Brasil republicano daquela época o famoso sorites de Nabuco de Araújo sobre o Império: "O presidente da República faz os governadores dos estados, os governadores dos estados fazem as eleições, e as eleições fazem o presidente da República."

João Alberto Sales era irmão do presidente Manuel Ferraz de Campos Sales, mas, como um espírito independente, desenvolveu uma carreira intelectual, política e jornalística de perfil próprio. De sua trajetória, destaca-se o mencionado ensaio, publicado nos dias 18 e 26 de junho de 1901, em *O Estado de S. Paulo*, em que faz uma avaliação da experiência republicana, para a qual ele colaborara decisivamente, e que completava sua primeira década.

No referido artigo, Alberto Sales sublinha, inicialmente:

> Já é decorrido um decênio depois que se proclamou a República. O país teve tempo necessário para fazer a experiência do novo regime. A consciência nacional deve estar preparada para pronunciar o seu julgamento. A máquina política montada em 15 de novembro de 1889 já teve o tempo preciso para fazer a sua experiência. É chegado, pois, o momento de apreciá-la com justiça e de dizer com franqueza o que ela é, e o que deve ser.

Confessa, a seguir, que confrontar o ideário republicano com a realidade após dez anos do novo regime

> é reconhecer com amargura que a estrutura política que levantamos, cheios de entusiasmo e fé, sobre os destroços do antigo regime, não tem sido mais que uma longa decepção, um desengano mortificante às nossas mais ardentes aspirações [...] e o país vai se precipitando cada dia na mais profunda decadência moral e política.

Ou seja, como era voz corrente entre importantes figuras do republicanismo: "Essa não é a República de nossos sonhos."

Vale ressaltar, ainda, que a percepção das elites e da incipiente classe média brasileiras sobre o país e, consequentemente, seu papel no mundo, era, nas duas primeiras décadas do século XX, muito pessimista. Capistrano de Abreu assim resumiu essa visão, ao escolher o jaburu como símbolo nacional: "O jaburu [...] a ave que para mim simboliza a nossa terra. Tem estatura avantajada, pernas grossas, asas fornidas e passa os dias com uma perna cruzada na outra, triste, triste, daquela austera e vil tristeza."[15]

A lista de autores que esposaram interpretações do Brasil nessa linha pode ser acrescida de nomes como Alberto Torres, Azevedo Amaral, Oliveira Vianna e Gilberto Amado. Tal ótica primou pela severa autocrítica e exprimiu mentalidade dominante à época não somente no meio intelectual, mas também espraiada pelas diferentes camadas sociais. Tal enfoque chega até nossos dias, com outros nomes de expressão, o que mostra ser o pessimismo uma velha mania dos brasileiros.

É importante, para o entendimento da operação da diplomacia brasileira dos vinte anos iniciais do século, fazer um esforço para nos transladarmos para aquele momento da história do país. Entre os vários elementos que compõem esse quadro, destaca-se o da autopercepção negativa, que atingiu clímax em Paulo Prado, para quem o Brasil era algo como um lugar apodrecido.

Foi nessa situação que Rio Branco procurou, com equilíbrio, inteligência e profissionalismo diplomático, colocar a nova República brasileira no contexto regional e mundial das nações. Além de seu primoroso trabalho no continente americano, a operação em parceria com Rui Barbosa em Haia foi um ponto alto que alavancou o Brasil para um patamar superior no cenário internacional.

Rui considerava seu desempenho em missões no exterior uma dimensão necessária do projeto da implantação do Estado Republicano brasileiro. Um Estado democrático, progressista e participante ativo e altivo do sistema internacional.

O QUE RUI DEFENDIA NA POLÍTICA BRASILEIRA?

Nesse quadro de generalizado pessimismo e descrença – pontuado, também, por um otimismo exagerado do *Porque me ufano de meu país,* de Afonso Celso –, Rui, mesmo criticando o desvio das instituições que colocara na Constituição de 1891, vai representar um centro de equilíbrio e de realismo sobre as potencialidades do país. Além de defender o ideal do progresso, expressão de sua confiança na nação brasileira, buscou, em toda sua trajetória política, fórmulas para viabilizar o regime republicano. Agiu sempre combinando idealismo e realismo, otimismo e pessimismo.

A RAIZ DAS COISAS

Rui Barbosa, apesar de ter sido um dos responsáveis pela introdução, na Carta Magna, do regime federalista, inspirado no modelo norte-americano, nunca deixou de priorizar o poder central e a União. Seu federalismo era moderado e cooperativo, e não exagerado e competitivo, como acabou predominando na prática da Primeira República.

Como bem assinala Afonso Arinos de Melo Franco:

> a Primeira República é coberta, de certa forma, pelo legismo de Rui Barbosa e o mito da integridade constitucional de Rui Barbosa. A consequência disso foi a implantação de uma mentalidade federal, uma mentalidade da União, representada pela Constituição, contra as heresias estaduais. Rui Barbosa foi levado sempre, inevitavelmente, a uma tendência centrista, porque ele era um construtor de raciocínios apoiado em um texto federal. Ele era um homem que defendia a União e a Constituição contra as oligarquias estaduais, contra as afirmações estaduais, contra as peculiaridades estaduais.[16]

Oliveira Vianna chega a afirmar, em *Instituições políticas brasileiras*, que Rui não prezava o regime presidencial em si, mas o valorava,

> porque esse regime importa reconhecer – como já o haviam reconhecido os estadistas do Império de tipo hamiltoniano (Feijó, Vasconcelos, Uruguai, Paraná, Caxias, Itaboraí, Rio Branco) – a necessidade de um Poder Central forte no Brasil, e, neste ponto, ele viu claro e preferiu o futuro.

A adoção do presidencialismo, na qual Rui também teve papel relevante, é uma das decisões mais marcantes na definição do sistema político brasileiro. O regime presidencial sofreu severas críticas, como as de Alberto Sales, destacado ideólogo republicano, e Ernest Hambloch,[17] que viam nele, conforme afirmou o irmão do presidente Campos Sales, "uma planta exótica que tem seu habitat na América do Norte e que transportada para a nossa pátria degenera e desfigura-se em franca ditadura presidencial". Apesar das críticas, o presidencialismo prosseguiu e se implantou com distorções e virtudes, que não vem ao caso serem discutidas no presente trabalho.

Cabe, sim, destacar que o modelo de Estado republicano, federativo e presidencial, para o qual Rui se empenhou intensamente, gerou certos parâmetros de política externa, entre eles: 1) maior aproximação do Brasil com o continente americano, pela identidade de regime político; 2) surgimento da figura presidencial como ator privilegiado na formulação de políticas e na tomada de decisões;[18] e 3) possibilidade de os Estados da federação terem crescente participação na política externa do país.

RUI, O MAIOR CRÍTICO DO PRESIDENCIALISMO

Paulo Brossard, em lúcido trabalho intitulado *Rui e o presidencialismo,* esclarece a participação do político baiano na elaboração da Constituição de 1891, particularmente, no tocante à adoção do presidencialismo. A Comissão dos Cinco (Joaquim Saldanha Marinho, Américo Brasiliense de Almeida Melo, Antônio Luís dos Santos Werneck, Francisco Rangel Pestana e José Antônio Pedreira de Magalhães Castro) consagrou em seu projeto o sistema presidencial.

Rui colaborou com a redação final do projeto e, ao fazê-lo, deu sua aprovação à fórmula presidencialista. No entanto, foi se afastando dessa posição, e passou a ser um severo crítico da experiência presidencialista brasileira. Ele assim a descreve: "[o] mais tirânico e o mais desastroso dos regimes conhecidos: a República presidencial com a onipotência do Congresso; o arbítrio do Poder Executivo, apoiado na irresponsabilidade das maiorias políticas; a situação autocrática, em que se coloca, neste sistema, o chefe do Estado". Somente vê um caminho para contrabalançar tal poderio perverso: "A majestade inviolável da constituição escrita, interpretada, em última alçada, por uma magistratura independente."

A RAIZ DAS COISAS

Registra que o decorrer dos anos evidenciou, no início do novo regime, o desaparecimento do princípio da responsabilidade, essência do governo republicano. Conforme Rui afirmou em artigo publicado em *A Imprensa,* em 1898, sem os freios e os contrapesos,

> todo este ramo da energia constitucional absorve-se numa só individualidade, sobre a qual nenhuma ação têm os ministros e o Congresso. Em vez de ser governado por uma comissão do parlamento, o país é regido pela discrição de um homem, cuja força igualaria a do tzar, ou a do sultão.

RUI E A SALVAÇÃO DA REPÚBLICA

É patente, em sua vida política, a marca do ideólogo, preocupado em transformar em realidade o projeto institucional contido na Constituição de 1891, da qual ele foi um dos principais promotores. É um organizador da nova ordem pública, um construtor das novas instituições, em uma fase crítica.

Foi um obsessivo pela coisa pública, atuando sob a inspiração da máxima romana *salus publica prima legis* (a salvação da coisa pública é a primeira lei). Preocupa-o a salvação da recém-inaugurada República. Atuava tanto com alto idealismo quanto com frio realismo. Para ter uma ideia do seu idealismo, basta a leitura da Carta Magna de 1891 e saber de sua luta pela viabilização de um federalismo moderado, por um presidencialismo controlado, pela criação do Suprema Corte no Brasil e pela separação dos poderes.

De seu duro realismo, cite-se o caso da queima dos arquivos da escravidão, a respeito do qual destaca Francisco de Assis Barbosa:

> o ato que mandou queimar todos os papéis, livros de matrícula e documentos relativos a escravos nas repartições do Ministério da Fazenda teve por finalidade eliminar comprovantes de natureza fiscal que pudessem ser utilizados pelos ex-senhores para pleitear a indenização junto ao governo da República.[19]

RUI, SUAS IDEIAS E SEU TEMPO

Essa decisão, até hoje severamente criticada por vários historiadores, salvou a República nascente, ao contribuir para viabilizar, de fato, o Estado brasileiro.

Rui viveu, intensamente, aquilo que J. G. A. Pocock denominou de "o momento maquiavelano", qual seja,

> o momento, em tempo conceitual, no qual a República encontra-se confrontada com sua própria finitude temporal, tentando manter-se moral e politicamente estável, no meio de uma corrente de eventos irracionais, tidos como, essencialmente, destrutivos de todos sistemas de secular estabilidade. Na linguagem que foi desenvolvida para esse propósito, fala-se de uma confrontação entre "virtù", "fortuna" e corrupção.[20]

O sentimento nacionalista é outro traço relevante no ideário de Rui. Apesar de ser um defensor ardoroso do federalismo – "Federação com ou sem coroa" –, ele via os perigos de fragmentação do território brasileiro com uma possível anarquia federativa. Defendia a aplicação desse modelo com prudência. Tinha a atenção voltada, fundamentalmente, "à unidade da nação, e ao interesse geral do país – um sentimento muito vivo da nacionalidade brasileira, da grandeza e do prestígio do Brasil, da sua projeção sobre o continente", como bem sublinha Oliveira Vianna, em *Instituições políticas brasileiras*.

Outra contribuição marcante de Rui para viabilizar a República brasileira foi o estímulo que deu para a profissionalização dos militares. Atores principais da implantação do regime republicano, mesmo ocupando a Presidência, não lograram obter melhoras na situação das Forças Armadas. Além das turbulências políticas do início do novo sistema, o episódio de Canudos desgastou, ainda mais, sua posição. Houve uma tentativa de mudança no governo Afonso Pena (1906–1910), com as iniciativas do então ministro da Guerra, general Hermes da Fonseca.

Porém, foi somente na Primeira Guerra Mundial que os assuntos militares passaram a ser enfocados de maneira nova, com a concepção e a execução de várias medidas que tendiam a aumentar a profissionalização nas Forças Armadas e, assim, aumentar seu grau de legitimidade e aceitação junto à sociedade brasileira. Para a criação desse novo contexto, Rui teve importante papel como líder do movimento civilista, que aspirava não só a evitar o desprestígio das Forças Armadas e a rejeição a elas, mas também colaborar para sua adequada inserção no sistema político nacional.

RUI, ORGANIZADOR DA LIBERDADE

"A Monarquia e a República são *meios;* a liberdade, o *fim.*" Essa frase de Rui, às vésperas da queda do Império, expressa o núcleo de seu pensamento político.

Oliveira Vianna analisa com precisão a melhor contribuição de Rui na implantação da República brasileira. Em suas palavras:

> Dada a enorme força que este regime [a Constituição republicana de 1891] outorgava ao Poder Executivo (presidente da República e governadores dos estados) ficavam os órgãos deste poder colocados, sem dúvida, na possibilidade de fazerem todo mal aos seus adversários. [...] Daí o papel insuperável de Rui nesta emergência do regime em crise de crescimento. Ele teve que estabelecer a teoria das limitações impostas ao "estado de sítio" e ao "direito de intervenção". Ele teve que "construir" o conceito constitucional da liberdade de imprensa e de pensamento. Ele teve que desenvolver a defesa da liberdade individual e civil pela doutrinação do *habeas corpus* e pela sua realização judiciária. Defendendo a liberdade individual, o seu papel foi dos mais belos: e só apenas neste setor poderia encontrar a base para sua glória.

Conclui Oliveira Vianna:

> Na defesa destes direitos, destas garantias de liberdade civil e política, Rui exerceu uma função suprema em nosso país – função certamente única em nossa História. Pelo prestígio pessoal e ascendência exclusiva do seu talento e da sua cultura, ele

soube conter o poder – entre nós incontrastável – dos Executivos dentro dos limites da justiça e do respeito à lei; contraveio-lhes a tendência incoercível à ilegalidade, ao abuso, à violência.

"ETERNIDADES COM GRÃOS DE AREIA"

Oliveira Vianna recorda, ainda, forte metáfora para assinalar, em seu entender, a melhor contribuição de Rui:

> Há, igualmente, o eterno em tudo o que ele praticou e realizou em defesa das liberdades individuais e civis do nosso povo, e na sua doutrinação e clarificação do instituto do *habeas corpus*. Nesse ponto, com os vários casos forenses que lhe vieram à banca de advogado, pode-se dizer que ele construiu – à maneira de Berzelius, na expressão de Ostwald – "eternidades com grãos de areia". [...] O que constitui a glória de Rui são os ideais, a que consagrou a sua vida e o seu gênio. É a sua obra *doutrinária e forense* de defesa da Justiça, do Direito e da Legalidade. É o amparo que ele trouxe – contra a violência dos potentados e contra os abusos dos poderosos – aos fracos e aos perseguidos.

Essa conquista muito vale em um país como o Brasil, "sem tradição séria de respeito à lei e ao direito".

IDEÓLOGO DAS CLASSES MÉDIAS EM ASCENSÃO

Conforme destacou San Tiago Dantas, no ensaio "Rui Barbosa e a renovação da sociedade":

> Como todo verdadeiro grande homem, Rui Barbosa foi um ideólogo: seus pensamentos, sua vida pública vestiram certos imperativos da existência brasileira, deram forma e teoria a impulsos vitais, que se formavam na sociedade do seu tempo. Esses impulsos, que nele encontraram, primeiro, um intérprete, e mais tarde um símbolo, continuam vivos na sociedade de hoje.

Lembra o ex-chanceler que, para entender a ideologia ruiana, há que se estar atento às "realidades profundas a que serviu, e de que suas ideias, como mais tarde sua legenda, foram um instrumento de defesa e de realização".

Para San Tiago Dantas, o termo "ideologia" tem um significado claro, e é assim que o aplica ao projeto de Rui Barbosa. Vale a pena ler como o conceitua:

> Toda ideologia política tira seu valor e sua eficácia histórica, não tanto dos fundamentos racionais com que se demonstra, quanto da relação profunda em que se encontra com certos imperativos da existência, que através dela aspiram à realização. Uma ideia sem equivalência existencial e uma concepção gratuita do espírito, e no campo social, uma utopia. Cabe à inteligência política dar a certos interesses e impulsos vitais a fórmula universal, que os exprima, e que os faça prevalecer. Não há exagero em afirmar que a conversibilidade em ideologia, isto é, em princípios e normas susceptíveis de aceitação geral, é a prova decisiva por que passam as grandes forças, que periodicamente se diferenciam no seio de uma sociedade.

Rui Barbosa, antes de ser um dos principais fundadores e organizadores da República brasileira e um dos mentores de sua primeira Constituição, o que já não é pouco, foi o ideólogo do progresso nacional, anseio básico das novas camadas sociais que já afloravam antes mesmo da proclamação da República.

Apesar da fama de fetichista das leis e das formas institucionais, a Rui, como bem observou Miguel Reale,

> interessavam-lhe as abstrações enquanto instrumento ou processo de interferência modificadora no mundo da práxis, no campo da experiência humana concreta. [...] O que nos fica da leitura de suas obras capitais é a impressão de ter ele vivido as abstrações doutrinárias do liberalismo, integrando-as em uma unidade indissolúvel de pensamento e ação.[21]

RUI, SUAS IDEIAS E SEU TEMPO

San Tiago Dantas sublinha, ainda no referido ensaio:

> Rui Barbosa foi, entre nós, refletida ou espontaneamente, o ideólogo de uma reforma da sociedade. Não de uma reforma ocasionada pela brusca avulsão de certos valores, pela eclosão revolucionária de novas formas de vida, mas de uma reforma iniciada difusamente nos últimos decênios da monarquia, que mergulhava nos primórdios da nacionalidade suas terminações radiculares, e que encontrou no advento do regime republicano o momento essencial de sua fixação de rumo: essa reforma pode ser chamada, dentro dos limites que indicarei, a ascensão da classe média.

RUI, HERÓI DA CLASSE MÉDIA

É San Tiago Dantas, em "Rui Barbosa e a renovação da sociedade", quem defende a ideia de que "tudo na sua figura [de Rui], no seu pensamento, no seu destino, dele faz o herói dessa burguesia nascente, que encheu o vazio interno da sociedade de senhores e escravos, e que ainda hoje não completou sua longa, difusa, mas constante ascensão".

Aduz Dantas, com sua peculiar sutileza de análise:

> Desde logo, é em torno dele que se cria o culto social, bastante significativo, do homem inteligente. O apreço exagerado pela inteligência, elevada ao primeiro grau na hierarquia dos valores, é característico dos povos ou das classes em luta contra as resistências de um meio social já consolidado. [...] À legenda um pouco ingênua do homem mais inteligente do país, soma-se neste herói da burguesia o sortilégio da grandeza do homem pequeno. É fácil imaginar o poder emocional deste contraste entre uma pequenez natural e a grandeza da capacidade, que a supera; como que se exprime ali, no destino de um só homem, o que uma classe em ascensão e luta pensa e espera de si.

Comenta San Tiago:

> A isso acrescentemos a coincidência de sua vida e personalidade com os padrões preferidos da classe que nele se veio a reconhecer e simbolizar. A vida de Rui

A RAIZ DAS COISAS

Barbosa foi um repertório dessas virtudes, circunstâncias e episódios que exornam o ideal ético da classe média, e que constituem uma das forças profundas de que se alimenta sua fecunda trajetória social: não teve os favores e as facilidades da existência dos filhos das classes privilegiadas; foi um produto do seu trabalho e do seu merecimento; como filho, deu testemunho de uma *pietàs* exemplar; foi um homem de cuja vida amorosa não veio escândalo, e que ofereceu à sociedade o exemplo da felicidade e do decoro no casamento; como intelectual, é espantoso o grau de identificação de suas ideias gerais com o pensar mais corrente e aplaudido na sua época; na sua obra, sem juízos extravagantes, reflexões inacessíveis ou caminhos perigosos, passeia-se como num tranquilo e policiado campo aberto; aquela inteligência, de que todos reconhecem o soberano poder de expressão, de demonstração e de polêmica, não tem momentos de dúvida ou recantos de mistério; os sentimentos que confessa, as descrições que nos oferece do seu próprio ser moral são sempre bem pensantes, edificantes e exemplares.

RUI, PRIMEIRO MINISTRO DA FAZENDA DA REPÚBLICA

A gestão de Rui como ministro da Fazenda, o primeiro da República, é vista por San Tiago Dantas, no âmbito dessa política de reforma social, mais do que propriamente de reforma econômica. Nos catorze meses de Rui à frente da pasta, ocorreu, sem dúvida, o "mais famoso período de especulação da nossa história econômica", mas, como salienta San Tiago, ao analisar o "Relatório", no ensaio já referido,

> Rui Barbosa concebeu a expansão do meio circulante como um recurso de financiamento à produção, especialmente, às iniciativas industriais novas, ou surtas nos anos anteriores. Ao seu espírito progressista, se impunha a necessidade de fomentar as atividades produtoras, num meio que há meio século, como ainda hoje, vivia à margem de suas possibilidades naturais, dentro dos limites de uma estrutura, cuja manutenção dependia de se conservar o rendimento nacional superconcentrado em mãos de uma minoria, cercada de uma população de subconsumidores. [...] Uma nova realidade social extravasara para sempre dos quadros antigos, mas os caminhos da nova sociedade não estavam abertos, e para assegurá-los e desimpedi-los é que se voltava a política financeira, talvez um pouco ingênua, do Governo Provisório.

A atuação de Rui no Ministério da Fazenda contemplou, igualmente, dois outros objetivos específicos: o protecionismo e um segundo produto de exportação. Na avaliação de San Tiago Dantas, "Rui Barbosa completou seu programa de defesa do parque industrial incipiente, que se esboçava, com a política protecionista que voluntariamente resultou na tarifa ouro e involuntariamente na queda do câmbio". Sobre o tema exportações, assim analisa Dantas a política ruiana:

> Rui Barbosa não descurou, porém, como muitos pensam, a defesa da exportação brasileira. [...] Sua ideia foi dar à nossa exportação um segundo produto de combate, que diminuísse o risco de nos reduzirmos à boa ou má fortuna do mercado de café. [...] Rui Barbosa voltou-se para o açúcar. [...] Impunha-se obter que os Estados Unidos concedessem isenção aduaneira ao nosso açúcar, com o compromisso de não estenderem igual benefício às lavouras cubanas e filipinas, de que com vantagem de preço se abasteciam. A conjuntura política era favorável à pretensão brasileira, pois os Estados Unidos se empenhavam numa política que pusesse em crise as relações entre cubanos e a Espanha. A intervenção de Rui Barbosa nas negociações a cargo do nosso ministro em Washington abona sua visão realista do problema, e a compreensão que tinha das finalidades práticas de uma diplomacia verdadeira. Infelizmente, porém, já sem a intervenção de Rui Barbosa, o tratado americano desfechou num compromisso ilusório, que a variação de política dos Estados Unidos logo fez desvanecer.

Aliomar Baleeiro, em primorosa monografia intitulada "Rui, um estadista no Ministério da Fazenda", assinala que, já em 1882, em parecer sobre o ensino superior, o tribuno baiano:

> proclama a urgência de o Brasil enveredar por uma política de industrialização ativa de seus produtos agrícolas ou naturais. Concita o país a um grande esforço financeiro em prol do seu plano de educação intensiva, o caminho mais seguro para fortalecer-se como potência econômica e militar.

O REALISMO E O NACIONALISMO DE RUI BARBOSA

Rui foi, basicamente, um fundador e construtor do regime republicano no Brasil. Construtor obcecado e atuante, ao contrário da imagem que se difundiu de um homem público diletante e perdido em sua abundante oratória. Rui revelou-se com a República que ajudou, decisivamente, a organizar. Foi, desde o início do novo regime, uma mente presente e vigilante. Tal posição ocupou sozinho, nos primórdios da República, a ponto de mesmo um de seus mais ferrenhos inimigos, Dunshee de Abranches, ter afirmado que, "na semana seguinte à proclamação da República, somente uma mente estava ativa – a de Rui Barbosa". José Maria Belo, em sua *História da República,* igualmente destaca que as aspirações de Rui por renovação e construção acompanharam-no durante toda sua vida.

Envolvido sempre em disputas políticas, Rui, como sublinha Fernando de Azevedo, em *Na batalha do humanismo,* "não foi nem exclusivamente um erudito ou artista, nem exclusivamente um crítico; ele foi ativo realista. Não foi um contemplativo, voltado para o pensamento abstrato e para a especulação filosófica, nem tinha prazer na arte do sutil debate, ou na finesse de argumentos raros".

A adesão de Rui a uma entranhada devoção pela realidade, pela construção e organização do mundo político, ficou patente, em várias ocasiões. Entre elas, quando do discurso de saudação a Anatole France em visita à Academia Brasileira de Letras, ao citar as palavras de Jérôme Coignard: *"Les verités decouvertes par l'intelligence démeurent stériles. Le coeur est seul capable de féconder les rêves. Il verse la vie dans tout ce qu'il aime."* A propósito, Miguel Reale, em seu ensaio "Posição de Rui Barbosa no mundo da filosofia", chama a atenção para o fato de que Rui, apesar de não ser alheio aos problemas de ordem filosófica, se concentrava em questões de outra ordem, ligadas à existência concreta e, mais propriamente, à coexistência humana, realizando a liberdade. [...] Ele, tão dominado pelos postulados do Estado liberal, e afeito ao jogo das abstrações jurídicas do parlamentarismo britânico, ou do federalismo presidencialista yankee, vivia aquelas abstrações em função de uma finalidade prática, isto é, no sentido da ação. Até certo ponto, interessavam-lhe as abstrações enquanto instrumento ou processo de interferência modificadora no mundo da práxis, no campo da experiência humana concreta, e não como "abstrações em si", suscetíveis de se situarem como objeto de cogitações autônomas. O que nos fica da leitura de suas obras capitais é a impressão de ter ele vivido as abstrações doutrinárias do liberalismo, integrando-as em uma unidade indissolúvel de pensamento e ação. Essa vivência do abstrato em função do agir teria, de um lado, tornado dispensável uma perquirição de ordem puramente teórica e, de outro, criado condições de contraste e conflito perante a realidade social ambiente, sobre a qual se projetava a sua atividade criadora, não raro pedagógica.

Tanto Oliveira Vianna, apesar das duras críticas feitas em *O idealismo da Constituição*, em *Instituições políticas brasileiras*, como Cruz Costa, em *Contribuições à história das ideias no Brasil*, reconhecem que Rui foi essencialmente um ativo militante realista, divergindo da imagem difundida de um pensador alienado e vivendo em uma torre de marfim, longe da vida nacional.

Poder-se-ia arguir que o ideário de Rui carece de uma síntese, de uma apresentação orgânica, de objetividade, e está disperso em sua vasta obra. No entanto, como assinala Luís Delgado, sua ação e pensamento têm de ser compreendidos no contexto da época em que viveu: "eles podem ser explicados em termos de um ambiente – o complexo ambiente da sociedade que não havia ainda logrado estabelecer sua disciplina espiritual, ou implantar suas instituições que refletissem os princípios fundamentais da sua vida como um todo".

RUI, UM PRAGMÁTICO

Gilberto Freyre, no artigo "O período republicano",[22] assinala que no início da Primeira República quase todos os líderes "queriam ser essencialmente homens práticos, opostos a fantasias poéticas", em uma linha que segue o mesmo espírito pragmático de nossa formação histórica; naquela tradição lusitana de um "espírito realista, com precisos, definidos e concretos objetivos", referidos por Joaquim de Carvalho, em *Estudos sobre a cultura portuguesa no século XVI.*

Esse traço marcante do espírito pragmático brasileiro foi bem entendido e expresso por Clóvis Beviláqua ao afirmar, em *Esboços e fragmentos,* que "se um dia nós dermos uma contribuição filosófica de significado, estou convencido que ela não emergirá das alturas da metafísica".

Miguel Reale, em "Posição de Rui Barbosa no mundo da filosofia", sublinha:

> Em meio século de atividade cultural intensa, em contato com os mais variados dramas do homem, se houve uma linha melódica fundamental em sua vida quanto aos "Ideais", nem por isso deixou de atender aos reclamos sucessivos do tempo, abandonando ideias velhas por novas ideias, repudiando sistemas ou instrumentos de ação, quando não lhe pareciam mais corresponder à consecução dos fins visados. Essa capacidade de adaptação ao fato histórico, que certos adversários recriminam, assim como a já apontada aderência à vida política, são indícios de uma tendência pragmática, nem sempre própria à especulação filosófica pura. Não se pode, por outro lado, excluir-se o caminho inverso, que seria o da formação da atitude pragmática como consequência de uma experiência doutrinária governada pelos sucessos da vida política. Há, pois, hipóteses várias tentando a nossa atenção.

RUI BARBOSA E A AUTOESTIMA NACIONAL

Da maior importância é o registro da figura de Rui no imaginário social não somente em seu tempo, mas, até hoje, como verdadeiro ícone da cultura nacional. É considerado como o tipo do brasileiro que, apesar das desvantagens, principalmente, físicas (Rui media 1,58 metro de altura, pesava 48 quilos, "a tez morena de sertanejo", e tinha problemas de saúde) e materiais (após o início de sua carreira, por doze anos, pagou todas as dívidas deixadas por seu pai), luta sem temor, vence em sua terra e impressiona no exterior.

A respeito da importante relação com seu pai, assim se expressa Rui, em discurso no Senado, no dia 13 de outubro de 1896, ao responder acusações de César Zama:

> Mal se haviam inteirado três anos que eu deixara a academia, quando meu pai fechou os olhos. Era ele, na minha província, a maior cabeça de sua época, o orador mais perfeito que eu já conheci, distinguindo-se, ao mesmo tempo, como um caráter de limpidez e inflexibilidade adamantinas. Com tais qualidades, não podia ser feliz na política, madrasta sempre, entre nós, dos espíritos de escol das consciências inflexíveis. Severamente açoitado por ela, sob a situação conservadora de 16 de julho, os seus últimos anos foram de privação, não obstante a austera modéstia do seu viver; e faleceu onerado de encargos. [...] Facílimo era evitar o peso dessa herança: bastava renunciar a sucessão a benefício do inventário. Mas me pareceu que o dever me vedava. Renunciei, pois, nos autos, em favor de minha irmã o ativo do casal [...] e substituí nos bancos, sem reserva de condições, a firma de meu pai pela minha. [...] eu era arrastado pela nobreza da honra paterna, e contava com o poder miraculoso das inspirações do dever. Eu sentia em mim uma paixão entusiástica pelo estudo, sentia um atrativo irresistível pela ciência; tinha a vontade heroica do trabalho.

Esse tema daria uma tese acadêmica específica. No entanto, é oportuno listar aqui alguns elementos para o entendimento dessa relevante dimensão da ideologia de Rui.

Ao se referir a si mesmo, Rui costumava enfatizar que "nasci na pobreza; e de tal me honro", autodefinir-se como "um homem a pé" e sublinhar que "Deus agraciou-me com a fortuna, preciosa entre todas, de não ter vícios". Esse perfil básico de quem começou com grandes dificuldades, e chegou muito longe, toca, fortemente, as mentes e os corações da gente brasileira.

O MITO DO AMARELINHO

Conforme assinala Gilberto Freyre, Rui Barbosa somente obteve o amplo reconhecimento popular "depois dos seus triunfos em Haia, quando sua idealização pelo folclore brasileiro tornou-se parte de todo um complexo mito nacional: o da exaltação da figura do nativo 'amarelinho', do caboclo franzino e até feio, do brasileiro 'pequeno em tamanho', mas grande 'em inteligência'." Em suma, o brasileiro que fazia "a Europa curvar-se ante o Brasil".[23]

Freyre, na citada obra, reproduz curioso texto de um tal J. S. (nascido em 1880, no Ceará) sobre Rui Barbosa, com evidentes exageros em seu entusiasmo, que o leva a repetir, como verdadeira, uma imaginada situação sobre a escolha da língua em que Rui pronunciou seus discursos em Haia, algo que não ocorreu:

> Quando Rui Barbosa assomou à tribuna do Palácio da Rainha Guilhermina, escolhido para os trabalhos, no dia do Brasil (quinta-feira, parece-me), voltando-se para a assembleia, perguntou em que idioma queriam ouvir o seu verbo. Os delegados da Alemanha e da Rússia e finalmente todos combinaram que a língua francesa devia ser a preferida para os trabalhos respectivos. Nosso imortal combinou igualmente e continuou com os arroubos próprios do seu gênio: 'Eu tenho a felicidade de dizer que falo todas as línguas cultas, vivas ou mortas.' O seu discurso preliminar durou seis horas a fio, onde nosso grande homem demonstrou conhecer todos os códigos do mundo civilizado, comparando-os entre si. A tribuna onde ele falava já estava cheia das flores mais custosas da Holanda, e a multidão, inteiramente, absorta naquele profundo saber... Podemos dizer que foi naquela ocasião soleníssima que o Velho Mundo chegou a conhecer as imensas possibilidades da nossa querida pátria.

Destaque-se, a propósito, que a Rui Barbosa é aplicável o conceito de "líder carismático", elaborado por Max Weber. Assim sendo, como sublinhou o autor de *Economia e sociedade,* o carisma não reside somente em determinada soma de atributos especiais e diferenciadores de uma pessoa, mas se completa, necessariamente, na percepção que esse indivíduo motiva nos outros, e por suprir uma demanda, e até mesmo uma verdadeira "fome por carisma" existente numa sociedade. Recorde-se aqui o testemunho de Afonso Celso sobre Rui em *Oito anos de parlamento,* quando, ao descrever Rui, diz que: "No final [do discurso] sim, o auditório, pasmado, achegava--se ao orador – para o contemplar de perto, num misto de curiosidade, enlevo e sagrado terror." Afonso Celso, sem o saber, deu, nessa descrição, uma das melhores definições práticas do que é carisma. O Brasil teve, tem e terá em Rui Barbosa um de seus nomes carismáticos.

É significativo que Rui tenha iniciado sua famosa conferência de 20 de março de 1919, intitulada "A questão social e política no Brasil",[24] falando do então recém-publicado livro de Monteiro Lobato *Urupês* e do personagem Jeca Tatu, "a vegetar de cócoras, incapaz de evolução e impenetrável ao progresso". Prossegue a citar outros traços do Jeca descritos por Lobato:

> o fato mais importante da sua vida é sem dúvida votar no governo. [...] Vota. Não sabe em quem, mas vota. [...] O mobiliário cerebral [...] vale o do casebre. [...] O sentimento de pátria lhe é desconhecido. Não tem sequer a noção do país em que vive. [...] No meio da natureza brasílica, [...] é o sombrio urupê de pau podre, a modorrar silencioso no recesso das grotas. Só ele não fala, não canta, não ri, não ama [...], não vive.

Para Rui, o retrato pintado por Monteiro Lobato é "consciente, ou inconscientemente, a síntese da concepção, que têm, da nossa nacionalidade, os homens que a exploram". Na visão ruiana,

> o Brasil não é isso. Não!... O Brasil não é esse ajuntamento coletício de criaturas taradas, sobre que possa correr, sem a menor impressão, o sopro das aspirações, que nesta hora agitam a humanidade toda. Não! O Brasil não é essa naciona-

A RAIZ DAS COISAS

lidade fria, deliquescente, cadaverizada, que receba na testa, sem estremecer, o carimbo de uma camarilha... Não! O Brasil não aceita a cova, que lhe estão cavando os cavadores do Tesouro, a cova onde o acabariam de roer até os ossos os tatus-canastras da politicalha. Nada, nada disso é o Brasil.

Rebate Rui essa percepção ao afirmar o que é o Brasil, em seu entender:

> O Brasil é esta assembleia. O Brasil é este comício imenso de almas livres. [...] São as células ativas da vida nacional. É a multidão que não adula, não teme, não corre, não recua, não deserta, não se vende. Não é a massa inconsciente, que oscila da servidão à desordem, mas a coesão orgânica das unidades pensantes, o oceano das consciências, a mole das vagas humanas, onde a Providência acumula reservas inesgotáveis de calor, de força e de luz para a renovação das nossas energias. É povo, num desses movimentos seus, em que se descobre toda a sua majestade.

O revide de Rui à figura do Jeca Tatu, tracejada por Lobato, não seria a revolta afirmativa de um Jeca Tatu que superou as adversidades, a estimular outros milhões de Jecas a acreditarem em si mesmos e no país?

Rui Barbosa, ao regressar de Haia, foi homenageado pela colônia brasileira em Paris, em 31 de outubro de 1907. Na ocasião, fez um balanço do conclave internacional que vinha de concluir. No discurso que proferiu, descreve a tensão que viveu ao se iniciar a grande assembleia internacional, da emoção que sentiu, da responsabilidade da tarefa. Diz, com sinceridade, que naquele momento difícil estava "com a consciência, que nunca me abandonou, da minha inferioridade". Nesse gesto de verdadeira humildade intelectual e política, estaria, sem dúvida, a sua maior força, e seu profundo traço de união com aqueles brasileiros que sentem alguma identificação com ele.

RUI, SUAS IDEIAS E SEU TEMPO

GILBERTO FREYRE DETALHA O MITO DO "AMARELINHO"

O autor de *Casa-grande e senzala* assim esmiúça o denominado "mito do amarelinho", em sua obra *Ordem e progresso*. Destaca que, apesar de reconhecimento no meio político e intelectual, a projeção nacional de seu nome somente se deu com a

> consagração que Rui Barbosa só veio a ter depois dos seus triunfos na Haia, quando sua idealização pelo folclore brasileiro tornou-se parte de todo um complexo mito nacional: o de exaltação da figura do nativo "amarelinho", do caboclo franzino e até feio, do brasileiro "pequeno em tamanho", mas "grande em inteligência" como Rui [...]. Antes da Haia pode-se dizer de Rui que foi herói nacional apenas para a gente alfabetizada ou para a marginal da alfabetizada; sem a repercussão entre rústicos, inclusive escravos."[25]

> A identificação desse seu físico com o gênio – o gênio do próprio Brasil – só se processaria jornalística e folcloricamente, após a Conferência da Paz na Haia; e para ambos os processos de identificação de sua figura de gnomo com a suprema inteligência e o supremo saber a serviço da pátria, parece ter concorrido a propaganda sistemática que do talento e da erudição do ilustre baiano se fez então no Brasil e no estrangeiro, em parte sob a sagaz orientação do barão do Rio Branco.[26]

Freyre registra interessante depoimento de um diplomata francês, Charles Wiener, sobre o presidente Afonso Pena. Em seu livro sobre impressões do Brasil, afirma que o primeiro mandatário brasileiro era "*de petite taille, mince et pâle*". Comenta Gilberto Freyre a propósito: "O que não impedia fosse o ilustre mineiro, pela voz suave e pela palavra '*gracieuse, souvent spirituelle*', um homem encantador. Homem encantador, mas 'amarelinho' miúdo e franzino."[27]

Freyre faz importante observação sobre o impacto que o êxito de Rui em Haia teve no meio brasileiro:

> Não fora a um Rui Barbosa quase monstruoso de feio, de franzino, de "fanadinho" [...] que a Europa se curvara na Haia? [...] Daí alguns brasileiros, dentre

os brancos, virem começando a pensar, durante a época considerada neste ensaio, que o Brasil não deveria envergonhar-se dos seus mestiços de sangue negro, a ponto de negar-lhes o direito de exercerem cargos importantes, de frequentarem – quando cultos – a sociedade elegante e de casarem com moças brancas e fidalgas.[28]

Sublinha que

o amarelinho capaz de grandes façanhas e de tremendas vitórias sobre gigantes louros e rosados; espécie de Davi brasileiro em face de Golias nórdicos ou germânicos – consagrado já pelo folclore; e que teve, na mesma época de Dumont, outra expressão vitoriosa na figura de Rui Barbosa: o baiano franzinozinho – cabeça de homem precocemente velho em corpo de menino doente – através de quem o Brasil triunfou em Haia.[29]

[...] o barão do Rio Branco tanto procurava tornar além de admirado, respeitado pelos europeus e americanos. O que conseguira servindo-se até de 'amarelinhos' positivos como [...] Rui.[30]

O JABURU E A ÁGUIA

Ao tratar do aumento da autoestima nacional vale, igualmente, registrar que Rui Barbosa contribui, de fato, com sua ação e reflexão no campo externo, para que o Brasil, "sentindo-se mais confiante", como assinala Bradford Burns, aumentasse sua participação na política mundial.

O jaburu, escolhido por Capistrano de Abreu como uma ave que bem representaria o Brasil, um pouco deslocado de sua primazia por outra ave, uma águia, marca registrada que Rui assumiu após Haia. Certamente, houve exagero nas duas metáforas ornitológicas aplicadas ao Brasil, mas é, novamente, Rui que vem à mente para se contrapor ao pessimismo de grandes nomes da inteligência nacional.

RUI, SUAS IDEIAS E SEU TEMPO

A CRÍTICA DE RUI À POLÍTICA EXTERNA NORTE-AMERICANA

Apesar de ser um grande conhecedor – talvez o maior no Brasil da época – das instituições políticas e jurídicas norte-americanas, tendo inclusive nelas se inspirado para a elaboração de suas contribuições ao projeto da Constituição de 1891, Rui Barbosa manteve uma visão crítica quanto a determinadas posições da diplomacia estadunidense.

José Honório Rodrigues, chama a atenção para o fato de não estar, ainda, suficientemente, estudado o material, publicado na imprensa por Rui Barbosa, Eduardo Prado e Carlos de Laet, de crítica à política de intervenções de Washington nas duas primeiras décadas do século XX.[31] Segundo José Honório, mesmo adversários no campo das ideias, Rui, Prado e Laet tinham posições semelhantes de censura à política intervencionista dos Estados Unidos da América, expressa no Corolário Roosevelt (1904), na intervenção na Nicarágua (1911), nos incidentes de Tampico e Vera Cruz (1914), nas complicações na fronteira mexicana (1916) e na diplomacia do dólar (1916).

Rui já fixara posição crítica à Doutrina Monroe e à sua implementação pelos Estados Unidos, anteriormente, em 1900, com a série de artigos publicados no jornal *Imprensa* e intitulados "O continente enfermo", "Vã confiança – A ilusão americana" e "A Doutrina Monroe – sua origem".[32]

Em "O continente enfermo", Rui discute a dimensão intervencionista da diplomacia norte-americana, ao comentar a obra de Eduardo Prado *A ilusão americana*, "livro feito de ciência, verdade e patriotismo". Afirma que

> um pouco de reflexão política, para advertir na facilidade, com que, para os Estados fracos, se converte em tutela a intrusão doméstica dos poderosos, um pouco de história, para saber que a Doutrina de Monroe, no uso diplomático dos Estados Unidos, tivera, em todos os tempos, "um caráter exclusivamente norte-americano", que a face por ela apresentada ao resto da América era puramente "uma limitação da soberania das outras repúblicas", que a democracia

de Washington nunca irmana a sua causa à nossa, e que, cerrando, por aquela fórmula memorável, o continente americano à cobiça europeia, não fizera mais do que o reservar aos empreendimentos futuros da sua.

Rui aponta, claramente, sua interpretação da história das independências dos países latino-americanos, ao defender que: "Foi a política de Canning que ergueu a muralha protetora entre a emancipação da América e a Santa Aliança. Daí o benefício comum a todo o continente, a que ficou associado o nome do célebre presidente dos Estados Unidos." Enfoca, a seguir, a guerra entre os Estados Unidos e a Espanha, na qual vê que:

> A mesma nação, que, pela conveniência de as coibir, repudiara, no primeiro quartel deste século, a pretensa legitimidade do "direito de conquista", acaba de invocar, em proveito seu, esse *direito,* declarando, em Manilha e Santiago, possuir, a esse título, as Filipinas, ao mesmo passo que, sob a forma de anexação, ou protetorado, se apodera de Cuba.

Conclui que:

> O uso, que do seu triunfo contra a Espanha nas hostilidades do ano passado, fez o governo vencedor, inscrevendo-se francamente entre as nações retalhadoras do globo, e *prenant son bien où il le trouve,* indiferentemente, em terras do continente novo, ou nas do velho, acabou com a derradeira aparência de seriedade ao veto internacional de Monroe, e reduziu a eventualidade prática e europeia nas duas Américas a uma questão dos meios de resistência, de que dispuserem as suas nacionalidades, ou, se estas se não puderem defender a si mesmas, de um ajuste entre os Estados Unidos e os pretendentes de além-mar.

VÁ CONFIANÇA – A ILUSÃO AMERICANA

Rui Barbosa, no artigo "Vã confiança", fala da presença daquilo que denomina "ilusão americana", certamente inspirado no título do livro de seu amigo Eduardo Prado, na mentalidade política de determinados dirigentes republicanos. Sua crítica está endereçada, principalmente, "a essa simpleza pueril" presente no governo provisório que, acreditava, com a substituição de Londres por Nova York, "nos libertaríamos do contato suspeito com o [...] ouro londrino, [...] para ir buscar, sob a forma regeneradora dos dólares, nas fontes da opulência republicana, uma espécie de moeda e uma classe de credores mais dignos do novo regime".

Com notável realismo – notável, porque Rui era, também, um cultor das instituições políticas e judiciárias norte-americanas –, o estadista baiano separa sua admiração pelo sistema de governo dos Estados Unidos de certas definições ideológicas e certas práticas da política exterior de Washington. Comenta, agora, que, superada a primeira "ilusão" com o crédito, ressurge a "ilusão americana", da seguinte forma, na visão ruiana:

> Morta em flor essa ideia na mente das cândidas almas que a tinham concebido, a ingenuidade persistente do nosso republicanismo, criatura francesa mal amanhada à pressa nas formas anglo-americanas, continuou a se embalar no sentimento de uma solidariedade com a grande república do Norte contra os perigos intestinos e externos da restauração imperial e da cobiça europeia.

Rui concluiu que o "idílio monroeniano" fez que "nossos devaneadores" passassem de "uma ilusão a outra", e assim se expressa a respeito:

> A bandeira da anexação triunfantemente desfraldada nas Antilhas espanholas pela grande protetora da América emancipada começou a desmoralizar, no espírito dos nossos devaneadores, o idílio monroeniano. Já reconhecem que se enganaram. Mas, não podendo resignar-se à evidência da verdade, resvalam de uma ilusão a outra, da mesma natureza, atribuindo a decepção, agora manifesta, a um desvio imprevisível do compromisso de Monroe no fim do século, e exortando-nos a descansar, sem sombra de receio, na amizade da potência, em cuja proteção perderam a esperança. Esta nova fase da ilusão americana constrange-nos a voltar ao assunto; porque nossa consciência não se pode submeter à corresponsabilidade numa falácia, a que a história e a experiência se opõem.

UMA CRÍTICA À DOUTRINA MONROE EM SUA ORIGEM

Rui, no último artigo da série, rebate o argumento de que:

> a política absorvente, hoje professada nos conselhos de Washington, contradiz a doutrina de Monroe. Não é exato que, neste ponto, o último quartel do século XIX esteja a desmentir o primeiro. Não é exato que, neste particular, as fracas repúblicas da América do Sul se possam queixar da grande república da América do Norte. Não há nenhuma incoerência, violação nenhuma dos princípios de Monroe no procedimento atual dos americanos. Esses princípios nunca exprimiram senão um interesse dos Estados Unidos, nunca encerraram compromisso nenhum, por parte deles, a favor dos povos sul-americanos.

Rui faz um histórico das origens da Doutrina de Monroe, e destaca, como já o tinha feito em texto anterior, o papel de Canning e seu enunciado, "com títulos superiores aos de Monroe", de que "chamara à existência o Novo Mundo, a fim de restabelecer o equilíbrio do Antigo". Conclui afirmando que: "Nas origens dessa expressão do ascendente continental daquela nacionalidade se acha, nitidamente, impresso, pois, o seu caráter essencial de simples fórmula preservativa da influência dos Estados Unidos e seus interesses no continente, onde reinam, e que sempre aspiram a absorver."

RUI E A INTERNACIONALIZAÇÃO DA POLÍTICA BRASILEIRA

Rui Barbosa foi o primeiro exilado político brasileiro, na República, a produzir obra de reflexão no seu período de ostracismo. Essa amarga experiência que lhe marcou teve seu lado positivo ao levá-lo a uma aproximação real com o mundo exterior. Ao comentar acontecimentos como o caso Dreyfus, a guerra entre Japão e China, o livro de Arthur Balfour, *The Foundations of Belief,* e decisões da Suprema Corte dos Estados Unidos – todos contidos em sua obra *Cartas de Inglaterra,* publicada em 1896 –,

Rui perde aquela timidez com relação aos temas internacionais, tão característica do homem público brasileiro.

Colaborou, igualmente, para sua inserção no domínio dos assuntos da política internacional, o conhecimento de línguas, em particular do inglês, que à época era pouco dominado com fluência por personalidades dirigentes do país, inclusive por intelectuais. O francês era a língua estrangeira que as classes cultas dominavam.

Entre as questões que mais acompanhou e estudou está a Primeira Guerra Mundial. As referências bibliográficas, em sua conferência em Buenos Aires, em 1916, *Os conceitos modernos do direito internacional*, e o acervo de quase 1.700 títulos, em sua biblioteca particular, sobre o conflito de 1914–1918, evidenciam que, após os assuntos jurídicos, são as questões mundiais as que estão em segundo lugar em sua agenda intelectual e política.

AS TRÊS GRANDES DATAS EXTERNAS DO BRASIL

Pode-se afirmar que é exagero apontar Rui como um dos principais atores da internacionalização da política brasileira, ocorrida, de forma definitiva, após a Primeira Guerra Mundial. A propósito, vale lembrar que Nilo Peçanha, em carta a Rui, em 29 de junho de 1919, assim se expressava, a respeito:

> Consinta o glorioso precursor da nossa política externa na conflagração europeia que lhe envie felicitações muito amigas pela assinatura da paz. [...] No que nos interessa, parte da nossa representação de paz, por menos que tivéssemos feito a guerra, e Deus sabe que nada recusamos nos limites das nossas posses, das nossas leis e da nossa soberania, o devemos a Vossa Excelência. Parece exato o que acabo de ler numa revista do Norte, que o Brasil tem três grandes datas externas: a Independência, a Abolição e a sua internacionalização, que é sua entrada na guerra da Europa.

NOTAS

1. San Tiago Dantas, "Rui Barbosa e a renovação da sociedade", *in Rui Barbosa: escritos e discursos seletos,* Rio de Janeiro, Casa de Rui Barbosa/Nova Aguilar, 1995, p. 55.
2. *Ibidem*, p. 69.
3. José Aurélio Saraiva Câmara, *Capistrano de Abreu, tentativa bibliográfica,* Rio de Janeiro, José Olympio, 1965, p. 213–216.
4. Gilberto Amado, *Presença na política,* Rio de Janeiro: José Olympio, 1958, p. 151.
5. Afonso Arinos de Melo Franco, O *som do outro sino – um breviário liberal,* Rio de Janeiro, Civilização Brasileira/Editora UnB, 1978, p. 176.
6. *Idem, Um estadista da República (Afrânio de Melo Franco e seu tempo),* Rio de Janeiro, José Olympio, 1955, p. 878, 1595 e 1618.
7. Hermes Lima, O *construtor, o crítico e o reformador na obra de Rui Barbosa,* Rio de Janeiro, Casa de Rui Barbosa, 1958, p. 18–19.
8. José Maria Bello, *Joaquim Nabuco, Rui Barbosa: duas conferências,* Rio de Janeiro, Ministério das Relações Exteriores, Serviço de Publicações, 1949, p. 31 e 42.
9. Fato narrado ao autor pelo historiador Evaldo Cabral de Mello.
10. Oliveira Vianna, "Rui e os livros", *in idem, Ensaios inéditos,* Editora Unicamp, Campinas, 1991.
11. Palestra inaugural da "Primeira Conferência sobre federalismo cooperativo – globalização e democracia", pronunciada por Bolívar Lamounier sobre o tema "O nascimento do federalismo no Brasil: A herança de Rui Barbosa", no dia 9 de maio de 2000, em Brasília.
12. Bolívar Lamounier, *Rui Barbosa* [fotografias de Cristiano Mascaro], Rio de Janeiro, Nova Fronteira, 1999.
13. Boris Fausto, "Revisão de Rui", *in Folha de S.Paulo,* 15 de maio de 1999.
14. Luís Washington Vita, *Alberto Sales, ideólogo da República,* São Paulo, Companhia Editora Nacional, Brasiliana v. 327, 1965. Ver também Carlos Henrique Cardim, "Alberto Salles: um século de ciência política no Brasil", *in* Alberto Salles, *Sciencia política,* Brasília, Senado Federal, 1997.
15. Citado por Paulo Prado, como epígrafe, em sua obra *Retrato do Brasil – ensaio sobre a tristeza brasileira.* São Paulo, D.P.&C., 1928.
16. Afonso Arinos de Melo Franco, O *som do outro sino – um breviário liberal,* Rio de Janeiro, Civilização Brasileira/Editora UnB, 1978, p. 177.
17. Ernest Hambloch, *Sua Majestade, o presidente do Brasil,* Brasília, Editora UnB, 1981.
18. Ver a propósito o livro de Sérgio Danese, *Diplomacia presidencial: história e crítica,* Rio de Janeiro, TopBooks, 1999.
19. Américo Jacobina Lacombe, Eduardo Silva e Francisco Assis Barbosa, *Rui Barbosa e a queima dos arquivos,* Rio de Janeiro, Fundação Casa de Rui Barbosa, 1988.

RUI, SUAS IDEIAS E SEU TEMPO

20. Pocock, J.G.A. *The Machiavellian Moment,* Princeton, Princeton University Press, 1975.
21. Miguel Reale, "Posição de Rui Barbosa no mundo da filosofia", *in Rui Barbosa: escritos e discursos seletos,* Rio de Janeiro, Casa de Rui Barbosa/Editora Nova Aguilar, 1995.
22. Gilberto Freyre, "O período republicano", *in O Estado de S. Paulo,* 30 de setembro de 1943.
23. *Idem, Ordem e progresso,* Rio de Janeiro, Record, 1990.
24. Rui Barbosa, *A questão social e política no Brasil,* Rio de Janeiro, Casa de Rui Barbosa, 1998.
25. Gilberto Freyre, *Ordem e progresso,* Rio de Janeiro, Record, 1990, p. 464.
26. *Ibidem,* p. 465.
27. *Ibidem,* p. 583.
28. *Ibidem,* p. 586.
29. *Ibidem,* p. 751.
30. *Ibidem,* p. 769.
31. José Honório Rodrigues. *Interesse nacional e política externa,* Rio de Janeiro, Civilização Brasileira, 1966.
32. Rui Barbosa, *O divórcio e o anarchismo,* Rio de Janeiro, Guanabara, 1933. Apesar de o título indicar outras temáticas, a obra reproduz também artigos de Rui a respeito de questões da diplomacia norte-americana e indica as dificuldades de localizar seus trabalhos sobre política externa.

O BRASIL NAS PRIMEIRAS DÉCADAS DA REPÚBLICA
Crise e criatividade

> "pode o Brasil considerar-se um país isolado não só no seio da América, mas no seio do mundo."
>
> (Trecho do "Manifesto Republicano", de 3 de dezembro de 1871)

A POLÍTICA EXTERNA CENTRADA NO CONTINENTALISMO ESTREITO

O Brasil inicia o século XX com sua agenda de política externa atrasada em duas frentes: 1) no âmbito regional, pela grave pendência com a Bolívia sobre o Acre, ainda sem solução e em crescente agravamento; 2) no âmbito internacional, devido à ausência do Brasil, apesar de convidado, na Primeira Conferência da Paz de Haia.

A concentração continental de nossa política externa era devida ao isolamento político e cultural do Brasil, que foi, durante o século XIX, um país exótico, ou quase isso, para os padrões da civilização europeia; um país no qual a Monarquia liberal coexistia com a escravidão, as comunicações e os transportes eram anacrônicos, a indústria inexistia, a urbanização mal se iniciava e as moléstias tropicais (principalmente a febre amarela, no Rio de Janeiro) causavam, nos povos desenvolvidos da Europa e dos Estados Unidos, temor semelhante ao despertado pelas epidemias de cólera e outras pragas do Oriente.

Passada a fase do reconhecimento da Independência, na qual o relacionamento extracontinental era forçado, interesses e questões externas

A RAIZ DAS COISAS

brasileiros, durante o Segundo Reinado, propendiam basicamente para os países limítrofes. Cuidava-se de assegurar a estabilidade de nossas fronteiras, conforme tradição vinda de Alexandre de Gusmão, no século XVIII, e encerrada com o segundo Rio Branco no final do século XIX e começo do século XX, tarefa que, às vezes, exigia ação bélica, como se deu com a Argentina, de Rosas, e com o Paraguai, de Solano Lopes. Cuidava-se, também, de contribuir para a estabilidade política interna dos países vizinhos.

Assim sendo, as poucas oportunidades em que o Brasil se envolveu em assuntos extracontinentais prenderam-se ao reconhecimento da Independência, ao tráfico negreiro, reprimido pela Inglaterra, e à Questão Religiosa, oriunda do radicalismo tanto da Igreja quanto do governo imperial.

Vale lembrar que o "Manifesto Republicano", de 3 de dezembro de 1871, em sua conclusão, foi enfático ao ressaltar o isolamento do Brasil:

> Somos da América e queremos ser americanos.
> A nossa forma de governo é, em sua essência e em sua prática, antinômica e hostil ao direito e aos interesses dos Estados americanos.
> A permanência dessa forma tem de ser forçosamente, além da origem de opressão no interior, a fonte perpétua de hostilidade e das guerras com os povos que nos rodeiam.
> Perante a Europa passamos por ser uma democracia monárquica que não inspira simpatia nem provoca adesão. Perante a América passamos por ser uma democracia monarquizada, onde o instinto e a força do povo não podem preponderar ante o arbítrio e a onipotência do soberano.
> Em tais condições pode o Brasil considerar-se um país isolado não só no seio da América, mas no seio do mundo.
> O nosso esforço dirige-se a suprimir este estado de coisas, pondo-nos em contato fraternal com todos os povos, e em solidariedade democrática com o continente de que fazemos parte.

O "Manifesto Republicano", de 3 de dezembro de 1871, sublinhou, assim, a situação do Brasil de quase pária na política internacional, no século XIX.

RUI, SUAS IDEIAS E SEU TEMPO

A crítica dos republicanos à política exterior do Império continuou após a instalação do novo regime em 15 de novembro de 1889. Sílvio Romero, por exemplo, destaca, na obra *A história do Brasil ensinada pela biografia de seus heróis,* publicada em 1890, o descaso com a fixação das fronteiras por parte da monarquia. Sublinha que "estes limites [do território brasileiro] não estão ainda todos reconhecidos oficialmente, por incúria do decaído governo imperial, neste como em outros assuntos de vital interesse para a nação, ainda mais descuidoso e imprevidente do que o próprio governo colonial".

É interessante rememorar o mapa do Brasil em 1889: a grande massa do território era semelhante ao desenho atual, à exceção do Acre, e pela existência de outras zonas de litígio ao norte e ao oeste do país.

O Brasil no contexto internacional — mesmo após a obra do barão do Rio Branco, no início de sua gestão, de regularização das pendências fronteiriças — continuava a apresentar-se, em termos de política exterior, como uma nação provinciana e com uma presença externa muito aquém das suas reais possibilidades.

Analista arguto da política nacional e internacional, Joaquim Nabuco, mesmo convicto monarquista, tem suficiente lucidez e isenção intelectual para reconhecer, na obra *Balmaceda,* que, a partir do 15 de novembro de 1889, "começamos a fazer parte de um sistema político mais vasto". Acrescenta — como que reforçando inconscientemente o argumento do caráter excêntrico do regime monárquico no continente — que havia um "arrastamento americano" que favorecia o movimento republicano a impulsionar o Brasil a deixar de ser uma exceção na região. Assim se expressa a respeito:

> Quaisquer que venham a ser os acidentes da República, seja o militarismo, a corrupção, o desmembramento, a anarquia, e, pior que tudo, o opróbrio da raça, é crença fatalista de muita gente que seria um esforço inteiramente estéril para o resto de razão e de bom senso do país querer lutar contra o ímã do Continente,

A RAIZ DAS COISAS

suspenso, ao que parece, no Capitólio de Washington. Muitos acreditam mesmo que se trata de uma força cósmica, como se o oxigênio e o azoto formassem na América uma combinação especial dotada de vibrações republicanas.

O isolamento do Brasil – a que se refere o "Manifesto Republicano", de 1871 –, pode ser observado no fato de que a primeira visita de um dirigente estrangeiro ao país irá ocorrer somente em 1902, após oitenta anos de vida de solidão, como Estado independente.

Conforme expressou Campos Sales, em sua "Mensagem Presidencial", de 3 de maio de 1902: "Cumpre-me, finalmente, como acontecimento de elevado alcance em nossa vida internacional, mencionar a visita do sr. General Julio Roca, presidente da República Argentina, a primeira recebida pela nação brasileira de um chefe de Estado estrangeiro."

Ressalte-se, igualmente, que, nos treze anos que vão de 1889 a 1902 – da posse do primeiro chanceler Quintino Bocaiúva à posse de Rio Branco –, a República brasileira teve dezessete mudanças de ministros das Relações Exteriores, ou seja, mais de uma mudança, em média, por ano.

É a seguinte a relação dos ministros das Relações Exteriores de 1889 a 1902:

MINISTRO	DATA DA POSSE
Quintino Bocaiúva	15 de novembro de 1889
Eduardo Wandenkolk	22 de fevereiro de 1890
Quintino Bocaiúva	13 de maio de 1890
Tristão de Alencar Araripe	23 de janeiro de 1891 (interino)
Justo Leite Chermont	26 de fevereiro de 1891
Custódio José de Melo	23 de novembro de 1891 (interino)
Fernando Lobo Leite Pereira	30 de novembro de 1891

(*Continua*)

	(Continuação)
MINISTRO	**DATA DA POSSE**
Inocêncio Serzedelo Correia	12 de fevereiro de 1892
Custódio José de Melo	22 de junho de 1892
Antônio Francisco de Paula Sousa	11 de dezembro de 1892
Felisbelo Firmo de Oliveira Freire	22 de abril de 1893
João Filipe Pereira	30 de junho de 1893
Carlos Augusto de Carvalho	6 de outubro de 1893
Alexandre Cassiano do Nascimento	26 de outubro de 1893
Carlos Augusto de Carvalho	15 de novembro de 1894
Dionísio Evangelista de Castro Cerqueira	1 de setembro de 1896
Olinto de Magalhães	15 de novembro de 1898
José Joaquim Seabra	15 de novembro de 1902
José Maria da Silva Paranhos Júnior (barão do Rio Branco)	3 de dezembro de 1902 a 10 de fevereiro de 1912

Apesar do enunciado no manifesto de 1871, a alta rotatividade de pessoas no cargo de ministro indica a vigência, nos dirigentes republicanos, de uma percepção provinciana da cena internacional, inclusive evidenciando a existência de pronunciada instabilidade e inexperiência na condução das relações exteriores do país.

A CRISE DO ACRE

Esse cenário marcado pela deficiente gestão na diplomacia brasileira, no período de 1889 a 1902, complica-se mais com o aprofundamento da crise acriana. Tal situação levou Rio Branco a se concentrar, em seu primeiro ano à frente do Itamaraty, quase que exclusivamente nas negociações diretas com a Bolívia.

A RAIZ DAS COISAS

Gilberto Amado considera o Acre um dos mais sérios problemas diplomáticos até hoje enfrentados pelo Brasil. Em suas palavras, "O Tratado de Petrópolis representa o mais alto momento da inteligência brasileira aplicada ao serviço da construção do Brasil". O próprio Rio Branco, na Exposição de Motivos do Tratado de Petrópolis, encaminhada ao presidente da República, sublinha ter sido essa questão a que mais lhe exigiu:

> Com sinceridade afianço a Vossa Excelência que para mim vale mais esta obra, em que tive a fortuna de colaborar sob o governo de Vossa Excelência, e graças ao apoio decidido com que me honrou, do que as duas outras, julgadas com tanta bondade pelos nossos cidadãos, e que pude levar a termo em condições, sem dúvida, muito mais favoráveis.

RIO BRANCO DESARMA CONFLITOS FUTUROS

Alcindo Guanabara, em *A presidência Campos Sales,* chama a atenção para o pesado fardo de questões externas não resolvidas que o Império legou à República:

> Todas as questões que afetavam direta e intimamente os nossos mais vivos interesses foram pela política imperial sempre entretidas e jamais resolvidas.
> A República recebeu em herança todas as questões de limites que se suscitaram entre a nossa velha metrópole e as nações confinantes; e sem embargo de sessenta e tantos anos de ação e de debates diplomáticos que se iniciaram para se suspender e se recomeçar pouco depois ao sabor das inclinações da política do momento, pode-se dizer que essas questões lhe foram legadas no mesmo pé em que se achavam no momento da independência.
> A Constituinte Republicana abriu à política externa do novo regime um largo caminho para a solução definitiva desses litígios, com o estabelecer que, em regra, o arbitramento seria sempre tentado por nós.

RUI, SUAS IDEIAS E SEU TEMPO

Rio Branco, ao resolver as questões com a Argentina (Missões), França (Amapá) e Bolívia (Acre), retirou pesadas cargas da sociedade e do Estado brasileiros que poderiam desviar energias nacionais por muitas décadas e muitas gerações futuras. Somente quem já viveu em um país com uma disputa territorial pendente sabe avaliar, precisamente, o enorme valor da obra de Rio Branco nesse ponto.

A propósito, cabe lembrar o estudo do renomado especialista em relações internacionais John Vasquez, que, em artigo assinado com Marie T. Henehan, trata das causas das guerras no período de 1816 a 1992.[1] Nesse trabalho, os autores apontam como o principal motivo de conflitos bélicos entre países a disputa por território, acima de outras motivações de tipo econômico, ideológico ou cultural.

Vasquez e Marie T. Henehan usam os dados obtidos pela aplicação do conceito de Militarized Interstate Dispute (MID), e concluem que, na fase histórica em tela, os conflitos armados entre os países ocorreram mais por disputas territoriais que por questões políticas ou do regime internacional. A conclusão é clara: a disputa territorial aumenta a probabilidade de guerra. Outra hipótese defendida por Vasquez em outra obra – *The War Puzzle*[2] – é a de que as guerras ocorrem, principalmente, entre países fronteiriços por causa de território.

Assim sendo, Rio Branco retirou da história do Brasil um pesado fardo, ou melhor, desarmou, para as gerações futuras, várias bombas-relógios que tinham o potencial – em particular o caso do Acre – de consumir preciosos recursos humanos e materiais em longo, e às vezes sangrento, processo de acerto de contas, como acontece em várias regiões do mundo. Rio Branco libertou o país dessas amarras, para a nação se dedicar por inteiro às prioridades do progresso e da ocupação do próprio território.

O ERRO DIPLOMÁTICO DE 1899

> "o Brasil se recolhe para refazer suas forças, e procura
> afastar-se o mais possível de questões que lhe não
> afetem diretamente, e, achando-se aliás muito afastado
> e sem influência alguma nos negócios políticos da
> Europa, o seu papel na conferência seria nulo."
>
> (Trecho da resposta oficial do governo brasileiro
> ao convite russo para participar da Primeira
> Conferência da Paz de Haia)

O Brasil e o México foram os únicos países latino-americanos convidados a participar da Primeira Conferência da Paz de Haia. Com a decisão do governo republicano de estar ausente, coube ao México a exclusividade na representação do continente.

O tema convocatório da Conferência da Paz de Haia de 1899 era, basicamente, o da "humanização da guerra", pela adoção de medidas tendentes ao controle da corrida armamentista e à ampliação da aplicação do então denominado direito da guerra, hoje direito humanitário. Esses assuntos tinham dimensões universais e fortes conteúdos propositivos de reforma do sistema internacional.

O governo de Campos Sales cometeu um erro de política exterior ao não aceitar o convite feito pelo czar russo para, juntamente com o México, serem os únicos representantes da América Latina no conclave de 1899. O México aceitou e marcou posição. O Brasil retardou ainda mais, por quase uma década, sua entrada na política internacional.

O conde Mouravieff, ministro das Relações Exteriores da Rússia, enviou duas circulares às Missões Diplomáticas acreditadas em São Petersburgo a respeito da Conferência da Paz convocada pelo czar Nicolau II. A segunda e final convocatória destacava ser objeto principal do conclave a discussão de formas para se evitar uma corrida armamentista, e, assim, se evitar um aumento das forças militares, mormente no continente europeu. Assinale-se que a primeira convocatória falava de um objetivo mais alto, qual seja, a redução de armamentos. Outros temas que figuravam em ambas as convocatórias eram a regulamentação da guerra e os meios de preveni-la pela mediação e arbitragem.

A Primeira Conferência, conforme previsto, realizou-se em Haia, de 18 de maio a 29 de julho de 1899, com a presença de 26 países: vinte deles representando as nações europeias de então, mais Estados Unidos, México e quatro Estados asiáticos: China, Japão, Pérsia e Sião.

A ausência do Brasil na Primeira Conferência da Paz de Haia representa outro episódio que indica a mentalidade paroquial dominante na classe política nacional, e em particular na cúpula da diplomacia brasileira naquela época.

Apesar do reconhecimento pelos republicanos, no manifesto de 1871, da situação do Brasil como um país "isolado não só no seio da América, mas no seio do mundo", o fato é que a proclamação da República não opera um passe de mágica para modificar uma mentalidade enraizada nas elites dirigentes. A verdade é que a divisão rígida da história em épocas a partir de mudanças formais no sistema político, além de ser arbitrária, leva, normalmente, a visões simplistas e simplificadoras do complexo processo histórico. Assim, no dia 16 de novembro de 1889, e durante vários anos depois, continuava a predominar a perspectiva isolacionista e regional na diplomacia brasileira. Somente em 1907, com Rio Branco e Rui Barbosa na Segunda Conferência de Haia, é que o país ingressa na política internacional e sai do âmbito das questões imediatas e próximas para alargar sua mirada e suas responsabilidades.

A RAIZ DAS COISAS

A EXPLICAÇÃO DE CAMPOS SALES:
"POR MOTIVOS QUE SÃO ÓBVIOS"

Na sua primeira "Mensagem Presidencial", em 3 de maio de 1899, Campos Sales assinala, após o introito, ao tratar da política externa: "No que respeita aos interesses exteriores, cabe-me a satisfação de informar-vos que nenhuma alteração têm sofrido as relações de amizade que cultivamos com as nações estrangeiras. Tenho o maior empenho em mantê-las e desenvolvê-las."

Conforme salientou um de seus melhores biógrafos, dominava, no período, a percepção de que "a convivência internacional do Brasil era excelente".[3]

Ao tratar do convite feito pelo czar Nicolau II para o Brasil participar da Primeira Conferência da Paz de Haia, assim se expressa o presidente Campos Sales:

> O fato culminante da política internacional, pelo seu caráter altamente humanitário e civilizador, é o movimento que se opera em torno da ideia do desarmamento e no interesse da paz geral. Partiu a nobre iniciativa de Sua Majestade o imperador de Todas as Rússias. O governo brasileiro, por intermédio de seu ministro acreditado em São Petersburgo, foi convidado para se fazer representar na conferência especialmente destinada a tratar do importante assunto.
> Acolhi o convite com a consideração e simpatia que os generosos sentimentos de Sua Majestade despertam geralmente. Todavia, por motivos que são óbvios, ficou assentado que o governo brasileiro se absterá de tomar parte na conferência.

Campos Sales priorizou o campo interno e assim justificou sua definição: "Era meu firme propósito fazer um governo de administração, visto ser nessa esfera que se encontravam, acumulados, os problemas nacionais." Conforme bem destacou José Maria Bello, ao escolher Joaquim Murtinho como ministro da Fazenda, Campos Sales baseou sua gestão no entendimento de que "residia no equilíbrio do Tesouro o problema essencial do Brasil".[4] Aliás, já havia afirmado, no banquete de 31 de outubro de 1897, em São Paulo, ocasião em que foi proclamada sua candidatura à Presidência, que: "Considero por isso [grave situação do erário] um dever de lealdade não abrir esperanças, nem contrair compromissos de outra ordem. Muito terá feito pela República o governo que não fizer outra coisa senão cuidar das finanças."

UM PERFIL DE CAMPOS SALES

Francisco de Assis Barbosa, em *História do povo brasileiro* traça um interessante perfil que ajuda a compreender a visão internacional de Campos Sales:

> Manuel Ferraz de Campos Sales era um autêntico burguês, até na indumentária requintada. Carlos de Laet retratou-o como um pavão, em artigo ferino de jornal. O apelido pegou. Preocupado mais com a exterioridade de suas atitudes, tal como as roupas vistosas, permaneceria insensível às transformações políticas que ocorriam no mundo: a disposição da Alemanha e da Rússia de romperem a unidade europeia; a arremetida do Japão contra a China, disputando a hegemonia asiática; o crescimento dos Estados Unidos da América como potência mundial impondo a sua vontade ao continente, ao libertar Cuba da influência espanhola, mas conservando-a sob a sua tutela. Nenhuma dessas questões o preocupava, nem mesmo as novas ideias de fundo social, as greves e os atentados terroristas contra chefes de Estado: Sadi Carnot (1898), o rei Umberto (1900), McKinley (1901). Greves e motins de rua liquidaria com chanfalhos da polícia e patas de cavalos. Era um republicano à maneira de Gambetta, que foi seu *alter ego*, moderado, oportunista, vigilante contra os excessos da multidão. Quanto ao mais, estava convencido de que o imperialismo inglês era invencível, como aliás demonstraria no decorrer do seu quatriênio presidencial, na Guerra dos Boers (1899–1902) e na Revolta dos Boxers (1901). Acreditava na *Pax Britannica*, para ele inabalável, sobretudo depois de estabelecida a *entente cordiale* entre a Grã-Bretanha e a França. Aplicaria como presidente da República a mesma es-

tratégia, com a aliança entre São Paulo e Minas Gerais, isolando o belicoso Rio Grande do Sul, que vivia a ameaçar, como a Alemanha, o bom entendimento entre os Estados da federação.[5]

Em termos de atividade internacional, Campos Sales notabilizou-se com a renegociação das dívidas brasileiras. Realizou "peregrinação pelas capitais financeiras da Europa; batendo à porta dos banqueiros – credores de seu país para poder governar".[6]

OLINTO DE MAGALHÃES, O CHANCELER DE CAMPOS SALES

Ao comentar a escolha do seu ministro das Relações Exteriores, Campos Sales sublinha que Olinto de Magalhães, "membro distinto do corpo diplomático [...] e republicano histórico", ao aceitar o convite, "estabeleceu, porém, a condição de não ser um ministro político".[7] É interessante lembrar, como assinala José Honório Rodrigues, que Olinto de Magalhães foi, além de diplomata de carreira, "político militante".

Francisco de Assis Barbosa, em *História do povo brasileiro*, assim considera sua gestão no Itamaraty:

> Burocrático era também o Ministério das Relações Exteriores, ao tempo de Olinto de Magalhães, perplexo e timorato diante da mais importante questão diplomática que teve de enfrentar, a questão acriana, ressalvada a perfeita boa-fé com que agiu, a qual fica comprovada no seu livro de memórias.

A RESPOSTA OFICIAL DO GOVERNO BRASILEIRO

O representante diplomático do Brasil em São Petersburgo, Ferreira da Costa, entregou ao governo russo nota oficial vazada nos seguintes termos:

Legação dos Estados Unidos do Brasil na Rússia – Roma, 27 de janeiro de 1899

Senhor ministro

Tendo eu transmitido ao meu governo o despacho-circular de 12/24 de agosto último, o sr. presidente Prudente de Moraes, cujo mandato devia expirar dentro em pouco, julgou do seu dever, apreciando altamente o conteúdo do mesmo despacho, deixar ao seu sucessor, por conveniência política, a decisão do assunto, por isso que não quis, por um ato dos últimos dias de sua administração, empenhar a responsabilidade do novo presidente.

Coube a Sua Excelência o senhor Manuel Ferraz de Campos Sales, que entrou em exercício a 15 de novembro último, tomar conhecimento da mencionada circular de Vossa Excelência.

Autorizado por meu governo a respondê-la, apresso-me, senhor ministro, a expor a Vossa Excelência os motivos que determinaram o governo do Brasil, bem a seu pesar, a não se fazer representar na conferência.

As crises por que tem passado, nestes últimos anos, o Brasil e que o tem profundamente abalado são demasiado conhecidas para que me julgue na necessidade de desenvolvê-las agora; nossas forças de mar e terra foram grandemente atingidas e a nossa situação financeira muito ressentiu-se com elas.

Por isso, a única preocupação da nova Administração é a reconstituição do nosso crédito, a valorização da nossa riqueza e reorganização das nossas forças militares com um fim pacífico. Eis a razão por que o meu governo não quer tomar parte de antemão de compromisso algum para a manutenção do *status quo* militar.

A exemplo da Rússia em momento histórico, o Brasil se recolhe para refazer suas forças, e procura afastar-se o mais possível de questões que não lhe afetem diretamente, e achando-se aliás muito afastado e sem influência alguma nos negócios políticos da Europa, o seu papel na conferência seria nulo.

Todavia Sua Excelência o senhor presidente foi muito sensível à alta prova de distinção dispensada à sua pátria naquele convite, pelo qual é muito grato, e compreendendo toda importância que terá para o progresso e para a prosperidade dos povos a realização das ideias generosas de Sua Majestade o imperador, faz os mais sinceros votos pelo feliz resultado da conferência.

Por minha parte, ouso esperar, senhor ministro, que Sua Majestade, em sua alta sabedoria, se dignará de apreciar em seu justo valor, não só os sentimentos de que sou intérprete como as razões que acabo de submeter a Vossa Excelência.

Queira aceitar, senhor ministro, a segurança da minha mais alta consideração.

Ferreira da Costa

A RAIZ DAS COISAS

A EXPLICAÇÃO DE OLINTO DE MAGALHÃES

O chanceler do governo Campos Sales, Olinto de Magalhães, publicou, em 1941, livro de memórias intitulado *Centenário do presidente Campos Sales – comentários e documentos sobre alguns episódios de seu governo pelo ministro das Relações Exteriores de 1898 a 1902*. Nessa obra, em breve capítulo, expõe os motivos que o levaram a sugerir ao primeiro mandatário que recusasse o convite para o Brasil participar da Primeira Conferência da Paz de Haia.

Vale a pena considerar as razões de Olinto de Magalhães e, para isso, transcrever, na íntegra, o referido capítulo de seu livro (ver Anexo II):

A PRIMEIRA CONFERÊNCIA DE HAIA

A presença do Brasil em Haia tinha consequências delicadas, tanto na ordem interna como externa, na ocasião em que o governo recebeu o convite para nela se fazer representar. O alto espírito de S. M. Nicolau II era, indiretamente, no sentido de assegurar a paz entre as nações, mas o seu *objetivo imediato* estava claro, no art. I do Programa da Primeira Conferência de Haia em 1899, que previa esse acordo "para não aumentar durante um período fixado o atual efetivo das forças militares de terra e mar, e ao mesmo tempo não aumentar os competentes orçamentos, e, eventualmente, o estudo preliminar dos meios para se obter de futuro a redução dos armamentos já existentes".

Portanto o convite era relativo a uma conferência para o "Desarmamento Geral das Nações", em Haia.

A nota do conde de Mouravieff, ministro de Estrangeiros da Rússia, em 12 de agosto de 1898, dizia: "Pénétré de ce sentiment, Sa Magesté l'Empereur a daigné m'ordenner de proposer à *tous les gouvernements dont les représentants accredités près la cour impérial,* ia réunion d'une conférence qui aurait à s'occuper de ce grave problème'. O grifo foi posto por mim na transcrição deste trecho, para mostrar por que os demais países da América do Sul não foram convidados, e só ao Brasil coube esta distinção.

Quando em 1897 era eu ministro junto à corte de São Petersburgo, já estava ao corrente dos projetos e restrições que o conde de Mouravieff planejava para não transformar a conferência numa reunião exageradamente numerosa, nela devendo tomar parte apenas os países com representação diplomática ali. A nossa resposta ao convite foi de 27 de janeiro de 1899.

As demais tentativas, inclusive a "Segunda Conferência [já então denominada] da Paz", foram todas infrutíferas neste sentido, e a própria Liga das Nações desapareceu, nos nossos dias, sob a calamidade cruel que assoberba o mundo em um conflito que se desenvolve à revelia das leis de Guerra, das leis de Deus e das leis da humanidade, com prejuízo da própria civilização.

Em 1899 as nossas atenções estavam voltadas para a América do Sul, ameaçada de perigos iminentes e o nosso programa era o de aproximação e de boa vizinhança com as demais repúblicas americanas, de que demos uma prova com a troca de visitas oficiais entre os dois presidentes – da Argentina e do Brasil – em momento oportuno e expressivo, porque de benéficas consequências e assim compreendido.

A nossa política externa girava, portanto, em eixo diferente das conveniências do Velho Mundo. Armando-nos, ou não, o governo Campos Sales só devia pedir inspirações aos interesses reais do país: não podia alimentar ciúmes entre as nações vizinhas, e ainda menos olvidar as nossas responsabilidades históricas contra possíveis conflitos armados no nosso continente.

Se não podíamos tomar atitude antecipada numa conferência de desarmamento, em que não figuravam outras nações irmãs, não estavam fechadas as portas, para, em todo o tempo, darmos a nossa adesão a outras conclusões que nos parecessem convenientes e viessem a ser adotadas em Haia. Em nenhuma hipótese ficaria sacrificado o interesse do Brasil, e são injustas as críticas que por sua atitude foram feitas ao governo.

Em outro trecho do mencionado livro, no capítulo intitulado "Política de boa vizinhança", Olinto de Magalhães agrega os seguintes comentários sobre a recusa do governo Campos Sales ao convite do czar:

Nas relações exteriores com os países do nosso continente praticamos a política de boa vizinhança, tão necessária entre nações jovens e que têm um largo futuro de atividade a exercerem, no interesse comum de paz, de trabalho e de progresso.

Com este objetivo, pela primeira vez no continente, se efetuou um fato histórico de alto alcance: a troca de visitas oficiais entre dois chefes de Estado, entre o presidente Roca e o presidente Campos Sales. Que foi o momento oportuno e eficiente, basta recordar que naquele período as relações entre a Argentina e o Chile eram muito tensas, e as do Chile excelentes com o Brasil. Estava esta parte da América do Sul ameaçada, por divergências territoriais, de uma possível conflagração. (Esta situação confusa no nosso hemisfério, dentre outras razões, concorreu de algum modo para que o Brasil não aceitasse o convite para comparecer à Primeira Conferência do "Desarmamento Geral das Nações", convocada pelo czar Nicolau II. As duas repúblicas, em vésperas de possível conflito, estavam armadas, e o Brasil, desarmado. A Argentina e o Chile, não tendo legação em São Petersburgo, não foram convidados para aquela conferência.)

A recusa do Brasil ao convite para participar da Conferência de Haia de 1899, além da justificativa da dificuldade de estar presente em uma reunião internacional na qual se discutiria a redução de armamentos em momento em que o país "se recolhe para refazer suas forças", contém outros elementos. Fica patente certa ingenuidade dos republicanos sobre o funcionamento real da política internacional. Alemanha, Inglaterra, França e Rússia estavam em plena corrida armamentista e não encontraram nenhuma dificuldade em estar presentes em uma conferência sobre o direito da guerra, onde se discutiriam acordos sobre a contenção de despesas com gastos militares.

"POLÍTICA DE BOA VIZINHANÇA"?

A respeito dos ciúmes que poderiam surgir na Argentina e no Chile pelo convite russo ao Brasil e do fato de isso atrapalhar a "política de boa vizinhança", tão almejada por Olinto de Magalhães, pode-se ver nesse gesto certo exagero em aplicar a antiga diretriz do Conselho de Estado, de se evitar a formação de sentimento antibrasileiro entre

"*CHERCHEZ LÀ-DEDANS LES DÉLÉGUÉS BRÉSILIENS*"

Oliveira Lima assim se expressa sobre o fato, ao se referir à representação brasileira para a Conferência de Haia de 1907:

> é de se esperar que o governo do Brasil não repita o erro diplomático de 1899 e se não esquive a comparecer nessa assembleia, por tantos títulos respeitável. Deixamos então de aceitar o convite que fôramos os únicos a receber na América do Sul por uma razão um pouquinho extraordinária, a qual declaramos alto e bom som como se não fosse o mesmo que passar um recibo de desordem: a de estarmos anarquizados em crises demasiado conhecidas, precisando o Brasil recolher-se para refazer suas forças.
>
> Hoje só se fosse por não termos ciência jurídica nacional, visto já haver sido também declarada desnacionalizada entre nós toda a cultura do espírito – as ciências, as letras e as artes –, de sorte que não poderíamos, já não direi aspirar a dominar espiritualmente no mundo das ideias, mas nem sequer nos erguermos à altura da conferência, deixando, por insuficiência mental, de nela representar o papel nulo que na outra conferência receamos desempenhar por insignificância política.
>
> [...] O que espero, em todo caso, é que me não ocorrerá de futuro o que em Paris este ano me sucedeu. Aproveitava eu meu tempo indo diariamente ao Ministério dos Negócios Estrangeiros mexer em papéis velhos. O muito amável diretor da seção histórica, ao subirmos juntos a escadaria, ia comentando os quadros representando vários congressos e personagens ilustres. Ao indicar-me a enorme tela da Conferência de Haia (de 1899) ajuntou: "Cherchez là-dedans les délégués brésiliens." Eu lancei um olhar hipócrita para a tela e respondi-lhe com a diplomacia que me possam ter incutido quinze anos de carreira: "*Ils n'étaient pas encore arrivés.*"[8]

A RAIZ DAS COISAS

COMO ERA O BRASIL À ÉPOCA DA SEGUNDA CONFERÊNCIA DA PAZ DE HAIA (1907)?

A SOBREVIVÊNCIA DO PATRIARCADO AGRÁRIO E ESCRAVOCRATA NO COMEÇO DA REPÚBLICA

Gilberto Freyre, no ensaio introdutório, intitulado "República", ao *Manual bibliográfico de estudos brasileiros*, assinala que nem sempre os ciclos sociológicos coincidem com os períodos políticos. Assim sendo, afirma que:

> Oficialmente este [o patriarcado agrário e escravocrata] teria morrido de vez no Brasil um ano antes de iniciar-se o período republicano. Sociologicamente, não morreu: já ferido de morte pela Abolição acomodou-se à República e durante anos viveram ainda patriarcado semiescravocrata e República federativa quase tão simbioticamente como outrora patriarcado escravocrata e Império unitário.

Freyre expressa, nessa notável síntese, a chave para o entendimento das linhas de força dominantes nas primeiras décadas da República. Essa continuidade de estruturas marca o quadro político e cristaliza-se nas oligarquias de São Paulo e Minas Gerais que irão comandar os fluxos de poder no Estado brasileiro.

"O NERVO DE NOSSA FUTURA GRANDEZA"

Rui Barbosa, no prefácio da tradução que fez da obra O *papa e o concílio*, em 1877, traça um panorama do Brasil que guardou vigência nas primeiras décadas da República:

> um país opulento, inexaurível como a natureza mesma, e, todavia, física e moralmente estagnado [...]; os municípios [...] sem raízes no solo, sem autonomia, pedintes abismados numa existência vegetativa [...]; as províncias sugadas pela

centralização até à medula [...]; um governo lição viva de todas as corrupções; [...] a Câmara dos Deputados aviltada, graças às suas próprias obras [...]; a magistratura, atirada fora a toga da justiça, a ostentar deslavadamente o escândalo das mais delirantes e indecentes paixões de partido; o Executivo dissipando, transigindo, contraindo encargos públicos, sem autorização orçamentária; [...] a lavoura em profunda e mortal caquexia; o comércio e a indústria, sob a pressão de impostos irracionais, condenados ao mais lastimoso raquitismo; [...] a mentira das urnas, nas depurações parlamentares [...]; a instrução pública uma coisa ainda por criar, uma ridícula mesquinharia negaceada às classes carecentes, aleijada, impura, envenenada pelo patronato, inacessível à maioria dos contribuintes; [...] falsificação sistemática das instituições e culto misteriosamente respeitoso à impertinência da papelada administrativa.

Rui Barbosa, diferentemente de outros ao listar as mazelas nacionais, não se protegia atrás da comodidade de sua situação; pelo contrário, partia para a ação, para a proposição de reformas e para a pregação pública.

Ainda, no prefácio de *O papa e o concílio,* Rui sublinhava:

Sob o *país legal,* que nos oprime, está a nação. Nesta o torpor que a paralisa, não é a gangrena senil da Roma cesárea; é a inércia de uma juvenilidade vigorosa, mas transitoriamente abatida, um período passageiro de prostração na existência de um povo vivedouro e possante que, após uma estação de altas virtudes cívicas, viu, numa decadência vertiginosamente acelerada, prostituírem-se programas, partidos, homens, tudo, e, burlado de decepção em decepção, desiludido por uma longamente acerba experiência, costumou-se a descrer absolutamente do seu tempo. Mas todas as energias vitais subsistem nesse organismo, todas potências da reação vivificadora. Falta apenas o motor que as desperte, isto é: a restauração da verdade no regime constitucional, a fundação sincera da liberdade mediante leis sérias, a descentralização amplíssima, radical, as reformas populares. Por aí – não pelos meios artificiais e contraproducentes do imposto ou da proteção governativa – é que se criará o nervo da nossa futura grandeza, e abrir-se-ão as fontes reais da prosperidade nacional: o trabalho, a iniciativa privada, a associação, a imigração.

A RAIZ DAS COISAS

A RESIGNAÇÃO E ACEITAÇÃO PRIMITIVA DA SORTE

> "Somos tributários de outras nações menos
> favorecidas nesse ponto [uberdade do solo] e grande
> parte de nossa alimentação vem-nos do estrangeiro."
>
> (Gilberto Amado)

A respeito do quadro brasileiro no começo do século XX, cabe, também, destacar dois depoimentos de Gilberto Amado em *Minha formação no Recife,* um sobre a precária situação de higiene pública na capital pernambucana, afetada pela peste bubônica em 1905, e outro sobre o não aproveitamento das potencialidades do país:

> Subindo as escadas da república, na rua da Imperatriz, poucos dias depois da minha mudança, recuei: três, quatro ratos jaziam mortos nos degraus. Corriam rumores de que a peste bubônica grassava no Recife. Numerosas mortes, até de gente conhecida, eram relatadas. Pulei por cima dos bichos e botando a alma pela boca mencionei o encontro da escada aos companheiros da república. "Já vieram desinfetar", disse um deles, e deu de ombros. Os outros não quiseram conversa sobre o assunto. Sem hesitação soquei a roupa, sapatos e escova de dentes, tudo que possuía, na mala e eu mesmo a arrastei escada abaixo. O barulho fez aparecer gente à porta do primeiro andar. "Ratos mortos", gritei. "Ora!", disseram, rindo, enquanto me ajudavam a puxar a mala. Três dias depois morria Odilon Martins, o rapazinho sergipano, gorducho e simpático, como já referi. Morreu o outro calouro, também de Sergipe, da Cotinguiba, magricela de *pince-nez,* de cujo nome não me recordo. Em várias outras repúblicas, verificaram-se mortes de estudantes. Os comentários eram nulos; a resignação do nortista, sua aceitação primitiva da sorte aí se manifestavam.

Poder-se-ia dizer que a "resignação do nortista, sua aceitação primitiva da sorte" não eram sua somente. Ela estava presente em boa parte da população e das autoridades da época, que tinham uma visão comodista e acomodada do Brasil e seu futuro. A propósito, o próprio Gilberto Amado, na já referida obra, que é uma das leituras obrigatórias para o conhecimento da Primeira República, afirma, mais adiante, ao reproduzir trecho de artigo de sua autoria para o *Diário de Pernambuco*, em 1908:

> A nossa riqueza jaz inculta, desprezada, na uberdade do solo maravilhoso. Nunca a soubemos aproveitar, nem avaliar a sua enormidade. Temos ao contrário, com a devastação criminosa das florestas pelo ferro, pelo fogo, exsicando as nascentes dos pequenos rios, alterando as condições climatéricas e regime de águas, contribuído para a sua esterilização a tal ponto que qualquer espírito observador ao viajar pelas nossas estradas de ferro, desde as zonas suburbanas, recebe dolorosamente a impressão das planícies e das encostas nuas, sem cultura, sem pastagens, sem rebanhos, sem criações. E logo se chega à verificação de que da fertilidade do solo só existe, em realidade, a reputação platônica. Somos tributários de outras nações menos favorecidas neste ponto e grande parte da nossa alimentação vem-nos do estrangeiro, gastando-se anualmente nada menos de cem mil contos de réis na compra de gêneros destinados à subsistência do homem e dos animais domésticos. Ainda, recentemente, fomos obrigados a elevar o imposto de importação sobre o açúcar de beterraba que vinha derrotar a produção nacional.

BRASIL, "UMA REPÚBLICA DE QUINTA CATEGORIA", SEM ORDEM NEM PROGRESSO

Percy F. Martin, em *Through Five Republics of South America*, assinala que, apesar de o Brasil ser então o terceiro país em extensão no mundo e ostentar em sua bandeira o dístico "Ordem e Progresso", nem o primeiro, nem o segundo atributo encontravam-se presentes em sua economia interna em 1906.[9]

Destaca o autor: "É profundamente lamentável que com tão magnífico e tão compacto território, a metade do qual é servida por um soberbo

A RAIZ DAS COISAS

litoral marítimo, com um dos melhores e mais navegáveis rios do mundo, esteja o Brasil classificado entre as repúblicas de quinta categoria."

Martin registra que, da população brasileira – estimada então em 15 milhões de habitantes –, 80% era analfabeta. Compara essa cifra com a de outros países sul-americanos, como o Chile, onde a cifra era de 75%; o Uruguai, com 60%; e a Argentina, com 50%, sendo que em Buenos Aires a taxa de analfabetismo havia caído para 25%. A situação da grande massa da população continuava, na época, "na mesma situação onde a deixaram os jesuítas". Comenta que, apesar de certo avanço no sistema educacional, "a grande massa da população é tremendamente ignorante, poucos sabem ler, e pouquíssimos sabem assinar seus nomes". E, ainda, o contingente do exército brasileiro, nominalmente, era de 28 mil homens. No entanto, desse número, provavelmente, um quarto somente é encontrável nos registros burocráticos de fichas ou formulários. A frota da marinha de guerra era composta por seis cruzadores (*cruisers*), cinco torpedo-*boats* e dois torpedo-*catchers*.

"Fascinante espetáculo de germinação de ideias na grave crise da República nascente" 1895 a 1905: "clima de germinação de ideias e de desastre econômico".

A situação do Brasil no final do século XIX e início do século XX revela um contraste entre as enormes potencialidades e o caos reinante nos campos político e social.

A imagem do Brasil, nesse período, ainda guarda fortes ambiguidades e confusões. Um balanço do país herdado pelos republicanos aponta um quadro crítico, mas com um intenso debate propositivo sobre os rumos do país.

San Tiago Dantas, em conferência sobre o *Rui Barbosa e o Código Civil*, faz uma síntese das visões sobre o Brasil, ao propor a seguinte análise do período de 1895 a 1905:

RUI, SUAS IDEIAS E SEU TEMPO

Um contraste singular reinava entre a economia e a inteligência, entre a situação de debilidade material do país e a força com que irrompiam os sinais de uma nova mentalidade.

[...]

Nos mesmos anos, entretanto, por um desses descompassos, que fazem a maravilha do espectador, eleva-se a um nível, até então inatingido, a vida intelectual do país.

Dir-se-ia que toda uma geração, captando os problemas agitados pela cultura europeia do seu tempo, lançava, entre nós, no espaço de um decênio, as bases de um grande movimento de ideias, sem diretriz comum definida, mas aberto à realidade histórica e atual do país, tanto quanto às questões universais.

De 1895 a 1905 concentram-se os episódios e as obras mais representativas desse singular momento histórico. Em 1895, funda-se a *Revista Brasileira,* de que, dois anos depois sairá a Academia. Machado de Assis atinge, nessa época, a plenitude do seu gênio literário; em 1891 publicara *Quincas Borba,* em 1895, as *Histórias sem Data,* em 1899 publicará *Dom Casmurro.*

Também em 1895, Farias Brito publica o primeiro tomo da *Finalidade do mundo,* que continuará em 1899 e concluirá em 1905.

Em 1893 e 1896, dois livros vêm marcar a consciência brasileira, projetando nela grandes questões do tempo: A *ilusão americana,* de Eduardo Prado, e as *Cartas de Inglaterra.* Pouco depois, duas outras obras assinalam o início da reflexão crítica sobre a nossa própria formação cultural: os *Estudos de literatura,* de José Veríssimo, e os *Estudos de sociologia e literatura,* de Sílvio Romero, ambos editados em 1901.

1897 é o ano em que Joaquim Nabuco dá início à publicação do *Estadista do Império,* esse livro, que seria daí por diante o repositório clássico de temas dos nossos historiadores e pensadores políticos, precede de três anos *Minha formação,* a autobiografia modelar, por onde nos é dado alcançar os ideais, as limitações e os problemas formativos do homem brasileiro de elite da época.

De 1888 a 1902 (*Poesias*), Olavo Bilac criou sua obra poética, talvez a que mais profundamente influenciou o gosto literário do tempo. Em 1898, o grande poeta Raimundo Correa publica as *Poesias.* Em 1901, o advogado Edmundo Bittencourt funda o *Correio da Manhã.* Em 1902, já aparece *Canaã,* de Graça Aranha. Nesse mesmo ano, surge o livro que voltaria a inteligência brasileira para a compreensão do meio físico, e marcaria um dos eixos permanentes da nossa vida cultural: Euclides da Cunha publica *Os sertões.*

É nesse clima de germinação de ideias e de desastre econômico, de frustração administrativa, e de temor da bancarrota, que se inicia em 1899 o governo Campos Sales. Nele se iriam refletir as condições contraditórias do meio brasileiro, a um tempo oprimido pela crise material que avassala o país, e imbuído, no domínio do pensamento, de vastas aspirações universais. Dois estados de espírito distintos, o realismo imediatista e o desejo enfático de grandes coisas, inspiram a política que se instaura.[10]

Acrescente-se à enumeração de San Tiago Dantas o livro de Alberto Torres *Vers la paix – études sur l'établissement de la paix générale et sur organisation de l'ordre international,* publicado em 1909. Registre-se que essa obra até hoje não foi traduzida no Brasil.

Existe uma forte elaboração teórica em torno das questões brasileiras nesse período. Há interesse concreto em ver, em projetar e em idealizar o país. Importantes mudanças ocorrerão no Brasil a partir dessa germinação de ideias. A principal delas será a de não se condicionar pelas limitações imediatas da hora presente, de construir um novo horizonte mental lastreado nas forças profundas da nacionalidade.

O Brasil caminha muitas vezes por saltos teóricos. Como bem analisou Euclides da Cunha, no ensaio "Da Independência à República": "Somos o único caso histórico de uma nacionalidade feita por uma teoria política. Vimos de um salto, da homogeneidade da colônia para o regime constitucional, dos alvarás para as leis."[11] Se assim foi a formação do Estado independente, talvez seja essa uma das tendências presentes em outros momentos decisivos da história nacional, como foram as primeiras décadas da República.

O balanço das primeiras décadas republicanas – de 1889 até 1919 – indica basicamente um quadro de fortes contrastes: um país ainda dominado por estruturas arcaicas e situações de caos, ao lado de possantes influxos modernizadores e de novas estruturações no campo das ideias. O balanço aponta um saldo positivo, expresso nos seguintes pontos:

RUI, SUAS IDEIAS E SEU TEMPO

1) a existência de sólida base teórica entre os dirigentes republicanos;

2) a evidência de que o Brasil da implantação republicana em comparação com outros países da América Latina, apesar de todas as contradições já apontadas, logrou estabelecer um Estado mais ordenado, em termos de instituições e de regime jurídico. Esse é um dado importante a ser valorizado: o Brasil tem hoje um Estado com mais continuidade, hierarquia e ordem que a Argentina, segundo pesquisa conduzida pelo destacado cientista político argentino José Nun. Essa conquista é fruto de um século de construção republicana que teve seus alicerces plantados nas primeiras décadas do regime;

3) a elaboração de fórmula para viabilizar o presidencialismo – "a política dos governadores" – e contrabalançar a falta de partidos políticos;

4) a manutenção de relativo respeito à lei e ao governo civil, evitando-se, assim, que se instale o caudilhismo militarista;

5) recuperação das finanças públicas;

6) restabelecimento do crédito externo;

7) saneamento e urbanização do Rio de Janeiro;

8) manutenção da unidade nacional;

9) acolhimento dos imigrantes e incentivo à imigração;

10) estabelecimento de uma política externa afirmativa e universal;

11) melhoria e ampliação do número de portos e ferrovias.

Aplica-se ao Brasil republicano das primeiras décadas, visto na perspectiva de San Tiago Dantas – contraste entre o caos econômico e social e a germinação de ideias –, a arguta observação de Hegel sobre a importância da teoria na vida política: "A cada dia, fico mais convencido de que o trabalho teórico logra mais feitos no mundo do que o trabalho prático.

A RAIZ DAS COISAS

Uma vez que o campo das ideias é revolucionado, o estado atual das coisas não continua a resistir."[12]

"O campo das ideias" foi revolucionado, nas primeiras décadas da República, mesmo com um estado de coisas tumultuado, por figuras como Rio Branco, Rui Barbosa, Rodrigues Alves e Campos Sales. Os resultados surgiram de forma imprevista, impulsiva e, às vezes, atabalhoada, mas firmes. Firmes na construção institucional republicana, na geração de paradigmas novos para a política externa, como foi o caso dos paradigmas da participação ativa na política internacional e da igualdade das nações, propugnados por Rio Branco e Rui Barbosa em Haia em 1907.

O ESTABELECIMENTO DE UMA POLÍTICA EXTERNA AFIRMATIVA E UNIVERSAL

O BRASIL NO CONTEXTO REGIONAL E INTERNACIONAL NO PERÍODO 1889–1923

O período compreendido entre proclamação da República (1889) até a data do falecimento de Rui Barbosa (1923) principiou nova etapa das relações internacionais do Brasil. Não foi somente a implantação do regime republicano que provocou uma maior aproximação do Brasil com os demais países do hemisfério, mas principalmente o fato de que, como assinalou Bradford Burns,[13] "a diplomacia brasileira mudou acentuadamente durante a Primeira República [...] e o Brasil começou a representar um papel mais ativo nos assuntos do hemisfério e do mundo", e "os diplomatas nesses anos cruciais [...] inauguraram uma nova fase, que influiu no curso da diplomacia brasileira por várias gerações depois de 1930".

Registre-se, a propósito, entre outros, dois fatos decisivos dessa quadra no terreno das relações exteriores: 1) a obra do barão do Rio Branco, principalmente, no acerto das questões fronteiriças, patrimônio básico da diplomacia brasileira contemporânea; e 2) as primeiras participações no plano global da nova República, expressas na Segunda Conferência da Paz de Haia de 1907 e na Primeira Guerra Mundial, sendo que, em ambas, Rui Barbosa desempenhou relevante papel. Esses dois marcos elevaram o padrão brasileiro de política externa e internacional: "os diplomatas ergueram os olhos para horizontes mais amplos [...]. O Brasil [...] ao mesmo tempo, sentindo-se mais confiante, encetou a sua participação na política mundial".[14]

A evolução da política externa brasileira na Primeira República apresenta dois momentos distintos. O primeiro, de 1890 a 1907, quando os fatos da política interna e regional se sobrepõem a qualquer outro tema internacional mais amplo. O segundo abre-se em 1907, com a missão de Rui Barbosa na Conferência de Haia, e marca a passagem de nossa política externa do exclusivismo continental para o cenário mundial.

No primeiro momento, a diplomacia brasileira age movida por circunstâncias peculiares que a impulsionam em dois sentidos: 1) o reconhecimento da República pelos governos europeus e americanos, que, em conjunto, foi uma operação penosa e delicada, principalmente na França, na Alemanha, na Espanha, em Portugal, na Inglaterra e – ainda que possa parecer inusitado – nos Estados Unidos. "Com todos esses países", assinala Afonso Arinos, "houve dificuldades, que foram dissipadas com tenacidade, habilidade e maestria pelos diplomatas profissionais do Segundo Império"; e 2) a solução das pendências de limites herdadas do Império, que encontra diretrizes e fundamentos na orientação pacifista de Rio Branco, calcada na busca de fundamentos jurídicos e argumentos históricos, políticos e geográficos. É a fase que Afonso Arinos considera marcada por um "provincianismo de nossa política externa".

A RAIZ DAS COISAS

Nos primeiros anos da República, destacam-se o esforço institucional de compatibilização da ação diplomática com a nova forma de governo, associado à consolidação da própria República e ao empenho de aprimoramento do serviço diplomático brasileiro. Registre-se, ainda, o clima instável, no início, da República na Chancelaria: de 1889 a 1894, isto é, em cinco anos, o Brasil teve onze ocupantes da pasta das Relações Exteriores.

A Conferência Pan-Americana de 1906, realizada no Rio de Janeiro, coroa todo um trabalho diplomático, com relação às Américas, de construção do sistema interamericano e da consolidação da União Pan-Americana.

O segundo momento, iniciado em 1907 com a ativa presença na Conferência de Haia – assunto que é tratado detalhadamente no Capítulo 3 – atinge um ponto alto com a entrada do Brasil na Primeira Guerra Mundial. A participação brasileira no conflito bélico de 1914–1918 valeu--lhe o direito de estar presente na Conferência de Versalhes, em 1919, e de incluir representante no Conselho da Liga das Nações. Durante esse período que vai até 1926, com a saída do Brasil da Liga das Nações, a diplomacia nacional teve que se haver diretamente com questões mundiais como os temas da guerra e da paz, a política das grandes potências e a formulação de uma doutrina de política externa e internacional brasileira.

Registre-se, ainda, que, nos dois momentos, uma questão da maior importância para a diplomacia brasileira foi, sem dúvida, a aproximação com os Estados Unidos da América. Como assinala Bradford Burns, em seu livro *The Unwritten Alliance,* após a proclamação da República no Brasil em 1889, as relações bilaterais com os Estados Unidos da América entraram em um período de harmonia e real aproximação. Acelerar essa tendência tornou-se um dos principais objetivos de Rio Branco, na fase que dirigiu o Ministério das Relações Exteriores, de 1902 a 1912. Como resultado dessa cooperação entre os dois países, o Brasil mudou, de Londres para Washington, um dos principais eixos de sua diplomacia.

94

O FIM DO EXCLUSIVISMO CONTINENTAL

Nas palavras de Afonso Arinos:

> Foi o governo Rodrigues Alves que, ao transformar material e culturalmente o Rio de Janeiro, trouxe para o Brasil alguma atenção e alguma confiança do mundo civilizado. Os viajantes nativos de outros tempos passaram a visitantes comuns. Os Clemenceau, os Anatole France, os Ferrero, vindos depois da urbanização carioca. O ato final do exclusivismo continental da nossa política verifica-se com a Conferência Pan-Americana de 1906, realizada no Rio de Janeiro.

Assim, quando Rui chegou a Haia, em 1907, já no governo Afonso Pena, o Brasil havia começado a dar provas de sua capacidade modernizadora, com a transformação espetacular de sua capital, a extinção da peste, da varíola e da febre amarela. Na economia, a inflação do "encilhamento", dos últimos anos do século XIX, fora vencida pelo empréstimo de estabilização (*funding-loan*) e pela energia recessiva do governo Campos Sales; o café supria as necessidades do câmbio estável; o novo porto do Rio de Janeiro melhorava o comércio internacional; o programa de reaparelhamento naval de Afonso Pena respondia à rivalidade argentina; o desenvolvimento técnico e industrial se exibia na Exposição Nacional de 1908 (centenário da Abertura dos Portos). Em suma, uma vaga de otimismo e confiança percorria o país.

O provincianismo continental da nossa política externa ia declinar com a entrada do Brasil no cenário mundial, avidamente seguida pela opinião pública nacional. Rui Barbosa, em Haia, inaugurou, brilhantemente, essa entrada no novo e grande palco. Hoje, a missão de Rui perdeu a auréola mítica que a cercava no início. Dados os descontos à lenda e reconhecidos os excessos verbais do grande homem (chamado por alguns maldizentes europeus de "Monsieur Verbosa"), devemos registrar como um marco, na história diplomática brasileira, a inegável nova dimensão que o país

A RAIZ DAS COISAS

adquiriu no cenário mundial, reforçada pelo favorável reconhecimento da cultura e da civilização brasileiras, exibidas no fórum mundial pelo insigne parlamentar, jurista e orador.

NOTAS

1. John Vasquez e Marie T. Henehan. "Territorial Disputes and the Probability of War 1816–1992", *Journal of Peace Research,* v. 38, n° 2, p. 123–130, 2001.
2. John Vasquez, *The War Puzzle*, Nova York, Cambridge University Press, 1993.
3. Célio Debes. *Campos Sales, perfil de um estadista,* Rio de Janeiro, Francisco Alves, 1978, v. II, p. 485.
4. José Maria Bello. *História da República 1889–1954 – Síntese de sessenta e cinco anos de vida brasileira,* São Paulo, Companhia Editora Nacional, 1972.
5. Jânio Quadros, Afonso Arinos *et al.*, *História do povo brasileiro,* São Paulo, J. Quadros Editores Culturais, 1967, v. 5, p. 101.
6. Hélio Silva e Maria Cecília Ribas Carneiro, *Campos Sales*, São Paulo, Editora Três, 1983, Coleção Os Presidentes.
7. Manuel Ferraz de Campos Sales. *Da propaganda à Presidência,* Brasília, Senado Federal, 1998, p. 107.
8. Manuel de Oliveira Lima. *Pan-Americanismo (Monroe, Bolívar, Roosevelt) (1907),* Brasília, Rio de Janeiro, Senado Federal, Casa de Rui Barbosa, 1980, p. 79 e 80.
9. Percy F. Martin. *Through Five Republics (of South America) A critical description of Argentina, Brazil, Chile, Uruguay and Venezuela in 1905,* Londres, William Heinemann, 1906.
10. San Tiago Dantas. *Rui Barbosa e o Código Civil,* Rio de Janeiro, Casa de Rui Barbosa, 1949.
11. Euclides da Cunha. "À margem da história", *in idem, Euclides da Cunha, obra completa, v. I,* Rio de Janeiro, Nova Aguilar, 1995.
12. G. W. F. Hegel, "Letters of January 23th, 1807, and October", 1808, in Sholmo Avineri, *Hegel's Theory of the Modern State*, Cambridge, Cambridge University Press, 1992, pp. 64 e 68.
13. E. Bradford Burns. "As relações internacionais do Brasil durante a Primeira República, *in* Boris Fausto (direção). "História geral da civilização brasileira", t. III, v. 2, O *Brasil Republicano: Sociedade e Instituições (1889–1930).* Rio de Janeiro, Bertrand Brasil, 1990.
14. *Ibidem,* p. 400.

CAPÍTULO 2
Rui, política externa e política internacional

RUI E A ENTRADA DO BRASIL NA POLÍTICA INTERNACIONAL

"O Brasil entrou resolutamente na esfera das grandes amizades internacionais."

(Rio Branco, "Brasil e Argentina")

O sentido principal da diplomacia brasileira, nas primeiras décadas da República, delineia-se em 1907, com a missão de Rui Barbosa na Segunda Conferência da Paz de Haia. Até essa data, nossa atividade internacional concentrava-se nos problemas sul-americanos, particularmente na região da Bacia do Prata.

Rio Branco, em artigo publicado em 26 de setembro de 1908, sob pseudônimo, no *Jornal do Commercio,* cujo título era "Brasil e Argentina", sublinhava de forma clara que a agenda da política externa brasileira estava gravemente desatualizada e em forte descompasso com as possibilidades do país no cenário internacional. Destacava, da mesma maneira, a necessidade de o Brasil superar a estreita perspectiva de um regionalismo dominado por pendências arcaicas de origem luso-espanhola e abrir-se para um relacionamento mundial. Finaliza o texto com uma convocatória para que Brasil e Argentina assumissem suas grandezas e tivessem uma nova política de amplas e generosas miradas para o futuro.

Rio Branco, nesse longo artigo, aconselhava, claramente e de forma pioneira, a evolução da nossa política externa do antigo e estreito continentalismo para o relacionamento mundial e para a aproximação crescente entre Brasil e Argentina. Esse trabalho é de grande importância por antecipar uma nova noção de política exterior e procurar fazer o país conscientizar-se dos seus destinos maiores.

O artigo de Rio Branco reconhecia que o Brasil começava a sair dessa situação anacrônica e se projetava decididamente no mundo. Quando Rui assume a chefia da delegação nacional em Haia, em 1907, o Brasil estava com sua agenda externa atrasada. Rio Branco tinha plena consciência desse descompasso. Assim se expressava o chefe da diplomacia brasileira:

> Nós vivemos fora da realidade da política internacional de hoje, em plena ilusão, a que o passado nos habituou. Longo tempo a América do Sul esteve entregue a si mesma, fez e desfez nacionalidade, ergueu e matou a liberdade, armou e extinguiu despotismo, estabeleceu preponderâncias e supremacias, perfeitamente independente em matéria internacional. Foi por essa época que o Brasil, chamado pelos partidos em luta, interveio no Prata; entrou naquelas terras para dirimir pelas armas e pela diplomacia desavenças sanguinárias no período difícil da gestação dos Estados, foi agente da paz e de liberdade, e, à sombra da aliança com o Brasil, realizou Mitre o seu grande feito político, que é a unidade nacional da República Argentina. Quando se acabou a sua missão no Prata, o Brasil deixou ali nações organizadas e o nosso território não foi aumentado pela fácil incorporação de províncias desgovernadas. Estávamos expurgados para sempre do tenebroso espírito de conquista.

Rio Branco indica o novo horizonte que se abre à diplomacia brasileira:

> Há muito a nossa intervenção no Prata está terminada. O Brasil nada mais tem que fazer na vida interna das nações vizinhas, está certo de que a liberdade e a independência internacional não sofrerão ali desequilíbrio violento. O seu interesse político está em outra parte. E para um ciclo (ou círculo?) maior que ele é atraído. Desinteressando-se das rivalidades estéreis dos países sul-americanos, entretendo com esses estados uma cordial simpatia, o Brasil entrou resolutamente na esfera das grandes amizades internacionais, a que tem direito pela aspiração de sua cultura, pelo prestígio de sua grandeza territorial e pela força de sua população.

RUI, POLÍTICA EXTERNA E POLÍTICA INTERNACIONAL

Vale ainda lembrar o parágrafo final do artigo, no qual Rio Branco fala especificamente sobre o futuro das relações Brasil-Argentina:

> Nada separa o Brasil da Argentina, ligados abstratamente por um destino comum de civilização e cultura, de que são os maiores representantes na América Latina. As nossas questões só podem ser resolvidas pela regra constitucional do nosso país, e que consignamos no tratado de arbitramento elaborado na boa-fé da amizade. Cultivemos tranquilamente as nossas relações de vizinhança, troquemos com toda a liberdade, sem pactos forçados, os produtos do nosso trabalho e da nossa inteligência. O campo da irradiação para nossas energias jovens não pode ser guerra à civilização, antes deve ser aquela conquista do deserto, prevista e iniciada profeticamente pelos melhores estadistas argentinos. A assombrosa fertilidade dos nossos territórios nos dá uma grave responsabilidade histórica. São eles o refúgio de milhões de homens que os fecundam e transformam. Acima de preconceitos de infundadas rivalidades de sul-americanos, paira sobre essas terras, que se chamam Brasil e Argentina, um imenso interesse humano. Este solo não pode ser devastado pela guerra. Pelo seu destino ele é sagrado e intangível.

O artigo de Rio Branco merece ser lido na íntegra (ver Anexo III).

RUI BARBOSA, ATOR PRINCIPAL DA NOVA DIPLOMACIA BRASILEIRA

A nova perspectiva adotada por Rio Branco foi implementada pela primeira vez com a participação de Rui Barbosa na Segunda Conferência da Paz de Haia. É nesse conclave que o Brasil entra de fato na política internacional, como ator consciente, e não como objeto de decisões externas. A atuação conjunta de Rio Branco e Rui Barbosa inaugura uma nova etapa da diplomacia brasileira e marca o início da construção de novos paradigmas na inserção internacional do país, notadamente o paradigma da igualdade entre as nações e o da perspectiva universalista.

A RAIZ DAS COISAS

O novo sentido da política externa brasileira afirma-se com o pensamento e a ação de Rui na assembleia de Haia. É um outro horizonte, bem diferente do padrão das relações exteriores do Brasil no século XIX, e no começo do século XX, marcado exclusivamente pelas questões regionais, com ênfase nos assuntos da bacia do Prata, com uma matriz defensiva e postergatória das soluções das controvérsias.

Rui Barbosa, ao defender o princípio da igualdade entre as nações, em Haia em 1907, coloca a política externa em outro eixo. Critica o então vigente sistema internacional, mas de forma construtiva, e declara que o Brasil assume responsabilidades em sua reforma. É uma crítica de quem se reconhece como um igual, um membro pleno da comunidade maior, e não pode se omitir. Abre-se com generosidade para dar sua contribuição, mas vê e aponta lealmente as iniquidades do quadro presente.

UM PIONEIRO DA DIPLOMACIA MULTILATERAL DO BRASIL

O chanceler Celso Amorim,[1] ao destacar o significado da participação de Rui Barbosa na Segunda Conferência da Paz de Haia e sua relevância atual, compara a sua contribuição à de Rio Branco, nos seguintes termos:

> Da mesma forma que o barão do Rio Branco, que foi um grande realizador do ponto de vista das relações do Brasil com os outros países, sobretudo na própria região, resolvendo de maneira pacífica, inteligente, não conflituosa, as questões de fronteira que havíamos herdado do período colonial, Rui Barbosa foi um pioneiro da diplomacia multilateral. Tendo participado de uma das Conferências da Haia, ele defendeu, numa reunião em que se discutiam questões relativas à navegação, o princípio da igualdade jurídica dos Estados de maneira muito forte. Ele não teve a capacidade e a possibilidade de fazer com que as coisas ocorressem da maneira que desejava, mas, pelo menos, defendendo o princípio da igualdade entre os Estados, impediu que um mal fosse feito, que

era criar, já naquela época, uma espécie de diretório, um mini-Conselho de Segurança para discutir essas questões. Ele defendia que tudo fosse discutido de maneira democrática por todos os interessados. Então, Rui Barbosa é um grande inspirador, no caso do Brasil, da nossa diplomacia multilateral. [...] foi um grande defensor de um princípio que nós também defendemos, que é o da democracia e igualdade dos Estados.

O ITAMARATY: UMA CRIAÇÃO DA REPÚBLICA

O Itamaraty, no sentido hoje entendido, de entidade emblemática no Estado brasileiro, voltada para a compreensão da política internacional, a formulação de propostas de política externa ao presidente da República, o recrutamento e a formação regular de funcionários diplomáticos, e a execução diplomática das políticas decididas pelo presidente da República, é uma criação republicana que tem em Rio Branco seu construtor maior. Foi ele, como bem disse Gilberto Amado, "o abridor de caminhos, o iniciador".

No período monárquico, o Ministério dos Negócios Estrangeiros tinha funções, predominantemente, burocráticas. Cabia ao conselho, pela sua Seção de Negócios Estrangeiros, ao responder às consultas do imperador, aprofundar o entendimento das questões suscitadas e propor ao monarca diretrizes e linhas de ação para a política externa do país.

Como assinala Gilberto Amado:

> É a presença de Rio Branco no Brasil. É sua influência nos nossos costumes, a irradiação da sua personalidade sobre todos os ângulos da Nação, é o Itamaraty, constituído núcleo de integração social, inteligência, beleza, dignidade. [...] E é Rio Branco, entre outros benefícios, com a plenitude de meios para a realização da sua obra, para a definição da nossa política no exterior, a construção moral do Itamaraty, o seu relevo histórico no Continente, sua significação como fisionomia do Brasil.

A RAIZ DAS COISAS

Com Rio Branco na República (1902–1912), surge o Ministério das Relações com forte personalidade própria e até uma denominação específica – "o Itamaraty", símbolo e expressão da diplomacia brasileira –, a exemplo de outros países: Reino Unido, "Foreign Office"; França, "Quai d'Orsay", e Estados Unidos, "State Department".

É oportuno lembrar a recomendação básica do Conselho de Estado, de que o norte da diplomacia nacional deveria ser o de evitar a formação de uma aliança antibrasileira no continente sul-americano e, assim, buscar composições e adiar a solução das pendências. Tal recomendação bem evidencia o caráter fundamentalmente regional vigente na política externa nacional até o advento de Rio Branco na chancelaria.

NOTA

1. Celso Amorim. "Palestra do ministro das Relações Exteriores, embaixador Celso Amorim, no encerramento do Curso para Diplomatas Sul-Americanos", *in Curso para Diplomatas Sul-Americanos,* Brasília, 7 a 31 de agosto de 2006, Fundação Alexandre de Gusmão – Instituto de Pesquisa de Relações Internacionais, FUNAG – IPRI, Brasília, 2006.

A ESCOLHA DE RUI PARA HAIA

O chanceler Rio Branco, conforme assinala Américo Jacobina Lacombe, "sentiu que o comparecimento do Brasil à Segunda Conferência da Paz de Haia deveria ser marcado pelo prestígio de um grande nome nacional.[1] Escolheu Joaquim Nabuco. O *Correio da Manhã,* porém, lançou a candidatura de Rui Barbosa, que teve logo ampla repercussão. Escreve Álvaro Lins:

> Rio Branco fez imediatamente de Rui o seu candidato, e levou a indicação ao presidente. Sem retirar o convite feito a Nabuco, telegrafa-lhe: "Já houve ministério das águias, poderíamos ter ali delegação de águias, se você quisesse." Mas a combinação seria impossível: Nabuco achava, com razão, que não poderia ir como segundo, e Rui só poderia ir como primeiro.[2]

Após essa definição de Nabuco, Rui é convidado para representar o Brasil na Segunda Conferência de Haia. Ele levou quarenta e dois dias para aceitar o convite de Rio Branco, feito em nome do presidente Afonso Pena. Em suas palavras: "Abraçada a ideia pelo presidente e pelo barão do Rio Branco, seu ministro, foi este em pessoa à minha casa, no largo d. Afonso, Petrópolis, convidar-me em nome do chefe do Estado, para essa alta comissão." Após uma primeira recusa, justificando-se pela complexidade da matéria da conferência, o que motivou a insistência de Rio Branco, Rui solicitou um tempo para pensar sobre o assunto. Dessa maneira, narra Rui o longo processo de aceitação:

A RAIZ DAS COISAS

O nosso preclaro chanceler teve que tornar à minha casa mais de uma vez, instando por uma decisão favorável, a que não cheguei senão com quarenta e dois dias de repugnâncias e receios. Isto presenciou, continuadamente entre muitos outros, o sr. Antônio Azeredo, cuja exma. senhora foi quem, escrita a carta de resposta, ma obteve, e tomou das mãos, quando eu, ainda então vacilava em ceder. Lembro-me que era um domingo, e que, ao entregar eu o documento do meu compromisso, no mesmo ponto, como apostada, uma banda, que tocava ali perto, no pavilhão do largo, encetou a música dolorosa da Tosca, na ocasião em que se aproxima o desenlace trágico da partitura, e que essa coincidência, notada por mim aos circunstantes, despertou no meu espírito, assustado com a hipótese de um desastre na empreitada cuja responsabilidade acabava de assumir, impressões supersticiosas.

Gilberto Amado, ao comentar a escolha de Rui, assinala que Nabuco e Rio Branco, por grandes personalidades que fossem, haviam se limitado: o primeiro, pela sedução intelectual; o segundo, pelo saber histórico-geográfico e pela enorme capacidade de trabalhar. Esses encantos do galã intelectual, ou do atlético pesquisador de gabinete, não tinham maiores incidências sobre os assuntos extracontinentais. Na voz de Rui, em Haia, foram suscitados os problemas gerais da guerra e da paz, da igualdade entre Estados, dos direitos de expressão dos mais fracos; enfim, assuntos que, de então até hoje, vêm-se tornando cada vez mais presentes à atenção da comunidade das nações, e para os quais o perfil de Rui como político e intelectual se encaixava melhor do que os de Nabuco e de Rio Branco. Ou seja, Rui foi para o Brasil o homem certo, na posição certa, no momento certo.

A RELAÇÃO ESPECIAL ENTRE RIO BRANCO E RUI BARBOSA

A relação de amizade entre Rio Branco e Rui Barbosa, que foram colegas na Faculdade de Direito de São Paulo, tem um momento marcante. É quando Rui publica artigo, no *Diário de Notícias*, em 14 de outubro

RUI, POLÍTICA EXTERNA E POLÍTICA INTERNACIONAL

de 1889, a respeito de texto de autoria de Rio Branco sobre a história do Brasil em La Grande Encyclopédie, no grande verbete dedicado ao Brasil, coordenado por E. Levasseur.

Rui chama a atenção para a relevância da publicação e da colaboração de Rio Branco, em meio a outros autores, como o barão de Ourém, Eduardo Prado, H. Gorceix, P. Maury e E. Trouessart. Considera a síntese histórica preparada por Rio Branco "a seção mais importante desta monografia".

Como assinala Américo Jacobina Lacombe em *Rio Branco e Rui Barbosa*: "Este artigo produziu, na alma de Rio Branco, um movimento de gratidão tão profundo que nunca perdeu ele a oportunidade de proclamá--lo." Lembra, igualmente, Lacombe[3] que "as consequências históricas desse episódio literário foram de grande importância para a história da República".

Uma dessas consequências foi, sem dúvida, a elevada consideração que Rio Branco sempre teve por Rui, apesar de grave divergência, ocorrida em 1903, na difícil negociação da questão do Acre com a Bolívia. Conforme narra A. G. de Araújo Jorge, no ensaio introdutório às *Obras completas de Rio Branco*:

> Em 17 de outubro, isto é, um mês antes da assinatura do tratado, o senador Rui Barbosa, que, desde julho desse ano, vinha colaborando com o prestígio e a autoridade de seu nome nas negociações como um dos plenipotenciários brasileiros, conjuntamente, com Rio Branco e Assis Brasil, julgou dever solicitar dispensa dessa comissão. Repugnava-lhe compartir a responsabilidade de conclusão de um acordo em que as concessões do Brasil à Bolívia se lhe afiguravam extremamente onerosas.[4]

A concessão em tela foi a de pequeno trecho de território brasileiro à Bolívia. O desenlace do problema acriano demonstrou o acerto da estratégia de Rio Branco. As cartas trocadas entre Rio Branco e Rui nessa delicada questão estão reproduzidas, na íntegra, no Anexo IV.

Rio Branco, em carta de 24 de março de 1907, momento em que estava em curso o convite a Rui para ser o delegado brasileiro na Segunda Conferência de Haia, assim se expressa sobre aquele desencontro de posições: "A nossa divergência de 1903 pertence ao passado e, durante ela, respeitando sempre as convicções alheias, procurei proceder de modo a não perder a estima e a amizade a V. Excia., que tanto prezo."

O ARTIGO DO *CORREIO DA MANHÃ*: A REVELAÇÃO DA SURDEZ DE NABUCO

Gilberto Freyre afirma, em *Ordem e progresso:*

> entendia o barão do Rio Branco que não deveriam representar o Brasil no estrangeiro senão brasileiros brancos ou com aparência de brancos, tendo sido a República sob esse aspecto e sob a influência do poderoso ministro do Exterior mais papista que o Papa, isto é, mais rigorosa em considerações étnicas de seleção de seu pessoal diplomático que o próprio Império.
> [...] Rui Barbosa, diz-se não ter sido cogitado por ele [Rio Branco], a fim de participar da Conferência da Paz em Haia em 1907; para tão importante missão sua escolha parece ter sido, com efeito, Joaquim Nabuco. Rui, pensa mais de um informante idôneo sobrevivente da época aqui considerada, que teria sido nome, na verdade imposto ao Itamaraty pelo então poderoso *Correio da Manhã*.
> [...] Do barão poderia escrever-se hoje [...] que procurou, quando senhor quase absoluto do Itamaraty, cercar-se de homens não só inteligentes, cultos e políticos, como altos, belos e eugênicos: homens que, completados por esposas formosas, elegantes e bem-vestidas, dessem aos estrangeiros a ideia de ser o Brasil – pelo menos sua elite – país de gente sã e bem-conformada.

O *Correio da Manhã* publica, em sua edição de 14 de janeiro de 1907, nota editorial, na primeira página, intitulada "O Brasil na Haia", que pela dura crítica a Joaquim Nabuco merece ser transcrita na íntegra, tendo em vista, também, a dificuldade de se recuperar esse documento:

O BRASIL NA HAIA

O último número do *Courrier du Brésil,* chegado ontem de Paris, e que traz a data de 27 de dezembro, consagra a sua primeira página à próxima Conferência de Haia.

Referindo-se à representação do Brasil nesse Congresso, o *Courrier du Brésil* publica a seguinte nota: "Nosso enviado a Haia será o diplomata em mais de um ano, e com tamanho brilho, em Washington, o senhor Joaquim Nabuco." E acrescenta: "Parece que a escolha do nosso governo não poderia ser melhor." Foi ele, com efeito, que presidiu recentemente o Congresso Pan-Americano, no Rio, foi ele que pronunciou os discursos mais significativos, é ele que encarna na hora presente as ideias pacifistas do Brasil, e que melhor representa o acordo pan-americano. Os princípios que o senhor Nabuco sustentará na Haia são os que nós já lhe conhecemos que Sua Excelência tão brilhantemente defendeu há cinco meses nesta capital.

Alude-se nesta última frase ao *interview* que com o senhor Joaquim Nabuco teve um dos redatores de *Le Temps,* de Paris. Este *interview,* se teve alguma nota saliente, só se distingue pelo vago e indefinido dos princípios defendidos pelo senhor Nabuco, e com isso queremos dizer que estamos ainda ignorando quais são os conceitos do senhor Nabuco, e de seu panegirista parisiense, as ideias pacifistas do Brasil que devem ser propagadas na Conferência de Haia.

O redator do *Courrier du Brésil* reside há longos anos em Paris, circunstância que se lhe pode ser invejada por muito palpavo, mas que o coloca em posição de falar das nossas coisas debaixo de impressões de segunda mão que lhe fornecem os jornais cariocas e os brasileiros que preferem o asfalto da avenida da Ópera às calçadas da avenida Central, e vivem, até quando se acham aqui, com a cabeça entupida de esnobismo parisiense.

Se o nosso colega se tivesse achado no Rio por ocasião da Terceira Conferência Internacional Americana, saberia que absolutamente não foi o senhor Nabuco quem proferiu os discursos mais significativos. A sua própria posição de presidente e diretor dos trabalhos da conferência lhe impediu fazê-lo. A única ideia pessoal que defendeu, a da exclusão dos representantes da imprensa nas reuniões da conferência, os delegados rejeitaram-na por grande maioria.

Se nosso confrade da rua de Grammond quer aludir ao discurso do senhor Nabuco no banquete do Cassino Fluminense, podemos assegurá-lo que esse discurso só foi significativo num ponto, na sem-cerimônia com que Sua Excelência se despediu dos seus últimos escrúpulos de charrete literário da causa monárquica.

A RAIZ DAS COISAS

Houve um brasileiro que nessa emergência pronunciou um discurso alta e fortemente significativo, e foi o senhor barão do Rio Branco, cujas palavras elevadas, sensatas, justas, ecoaram tão favoravelmente no velho mundo e no novo, e prepararam, tão habilmente, o terreno para as declarações feitas alguns dias depois pelo senhor Elihu Root, que ainda não tinha chegado ao Rio de Janeiro, quando o senhor Rio Branco fez o discurso de abertura da Conferência do Palácio Monroe.

Saberia mais ainda o nosso simpático colega de Paris. E é que o senhor Joaquim Nabuco causou a todos que o admiram e o respeitam a impressão que Sua Excelência já não é o homem brilhantíssimo e a intelectualidade superior que todos se habituaram a acatar como uma das mais nobres, que se tenha jamais orgulhado o Brasil.

Um grave defeito físico, a surdez, e uma surdez, dolorosamente, insanável e de efeitos desoladores, impedia-lhe, de modo absoluto, de ouvir o que se passava na sala. Os secretários eram obrigados a informá-lo, murmurando-lhe ao ouvido as ideias expostas na reunião.

Se esse defeito não o torna incompatível com a carreira diplomática – no bom sentido clássico da diplomacia, a surdez pode parecer até uma superior elegância –, é visível que o incompatibiliza como os trabalhos de um congresso, em que todas as nações do mundo fazem timbre em ser representadas pelo escol dos seus homens de intelectualidade ativa e eficiente, a ponto que se anuncia que a Inglaterra o será pelo próprio senhor Campbell-Bannerman, primeiro-ministro do gabinete atual.

Intelectualmente, o senhor Joaquim Nabuco já não representa senão uma deslumbrante e inapagável tradição. Dizer o contrário é faltar com o respeito à verdade. O Brasil não está, felizmente, em condições de dever considerar qualquer homem como necessário e insubstituível para uma missão de tal importância. Onde o senhor Nabuco não pode ir, ou não convém que vá, o Brasil pode mandar outros homens de igual valor, de não menos brilhante tradição, e fisicamente capazes de desempenhar, à perfeição, o seu mandato. Basta por todos o nome do senhor Rui Barbosa, o qual, como publicista e como orador, não é homem de sofrer com receio as comparações como os publicistas e os oradores de maior fama no continente americano e na Europa.

O que não é possível, o que não é admissível, é que o Brasil possa ser representado na Haia pelo senhor Joaquim Nabuco. Cabe ao governo providenciar em tempo para que a nossa delegação na Conferência de Haia não fique acéfala e ineficaz.

OLIVEIRA LIMA E A SUGESTÃO DO NOME DE RUI

Oliveira Lima, no livro *Pan-americanismo* (1907), promove o nome de Rui para representar o Brasil em Haia, nos seguintes termos:

> O falecido sr. Garcia Mérou, por mais que lhe pesasse, confessava ser o Brasil, de todas as nações latino-americanas, a única a possuir uma cultura intelectual sua e creio, com efeito, que, pelo menos, possui a cultura intelectual mais desenvolvida. Podemos, pois, comparecer sem medo na próxima Conferência da Paz. [...] Um Rui Barbosa ali saberia dar o maior relevo ao seu nome, e em tal caso ao seu país, porque, se os banquetes diplomáticos, por mais estrondosos, não aumentam o lustre nacional, as manifestações intelectuais de valor contribuem decididamente para semelhante brilho. Por isso, não mandem, pelo amor de Deus, um que da ciência diplomática só haja aprendido o capítulo festeiro.

O ESPÍRITO SUPERIOR DE NABUCO

Rui é nomeado por decreto presidencial, de 24 de abril de 1907, para ser o "delegado do Brasil na Segunda Conferência na Haia".

A partir dessa nomeação, inicia-se intenso labor conjunto de Rui com Rio Branco, coadjuvado pela colaboração de Joaquim Nabuco. O chanceler, como destaca Américo Jacobina Lacombe,

> prepara o material para a delegação brasileira: textos das resoluções da Primeira Conferência, cópias dos despachos diplomáticos relativos aos seus pontos principais em debate, legislação concernente aos temas do programa, recortes de imprensa estrangeira com o pensamento de algumas personalidades acerca de questões constantes do temário da conferência, tudo minuciosamente arrolado e anotado com a própria letra do chanceler.

Por seu turno, Nabuco viaja à Europa para "preparar o ambiente para a chegada e atuação de Rui Barbosa; explica aos seus amigos europeus e

A RAIZ DAS COISAS

americanos o valor, a significação da personalidade do delegado brasileiro; interessa-se pela missão do companheiro como se fora sua".

Verifica-se aí que entre os três surge um raro momento de colaboração entre grandes nomes na vida política nacional. Registre-se, para valorar tal fato, a observação de Gilberto Freyre em *Ordem e progresso,* segundo a qual "A República de 89 foi, no Brasil, tanto quanto o Império, ou talvez, mais do que o Império, um choque constante entre personalidades" (p. 72).

Merece comentário, também, certa ironia da história nesse episódio em que Rui Barbosa desloca um tipo de beleza apolínea que era Joaquim Nabuco, mas que, na ocasião, estava sofrendo de séria surdez.

É Gilberto Freyre que assinala, ainda em *Ordem e progresso,*

> Casos em que indivíduos franzinos, enfrentando inimigos quase gigantes com desassombro – [...] como Rui Barbosa, outro corpo de meninote doente sob uma cabeça quase monstruosa de velho pálido, enfrentou Raimundo Barcelos, contribu[iu] para fortalecer, sob esse aspecto, o mito brasileiro do "amarelinho". A glorificação folclórica dos chamados "camões", estendida de indivíduos pequenos de corpo, mas astutos de espírito, a homens miúdos e até anêmicos, mas de coragem igual ou superior à dos agigantados. De Rui Barbosa, teria dito o próprio Pinheiro Machado – que, cavalheiresco e romântico, sempre admirou e respeitou o adversário ranzinza –, que no extraordinário baiano a coragem era superior ao próprio talento.

O IMPORTANTE CONSELHO DE NABUCO A RUI

Nabuco, ao redigir notas confidenciais a Rui, em 13 de junho de 1907, para colaborar com sua missão em Haia, relembra ao ilustre baiano que ele não é um diplomata de carreira e deve dar vazão a seu perfil de político. Está como a dizer que cabe a Rui atuar de maneira estranha a ele e a Rio Branco. Assim se expressa o autor de *Um estadista do Império:*

RUI, POLÍTICA EXTERNA E POLÍTICA INTERNACIONAL

A posição do embaixador é um pouco atada a etiquetas e cerimonial, em geral eles esperam que se vá a eles?, mas eu nunca vi exemplo mais notável de que os homens de Estados [*sic*] se devem emancipar das exigências e imposições da etiqueta e tradições aceitas sempre que queiram *fazer boa diplomacia* do que a missão do conde Witte aos Estados Unidos por ocasião do tratado de Portsmouth. Ele começou por dirigir um apelo à imprensa americana, que pôs toda esta, senão do lado da Rússia, em uma expectativa simpática que contrastava com a guerra que lhe fizera durante o tempo do conde Passini, o sobrevivente da antiga diplomacia de fórmulas e maneiras. De repente, ele conquistou para o seu país a boa vontade geral. V. não é um diplomata de carreira, está numa missão em que o estadista não tem que considerar protocolos nem formulários e por isso pode libertar-se de quantas regras tolas e anacrônicas ainda prendem o nosso ofício, num tempo em que a opinião é a força das forças em política.[5]

Joaquim Nabuco já havia feito elogio a Rui em *Minha formação,* em 1899:

Rui Barbosa, hoje a mais poderosa máquina cerebral do nosso país, que pelo número das rotações e força de vibração faz lembrar os maquinismos que impelem através das ondas os grandes transatlânticos, levou vinte anos a tirar do minério do seu talento, a endurecer e temperar, o aço admirável que é agora o seu estilo.

DOIS GRANDES NOMES DO BRASIL

Luiz Viana Filho dedicou um ensaio ao estudo comparativo das personalidades de Rui e Nabuco. Indica inicialmente "a circunstância de haverem nascido no mesmo ano (1849), e, em certas fases, manejado lado a lado as mesmas armas – a palavra e a pena – faz que frequentemente estejam associados os nomes de Rui e Nabuco".[6]

Assinala que, apesar da "perfeita e recíproca admiração de um pelo outro", suas personalidades são "profundamente diversas":

enquanto Nabuco, embebido desde a adolescência nos princípios do sistema parlamentar inglês, era, pelo berço, um filho mimado da fortuna, belo, abastado, cheio de talento, e a ostentar no nome uma estirpe da qual era o conselheiro Nabuco, em linha reta, o segundo a sentar-se na câmara vitalícia do Império. Rui, de formação norte-americana, provinha de um lar modesto, abatido por duras e longas privações. Nascera na pobreza e presenciara a luta desesperada do pai, sempre a braços com terríveis dificuldades financeiras. Também a saúde não lhe fora propícia na mocidade.

Ao apontar os traços definidores dos perfis psicológicos de ambos, Luiz Viana Filho chama a atenção para o fato de Nabuco ser "um reformador, Rui, mais radical, possui a alma do revolucionário. Aquele reforma, para conservar. Este destrói, para inovar". Destaca em Rui o temperamento "irreverente", "sem meias medidas". Os limites de Nabuco são "um arraigado amor à ordem constituída [...] e ao trono que devia representar a ordem". Os limites de Rui "são outros, muito mais amplos, mais largos, e também muito mais flexíveis. São os limites das próprias ideias, que defende, e que não são outras senão as da pura democracia liberal".

A ESCOLHA DO NOME PARA HAIA

Acerca da sugestão de Rio Branco de o Brasil ter uma delegação com Rui e Nabuco, Luiz Viana Filho transcreve trecho de carta de Nabuco a Graça Aranha, seu íntimo amigo, sobre sua decisão de rejeitar tal proposta:

> Por mais que eu deseje dar ao Rui essa prova de amizade e confiança, por mais que me custe não estar com ele na Europa [...] não posso ir a Haia como segundo, e ele só poderia ir como primeiro. [...] Nenhuma nação mandou a Haia na Primeira Conferência um embaixador como segundo delegado. E depois o presidente da Conferência Pan-Americana do Rio, segundo na delegação do Brasil a Haia, que desprestígio para aquela conferência.

Nabuco em seguida telegrafava a Rui: "Saúde obriga-me declinar, mas estarei em pensamento ao seu lado, orgulhoso ver Brasil assim representado entre nações. Muitos, muitos parabéns."

Viana Filho assim comenta o episódio:

> Às vezes – é a conhecida máxima de Talleyrand – as palavras servem apenas para encobrir o pensamento. Seria esse porventura o caso de Nabuco ao externar-se de modo tão elevado e desprendido em face do episódio no qual, afinal de contas, acabara vendo frustradas as justas aspirações em torno da honrosa embaixada? Nada faz suspeitar que assim fosse. Pelo contrário, como um reflexo dos seus sentimentos mais íntimos, o procedimento de Nabuco em relação a Rui seria perfeito. Desses que bastam para aquilatar-se a elevação moral dum caráter.

RUI NA CONFERÊNCIA DA PAZ DE HAIA

Rui Barbosa chefiou a delegação do Brasil à Segunda Conferência da Paz de Haia, realizada de 15 de junho a 18 de outubro de 1907, que, "pelos resultados obtidos e pelo número de países nela representados (44), figura com marcado destaque entre as que mais contribuíram para o progresso do direito internacional contemporâneo", conforme assinalou o embaixador Rubens Ferreira de Mello.[7]

Recorde-se, a propósito, que o Brasil, apesar de ter sido, juntamente com o México, um dos únicos países latino-americanos convidados, esteve ausente na Primeira Conferência da Paz de Haia, realizada de 18 de maio a 29 de julho de 1899, convocada por iniciativa do czar Nicolau II da Rússia, tendo o governo do presidente Campos Sales alegado que a situação precária das forças armadas, devido às crises do período, não permitia ao Brasil "tomar compromisso algum para a manutenção do *status quo* militar". Assim sendo, a participação brasileira em Haia em 1907

A RAIZ DAS COISAS

foi a primeira apresentação, no cenário mundial, do ideário da política externa da nova República.

AS DUAS CONFERÊNCIAS DA PAZ DE HAIA E O CENÁRIO DAS RELAÇÕES INTERNACIONAIS DE 1899 A 1907

A Primeira Conferência da Paz de Haia teve por principal objetivo controlar, e mesmo evitar, por um determinado período, o crescimento dos efetivos das forças armadas e dos orçamentos militares. Além disso, discutiu normas jurídicas internacionais para regulamentar os conflitos bélicos, meios de preveni-los pelo emprego dos recursos da arbitragem, bons ofícios e mediação.

O conclave internacional contou com a presença de representantes de 26 Estados – vinte da Europa, ou seja, todos os países europeus do período, mais quatro asiáticos (China, Japão, Pérsia e Sião) e dois das Américas (Estados Unidos e México).

A Primeira Conferência da Paz de Haia apresentou um relevante balanço em termos de contribuições para o progresso do direito internacional, expressas em sua ata final, que englobou três convenções: 1) Convenção sobre as Leis e Usos da Guerra Terrestre; 2) Convenção para a Aplicação à Guerra Marítima dos Princípios da Convenção de Genebra de 22 de agosto de 1864; e 3) Convenção para a Solução Pacífica dos Conflitos Internacionais. Ademais, aprovou outras três declarações, sobre: 1) proibição do lançamento de projéteis e explosivos dos balões ou por outros meios semelhantes; 2) proibição dos projéteis que tenham por fim único espalhar gases asfixiantes ou deletérios; e 3) proibição do emprego de balas que se dilatam ou se achatam facilmente dentro do corpo humano.

De acordo com Rubens Ferreira de Mello, em seu *Dicionário de direito internacional público*,

RUI, POLÍTICA EXTERNA E POLÍTICA INTERNACIONAL

a conferência emitiu ainda os seguintes votos que constam, igualmente, da ata final: 1) A conferência tomando em consideração os passos preliminares dados pelo governo federal suíço para a revisão da Convenção de Genebra, expressa o desejo de que se proceda sem demora à reunião de uma conferência especial que tenha por objetivo a revisão daquela convenção; 2) A conferência expressa o desejo de que a questão dos direitos e deveres dos neutros seja inscrita no programa de uma próxima conferência; 3) A conferência expressa o desejo de que as questões relativas aos fuzis e canhões de marinha, tais como foram examinadas por ela, sejam estudadas pelos governos com o objeto de se chegar a um acordo sobre o uso de novos tipos e calibres; 4) A conferência expressa o desejo de que os governos, tendo em conta as proposições feitas na conferência, estudem a possibilidade de um acordo sobre limite das forças de terra e mar e os orçamentos de guerra; 5) A conferência expressa o desejo de que a proposição relativa a declarar a inviolabilidade da propriedade privada na guerra marítima seja submetida ao exame de uma conferência posterior; 6) A conferência expressa o desejo de que a proposição para regulamentar o bombardeio dos portos, cidades e povoados, por uma força naval, seja submetida ao exame de uma conferência posterior.

É interessante notar que alguns dos temas que serão tratados por Rui Barbosa, em 1907, já figuram nas deliberações da Primeira Conferência da Paz de Haia, fato que levou o delegado brasileiro e Rio Branco a estudarem minuciosamente a sua documentação. Merece igualmente ser sublinhado que o tema dos deveres e direitos dos neutros, do qual Rui se ocupará em importante conferência, em 1916, em Buenos Aires, já integrava, com destaque, a agenda internacional da época.

Pela leitura da ata final da Segunda Conferência da Paz, assinada em 18 de outubro de 1907, verifica-se que seu temário tinha um forte conteúdo de matérias especializadas do direito da guerra. Dos catorze tópicos do temário, dois capítulos versavam sobre assuntos mais genéricos: solução pacífica dos conflitos e limitação do emprego da força para a cobrança de dívidas contratuais. Os demais itens tratavam de questões mais técnicas: início das hostilidades; leis e usos da guerra terrestre; direitos e deveres das potências e das pessoas neutras em caso de guerra terrestre; regime dos navios mercantes inimigos no início das hostilidades; transformação dos navios mercantes em navios de guerra; colocação de minas submarinas automáticas de contato; bombardeio por forças navais em tempo de guerra; adaptação à guerra marítima dos princípios da Convenção de Genebra; restrições ao exercício do direito de captura na guerra marítima; estabelecimento do Tribunal Internacional de Presas; direitos e deveres das potências neutras em caso de guerra marítima; e proibição de lançar projéteis e explosivos dos balões (ver Anexo V).

RUI BARBOSA, DO PARLAMENTO PARA A DIPLOMACIA PARLAMENTAR

O propósito de elencar todo o temário da reunião internacional de Haia é o de ressaltar o cenário no qual se moveu e atuou Rui Barbosa. Tratava-se de uma agenda bastante ortodoxa e especializada em termos diplomáticos e militares. No entanto, apesar dessa dimensão formal do enfoque ao tema maior que convocava o conclave, a Paz, Rui Barbosa desempenhou-se bem em vários pronunciamentos sobre temas técnicos e complicados, sem se descuidar do conteúdo especializado destes, e também enfocou a questão político-ideológica de fundo, qual seja, a visão e ação discriminatórias das grandes potências contra os países mais débeis e menores.

Como o próprio Rui descreveu mais tarde, sobre o ambiente da conferência, "Ali, não se levava muito a bem a liberdade, assumida por um governo remoto, desconhecido e inerme, de interpor com isenção o seu juízo nas principais questões oferecidas pelo direito das gentes aos debates daquela assembleia."

Para entender a personalidade de Rui é necessário destacar, como bem descreveu Rodrigo Octavio, membro da delegação brasileira à Segunda Conferência de Haia,

RUI, POLÍTICA EXTERNA E POLÍTICA INTERNACIONAL

que seu temperamento e feitio eram radicalmente diversos dos que ornavam a bela figura dominadora de Nabuco. Rui era sumido, modesto, calado. Dava a impressão de um homem cuja timidez o fazia retraído e apagado, e assim, de todo inadequado para aquela função cujo êxito dependia, principalmente, do *aplomb*, da vivacidade, da ousadia, mesmo.[8]

Testemunho semelhante foi feito por outro integrante da delegação, Batista Pereira, quem mais tarde tornou-se seu genro:

> lamentávamos a ausência de Rio Branco. Este sim, pensávamos, com a sua fascinação, o seu prestígio, o seu dom de proselitismo, não deixaria o Brasil em desaire. Censurávamos a Rui o viver isolado, o não angariar simpatias, o não fazer alianças, o não sacrificar, sistematicamente, suas horas de estudo à tirania dos hábitos sociais. Essa é a verdade.

Interessante, também, é a fala do próprio Rui Barbosa, na homenagem que lhe prestou a colônia brasileira, em Paris, concluída a conferência, no dia 31 de outubro de 1907. Em determinado trecho desse discurso, Rui diz da sua percepção, no cenário impressionante da Segunda Conferência de Haia, e da linha de conduta que deveria seguir:

> Com a consciência que nunca me abandonou da minha inferioridade, eu me achava assoberbado pela tarefa, que se impunha à representação do Brasil, compreendida como eu a compreendia. Entre os que imperavam na majestade da sua grandeza e os que se encolhiam no receio da sua pequenez, cabia, inegavelmente, à grande república da América do Sul um lugar intermediário, tão distante da soberania de uns como da humildade dos outros. Era essa posição de meio-termo que nos cumpria manter, com discrição, com delicadeza e com dignidade.

Precisava Rui, ainda, o perfil brasileiro, nos seguintes termos:

> Abaixo das oito grandes potências que entre si repartem o domínio da força, nenhum Estado se adianta ao Brasil no conjunto dos elementos, cuja reunião assinala superioridade entre as nações. Considerados eles no seu todo, nenhu-

A RAIZ DAS COISAS

ma, dentre as potências de segunda ordem, se nos avantaja. Creio mesmo que nenhuma nos iguala. Nossas tradições diplomáticas nos colocaram, a certos respeitos, numa grande altura, lado a lado com os governos que haviam exercido a magistratura arbitral em grandes litígios entre as maiores potências do globo. Nossa fraqueza militar nos punha a uma distância mui longa dessas potestades armadas.

Prossegue Rui:

Esta situação, na sua extrema delicadeza, devia ter uma linguagem sua, moderada e circunspecta, mas firme e altiva, quando necessário. Tratava-se de achá-la e de a falar, naturalmente, com segurança, com calma, com desassombro, com tenacidade. Não era fácil; mas não seria impossível. Um sentimento instintivo desse dever se apoderara de mim, desde que transpus os severos umbrais do Ridderzaal. Aos primeiros passos ele me encheu de terror. Nos dias da estreia, quando entrei, da minha cadeira, a encarar o círculo de grandezas que me cercava, não vos sei exprimir o desalento, a sensação de impotência, de pavor, de abandono total de mim mesmo, que me entrou no ânimo, e o aniquilou. Mal se me ofereceu, porém, a ocasião de acudir pela honra do nosso posto, as forças, a coragem, a resolução me vieram não sei donde, vi-me de pé com a palavra nos lábios, e desde então me tracei a mim mesmo a linha mediana e reta da nossa atitude, observada até ao fim, mercê de Deus, com invariável perseverança.

O ambiente diplomático da Conferência de Haia, no qual deveria se mover Rui Barbosa, estava igualmente contaminado pela rigidez das posições das grandes potências que, no entender de Pierre Renouvin, tornavam

impossível se obter um acordo para a questão do desarmamento: as delegações, ao constatar que os "casos particulares" são muito diferentes para poderem ser regulados por uma fórmula geral. Impossível a adesão dos governos à ideia de uma arbitragem obrigatória, que se exerceria mesmo nas questões onde estão implicadas a honra e os "interesses vitais". O governo alemão tem, uma vez mais, uma larga parte da responsabilidade nesse fracasso; mas os outros governos não fazem nada para evitar. Assim sendo, a conferência se limita a fazer um esforço para "humanizar a guerra"; ela estabelece um conjunto de regras destinadas a

RUI, POLÍTICA EXTERNA E POLÍTICA INTERNACIONAL

proteger os direitos dos neutros, dos não combatentes e dos prisioneiros. Esses, por certo, não são resultados desprezíveis; mas do ponto de vista da organização da paz, a carência é quase que completa.[9]

Registre-se que, sem o saber, Rui Barbosa tinha a seu favor, nesse majestoso e rígido ambiente da Conferência de Haia, de 1907, a sua ampla experiência de mais de duas décadas nas tribunas da Câmara e do Senado.

Nesse aspecto, é expressivo o depoimento de Afonso Celso sobre Rui Barbosa, em seu precioso volume *Oito anos de parlamento:*

> Esse [Rui] assombrava como um fenômeno. Baixo, franzino, compleição mórbida, parecendo insuscetível do mais leve esforço e prestes a desfalecer, falava, duas, três, quatro horas, sem repousar, sem soluções de continuidade, sem se servir de uma nota, sem molhar a garganta, sem que um instante afrouxasse ou se empanasse o timbre de sua voz extensa e mordente.
>
> Olhos semicerrados, por causa da extrema miopia, gestos escassos e vagos, quase imóvel da tribuna, à guisa de um sonâmbulo, fisionomia impassível, de sua boca escorria ininterrupta, sempre cheia e volumosa, a caudal de palavras cristalinas. Prodigiosa máquina de falar admiravelmente!
>
> Nos pedaços mais agressivos, a mesma uniformidade, idêntica atitude. A voz, pouco rica de timbres, apenas aqui e ali, no cair dos dilatados e suntuosos períodos, tremulava adrede.
>
> E que discursos! Verdadeiros tratados sobre o assunto, obras exaustivas, edifícios maciços e colossais! Encaravam a matéria sob quaisquer aspectos imagináveis, analisavam-na até a última minúcia, repletos de estupenda erudição, transbordantes de fatos, datas, leis, nomes, comentários, tudo, enfim.
>
> A forma, mais que correta, burilada, com luxos de classicismo e termos raros, sempre literária e nobre, dir-se-ia esmeradamente trabalhada. Afirmava-se, por isso, que Rui escrevia suas arengas, e, confiando-as à portentosa memória, reproduzia-as, sem mudança de uma sílaba. Não creio. Muita vez ele atendia às interrupções, não dando à resposta o jeito de diálogo, mas inserindo-a no corpo da oração que inalterável e infindável prosseguia.
>
> Maravilhoso sempre o efeito dessas orações, como de um fato fora das normas gerais. Mas fatigavam pela monotonia da perfeição. Raro conseguiam os ouvintes prestar-lhe atenção continuada. Alternavam-se. Saíam da sala acabrunhados,

A RAIZ DAS COISAS

para respirar. Regressavam meia hora, uma hora mais tarde. Rui lá estava imoto, emitindo da mesma maneira as mesmas coisas formosas, eruditas, preciosas, lembrando um mar sem ondas, sem ventos, imenso, misterioso, infinito. Durante o discurso, todo igual, marmóreo e inexcedível, poucos aplausos surdiam. No final, sim, o auditório, pasmado, achegava-se do orador – para o contemplar de perto, num misto de curiosidade, enlevo e sagrado terror.

À eloquência de Rui, sem altos e baixos, nem lampejos, ou, antes, um lampejo permanente, à sua facúndia incomparável, aplica-se a reflexão de um viajante atônito ante a exuberância e a magnificência da selva tropical: a profusão de árvores não deixa apreciar a floresta.[10]

Rui foi um político e intelectual representativo de sua época, que valorizava a erudição cultural e o rigor da forma. Foi, também, e fundamentalmente, um doutrinador mais do que um jurista clássico, era um polemista mais do que um expositor. Esgrimia em todos seus pronunciamentos uma vasta argumentação, e cercava o assunto por todos os lados para deixar o adversário, real ou imaginário, sem qualquer resposta razoável. Era um dialético no sentido clássico do termo, entregava-se por inteiro a desdobrar cada ideia em suas diferentes dimensões, expunha a tese, contrapunha a antítese e formulava a síntese, e assim por diante. Desembrulhava os pacotes de suas hipóteses com detalhe e com paciência, e fazia surgir o que estava envolvido com a luz forte de sua oratória. Lembrava o conceito de dialética formulado por Cícero, segundo o qual ela seria

> a arte que ensina a dividir uma coisa inteira em suas partes, a explicar uma coisa escondida com uma definição, a esclarecer uma coisa obscura com uma interpretação, a discernir primeiro e logo a distinguir o que é ambíguo, e, por último, a obter uma regra com a qual se julgue o verdadeiro e o falso, e se julgue se as consequências resultam das premissas consideradas.

Como destacou João Neves da Fontoura, em conferência pronunciada no Palácio Itamaraty sob o título *Rui Barbosa, orador*: "Na tribuna transcorre quase toda a sua vida, e sua história poderia ser traçada como uma

RUI, POLÍTICA EXTERNA E POLÍTICA INTERNACIONAL

luminosa parábola, interrompida pela morte em plena ascensão, entre o primeiro e o último discurso."[11] Ele mesmo a descreve, falando em suas festas jubilares:

> O que ela tem sido, a datar do brinde político a José Bonifácio, em 13 de agosto de 1868, é uma vida inteira de ação, peleja, ou apostolado. A minha vida toda desdobra-se nos comícios e nos tribunais, na imprensa militante ou na tribuna parlamentar, em oposições ou revoluções, em combates a regimes estabelecidos e na organização de novos regimes.

Todo grande orador parlamentar ganha força, alça voo quando responde a um aparte, ou quando ele mesmo aparteia. Esse é o seu campo predileto, pois é o momento em que se sintoniza, plenamente, com o público e se solta com naturalidade, é criativo, simpático, firme e ganha o ouvinte para sua causa. Rui foi um grande tribuno, e aprendeu desde jovem a importância do aparte, da pergunta que ao cortar um discurso faz com que ele adquira um novo impulso e brilho.

João Neves da Fontoura, na citada palestra, sublinha que Rui,

> na tribuna do parlamento, não era apenas o orador dos discursos escritos ou preparados, como convém a um vulto de sua projeção. Revelou-se não só o improvisador ágil, elegante, convincente, senão, também, o aparteante feliz no inesperado das interrupções e das réplicas, como no caso Wandenkolk, travando com Quintino Bocaiúva e Aristides Lobo diálogos animados, vivazes, por vezes bravios.

"PADRE RUI BARBOSA", UM DOS QUATRO ESTILOS BRASILEIROS

Gilberto Amado, certa vez, afirmou que existem no Brasil quatro estilos básicos: 1) Rui Barbosa influenciado por Vieira; 2) Machado de Assis que

A RAIZ DAS COISAS

se vincula a Garrett; 3) Joaquim Nabuco que se liga a Chateaubriand; e
4) Euclides da Cunha.

Para João Neves da Fontoura, na conferência *Rui Barbosa, orador*:

> Rui é um orador de corte britânico, de processos britânicos na discussão dos
> temas; apenas a maneira dialética é que o aproxima, até certo ponto, do gosto
> francês, embora o seu modelo seja lidimamente lusitano, porque correm nas
> veias da sua eloquência o conceptualismo, a imagética, os jogos florais do seu
> mestre predileto que é o padre Antônio Vieira.

Agrega o ex-chanceler que:

> em cada um deles se poderia apontar o que Rabelo Silva censurou na obra de
> Vieira: "o amor exagerado da novidade na concepção e na exposição; a queda
> para o paradoxo, e a rede embaraçada dos conceitos, e de brincados pueris." [...]
> Se um milagre divino fizesse a ambos contemporâneos no primeiro vintênio do
> nosso regime republicano, poderiam facilmente trocar de tribuna. A alma seria
> igual; a eloquência, a mesma; a mesma, a terrível combatividade. E tanto os
> auditórios do velho Palácio do Conde dos Arcos aplaudiriam o fogo da palavra
> do senador Antônio Vieira como, nas grandes conferências da quaresma, os pe-
> cadores tremeriam com as ameaças contidas nos sermões do padre Rui Barbosa.

O historiador José Maria Belo, em sua avaliação da oratória de Rui,
considera:

> A sua sensação permanente do dever e a profunda consciência da missão apos-
> tolar, da missão tantas vezes – como ele sabia – de repetir Santo Antônio e o
> padre Vieira, isto é, de falar sem descanso. Destino, segundo imagem sua, de
> quem planta carvalho para as gerações vindouras em vez de couves para o prato
> de amanhã. [...] Deu o carvalho a sombra com que sonhou o seu semeador. Eis
> aí o problema final de Rui Barbosa.

NOTAS

1. Américo Jacobina Lacombe, *Rio Branco e Rui Barbosa,* Rio de Janeiro, Comissão preparatória do centenário do barão do Rio Branco, Ministério das Relações Exteriores, 1948.
2. Álvaro Lins, *Rio Branco,* São Paulo, Companhia Editora Nacional, Brasiliana, v. 325,1965.
3. Américo Jacobina Lacombe, "Prefácio", *in* Rui Barbosa, *Ensaios literários,* seleção e prefácio de Américo Jacobina Lacombe, Rio de Janeiro, Gráfica Editora Brasileira, 1949.
4. A. G. de Araújo Jorge, *Rio Branco e as fronteiras do Brasil – uma introdução às obras do barão do Rio Branco,* Brasília, Senado Federal, 1999.
5. José Almino Alencar e Ana Maria Pessoa dos Santos. *Meu caro Rui, meu caro Nabuco – correspondência,* Rio de Janeiro, Casa de Rui Barbosa, 1999.
6. Luiz Viana Filho. *Rui & Nabuco (ensaios),* Rio de Janeiro, José Olympio, 1949.
7. Rubens Ferreira de Mello, *Dicionário de direito internacional público,* Rio de Janeiro, 1962.
8. Rodrigo Octavio, *Minhas memórias dos outros,* Nova Série, Rio de Janeiro, 1935.
9. Pierre Renouvin, *La Crise Européenne et la Première Guerre Mondiale,* Paris, Presses Universitaires de France, 1948.
10. Afonso Celso, *Oito anos de parlamento,* Brasília, Senado Federal, 1998.
11. João Neves da Fontoura, *Rui Barbosa, orador,* Rio de Janeiro, Ministério da Educação e Cultura, Serviço de Documentação, 1960.

CAPÍTULO 3

A principal questão da Segunda Conferência da Paz de Haia (1907)

A PROPOSTA DOS ESTADOS UNIDOS E A OPOSIÇÃO DO BRASIL

Para William T. Stead, em *O Brasil em Haia:*

> A questão que então se suscitou na conferência [motivada pela proposta norte-americana de criação de um Supremo Tribunal Arbitral] era um destes grandes problemas políticos que surgem de tempos em tempos para pôr à prova a coragem e desafiar o discernimento da humanidade. É raro surgir uma questão política tão vital, assim de chofre, com uma feição tão nítida, e sem o estorvo de questões colaterais. E não ficará resolvida em um ano, nem porventura em uma geração, porque toca a raiz das coisas, interessa aos mais sólidos princípios que governam a ação humana. Em sua essência, consiste nisto: se a Força ou o Direito deve ser o fator dominante nos negócios do homem.[1]

POR QUE A SEGUNDA CONFERÊNCIA DA PAZ DE HAIA FOI, E CONTINUA SENDO, MUITO IMPORTANTE?

> "Os jurisconsultos e os diplomatas deverão estudar com muita atenção as discussões de 1907 – debates animados, acalorados, mas sempre cordiais. Entenderão, assim, a natureza das dificuldades a vencer e poderão encontrar as soluções adequadas."
>
> (Louis Renault, Prêmio Nobel de 1907)[2]

A RAIZ DAS COISAS

A principal questão da Segunda Conferência da Paz de Haia (1907) foi a da criação de uma Corte de Justiça Arbitral, diferente da estabelecida na Primeira Conferência (1899). Considere-se que a entidade instituída com sede em Haia, apesar de ser denominada Corte Permanente de Arbitragem, não era propriamente uma corte e não atuava de forma contínua e permanente. Foi idealizada para deixar às partes a responsabilidade de escolher os juízes. A Corte Permanente de Arbitragem de 1899 era, basicamente, uma lista dos juízes à disposição dos litigantes e uma mínima secretaria. Era uma corte sem juízes residentes em Haia e atuava, pontualmente, nos casos em que as partes a constituíssem. Segundo o jurista e diplomata francês Léon Bourgeois, essa modalidade tinha a grande vantagem de preservar o caráter essencial da arbitragem ao dar total liberdade de escolha às partes. Por outro lado, "o tribunal é essencialmente móvel; é criado para cada caso e desaparece uma vez que a sentença é proferida", conforme observou Louis Renault, em palestra no Instituto Nobel, em 18 de maio de 1908.

Os Estados Unidos propuseram a criação de uma nova corte (Corte de Justiça Arbitral) que poderia existir com personalidade própria, em paralelo, com a Corte Permanente de Arbitragem. Essa segunda corte manteria sessões regulares e contínuas, teria juízes permanentes residentes em Haia, seria de acesso mais rápido e menos oneroso, e pagaria bons salários a seus magistrados.

O delegado norte-americano, embaixador Joseph Choate, ao apresentar a iniciativa na comissão especial da Segunda Conferência, defendia ainda que a nova corte proposta possibilitaria, com o transcorrer do tempo, a "formação de um corpo consistente de legislação internacional e de valiosas contribuições para o direito internacional, emanado de um tribunal internacional representativo do poder e da força de todas as nações".[3] Assinalava, também, que a nova corte "falará com a autoridade das vozes unidas das nações e, gradualmente, construirá um sistema de

A PRINCIPAL QUESTÃO DA SEGUNDA CONFERÊNCIA DA PAZ DE HAIA (1907)

direito internacional, definido e preciso, que comandará e regulará a conduta das nações".

Ao fazer a defesa da proposta estadunidense, na Primeira Comissão da Segunda Conferência, encarregada do debate sobre a criação de uma Corte de Justiça Arbitral, Choate inicia suas palavras citando trecho de carta do presidente Roosevelt para Andrew Carnegie sobre o assunto:

> Espero que seja adotado um tratado geral de arbitragem entre as nações; e espero ver a Corte da Haia, grandemente aumentada em poder e permanência, com juízes permanentes e com salários adequados. Isso tornaria mais provável que, em cada caso, eles decidirão entre nações, grandes ou pequenas, exatamente, como o fazem os juízes, na justiça comum, em casos entre indivíduos, sejam ricos ou pobres. Sem dúvida, muitas outra matérias constam da agenda da Conferência da Haia, no entanto parece-me que essa do tratado geral de arbitragem é talvez a mais importante.

Registre-se, igualmente, conforme sublinhou James Brown Scott, "a delegação norte-americana foi a única que foi a Haia com instruções expressas, com o propósito de lograr a criação e implantação de uma Corte Permanente de Justiça, composta por juízes presentes para desempenhar suas funções em um marco de responsabilidade judicial".[4]

O QUE FEZ O PRESIDENTE ROOSEVELT E A DIPLOMACIA NORTE-AMERICANA CONSIDERAREM A CRIAÇÃO DA NOVA CORTE SEU GRANDE PROJETO NA SEGUNDA CONFERÊNCIA DA PAZ DE HAIA?

Alguns fatos históricos da nação americana fornecem elementos úteis para compreender tal prioridade.

"Os Estados Unidos da América sempre apoiaram a arbitragem internacional, conforme o demonstram, amplamente, os grossos volumes do

A RAIZ DAS COISAS

Moore's Digest." Assim, James Brown Scott, delegado técnico dos Estados Unidos à Segunda Conferência de Haia, inicia sua explicação das raízes históricas da proposta de Washington para criar a nova corte. Scott, relator da Primeira Comissão, afirma que:

> A experiência dos Estados Unidos com a sua Suprema Corte leva à convicção de que uma Corte de Justiça Arbitral pode ser criada para decidir disputas internacionais entre membros soberanos da família das nações, como o faz, de maneira acertada e correta, a Suprema Corte quando decide disputas de caráter internacional entre os Estados da União Americana. A posição dos Estados Unidos não mudou; sempre acreditou e afirmou que a corte de 1899 é somente o primeiro passo em direção à Corte Permanente de Justiça Arbitral que pretendia criar desde 1899; tal afirmação faz parte da memória de seu passado recente.[5]

Scott aduz que:

> Pode ser desconhecido que os Estados Unidos instituíram uma corte de arbitragem há, exatamente, 130 anos (1777). No fundamental e constitucional ato, denominado Artigos da Confederação, a arbitragem internacional, como princípio e realidade, foi estabelecida da seguinte forma:

De acordo com esse ato, o Congresso era o último recurso para apelação em controvérsia entre os Estados sobre fronteiras, questões de jurisdição e outras matérias. Quando as autoridades ou agentes autorizados por um Estado peticionavam ao Congresso para resolver uma disputa ou uma divergência, uma nota do fato era expedida para o outro Estado envolvido na controvérsia e uma data era marcada para que o comparecimento das duas partes por seus agentes, que tinham que indicar até essa data membros de um tribunal de mútuo consenso. Fracassando tal entendimento, o Congresso indicava três cidadãos de cada um dos Estados Unidos (39), e dessa lista de pessoas cada parte retiraria, alternadamente, [o peticionário começaria] um nome até restarem somente treze nomes. Desses treze, sete ou nove eram mantidos ao acaso, e as pessoas assim designadas compunham

A PRINCIPAL QUESTÃO DA SEGUNDA CONFERÊNCIA DA PAZ DE HAIA (1907)

a corte, que decidia a controvérsia pela maioria de votos. Um quórum de no mínimo cinco juízes era requerido. No caso de não comparecimento de uma das partes sem motivo justificado, ou pela recusa de participar na formação do tribunal, o secretário do Congresso assumia esse dever no seu lugar. O veredicto era final em todos os casos, e cada Estado se comprometia a cumpri-lo em boa-fé. Os juízes se comprometiam, por declaração formal junto à corte superior do Estado onde secionasse o tribunal, no sentido de que cumpririam seus deveres cuidadosamente e sem parcialidades.

E conclui que:

> mesmo um exame superficial desses dispositivos mostra uma semelhança impressionante entre a Corte de Haia (a criada em 1899) e sua predecessora norte-americana. A vida dessa corte norte-americana de arbitragem foi curta; ela não conseguiu justificar a continuidade de sua existência. Faltavam-lhe os elementos essenciais de uma corte de Justiça. Ela foi superada, em 1787, após dez anos de sua criação, pela atual Suprema Corte, onde as controvérsias que podem levar à guerra, no caso de Estados soberanos, são decididas por meios jurídicos, como foi o caso *Missouri versus Illinois,* de 1905. A história se repetirá?

Em sua obra sobre as duas conferências de Haia, Scott compara as debilidades do sistema de arbitragem estabelecido pelos Artigos da Confederação, que falhou para treze Estados com o êxito alcançado pela Suprema Corte para 46 Estados. Indaga: "Não oferece a experiência dos Estados Unidos uma esperança e um precedente?"[6]

O MODELO DA SUPREMA CORTE DOS ESTADOS UNIDOS PARA O MUNDO

A Suprema Corte dos Estados Unidos, com seu poder de revisão da constitucionalidade das leis, ou seja, o poder de interpretar as leis, é "não somente o mais influente e o mais poderoso corpo judiciário do mundo; é também a 'voz viva da Constituição', como Lord Bryce a classificou certa vez".[7] A propósito, Edouard Lambert, renomado especialista francês, intitulou seu famoso livro sobre essa função da Suprema Corte, *O governo dos juízes*.

Essas afirmações dão bem a dimensão do significado da Suprema Corte no sistema político norte-americano. Evidenciam a importância da pergunta de Scott sobre a bem-sucedida experiência da Suprema Corte na federação norte-americana ser levada para o âmbito internacional.

A Suprema Corte seria, assim, a melhor parte do modelo político dos Estados Unidos, que viabilizou a federação de "46 Estados". Daí a ideia de fazer dela a base e a inspiração do projeto que Washington apresentou em Haia, em 1907, de um "supremo tribunal do mundo" para os 44 Estados que participaram da Segunda Conferência da Paz.

O PROJETO NORTE-AMERICANO

Os Estados Unidos, considerando que o melhor sistema para decidir controvérsias internacionais é o praticado por uma corte permanente, com juízes determinados e à disposição das partes, apresentou projeto para o estabelecimento de uma corte internacional de justiça, denominada Corte Permanente de Arbitragem. O artigo I dessa proposta afirma, como lembrou o delegado norte-americano Joseph H. Choate, que "os vários sistemas legais e procedimento e as principais línguas devem estar adequadamente representados na composição da corte".

O anexo da proposta norte-americana propunha o método rotativo, mas tinha nota introdutória, no qual se afirmava:

> Tendo em vista que Alemanha, Estados Unidos, Áustria-Hungria, França, Grã-Bretanha, Itália, Japão e Rússia teriam assento permanente na corte, esses países foram omitidos da tabela, e somente figuram os países cujos juízes terão assento rotativo por um período mais longo ou mais curto.

A PRINCIPAL QUESTÃO DA SEGUNDA CONFERÊNCIA DA PAZ DE HAIA (1907)

A tabela dispunha quantos anos – consequenciais – que os demais 38 países teriam assento na corte num período de doze anos. O Brasil, nesse ínterim, teria espaço na corte por quatro anos não sequenciais.

A tabela assim distribuía por países os tempos dos cargos rotativos, no período de doze anos:

PAÍSES	PERÍODO DE TEMPO
Espanha, Holanda e Turquia	10 anos
Argentina, Bélgica, Brasil, Chile, Dinamarca, Grécia, México, Noruega, Portugal, Romênia, Suécia, Suíça	4 anos
Bulgária, Pérsia, Sérvia e Sião	2 anos
Bolívia, Colômbia, Costa Rica, Cuba, República Dominicana, Equador, Guatemala, Haiti, Honduras, Luxemburgo, Montenegro, Nicarágua, Panamá, Paraguai, Peru, Salvador, Uruguai e Venezuela	1 ano

IGUALDADE LIMITADA PELAS "REALIDADES ATUAIS"

A *rationalia* da proposta foi exposta, também, por James Brown Scott nos seguintes termos:

> Os formuladores do projeto admitiam claramente o princípio da igualdade jurídica dos Estados, mas sustentavam que seu emprego na corte deveria, naturalmente, ser proporcional à população, à indústria e ao comércio. Eles propuseram uma corte com dezessete juízes. Em seu entendimento, era possível conciliar o princípio da igualdade jurídica com as realidades atuais da vida diária, reconhecendo que cada Estado, desde os menores, teriam o direito de indicar um juiz para o período completo do acordo, ou seja, doze anos; mas os juízes teriam assento na corte por períodos maiores ou menores, conforme a população, a indústria e comércio dos seus respectivos países. Dessa forma, os Estados menores, como Montenegro e Luxemburgo, indicariam juízes para o

período de doze anos, embora tivessem assento na corte por um ano do termo de doze anos. Certos Estados maiores teriam assento por dois anos; outros pelo período de quatro; um pelo período de dez anos; e oito – Alemanha, Áustria--Hungria, Estados Unidos, França, Grã-Bretanha, Itália, Japão e Rússia – pelo período completo de doze anos. [...] A presença contínua dos juízes dos oito Estados garantiria à corte um núcleo permanente representante das diferentes nações, dos diferentes sistemas legais, das diferentes línguas, sendo capazes de garantir a continuidade da jurisprudência arbitral.[8]

ESTADOS UNIDOS: UMA NOVA NAÇÃO COM UMA MISSÃO

> "Deus tem um especial cuidado com os tolos, os bêbados e os Estados Unidos da América."
>
> (Frase atribuída a Otto von Bismarck)

Para se avaliar a proposta dos Estados Unidos é útil, além da análise de seu conteúdo, levar em consideração o que representava a nação norte--americana no contexto internacional de 1907.

Desde meados da segunda metade do século XIX, ficou claro que surgira um novo modelo de país com grande sucesso: os Estados Unidos. Inovador no sistema político com as fórmulas bem-sucedidas do presidencialismo, da separação de poderes, e da Suprema Corte. Próspero na economia. Território continental estabilizado com acesso direto a dois oceanos. População em rápida expansão.

Em 1866, a revista inglesa *Spectator* destacou que: "Ninguém duvida mais que os Estados Unidos são um poder de primeira classe, uma nação que é muito perigosa ao ser ofendida e quase impossível de ser atacada."[9]

Como bem assinalou Reinhold Niebuhr, em sua fundamental obra para o entendimento da política externa norte-americana, *The Irony of American History:*

A PRINCIPAL QUESTÃO DA SEGUNDA CONFERÊNCIA DA PAZ DE HAIA (1907)

> Cada nação tem sua própria forma de orgulho espiritual. [...] os exemplos de autoapreciação dos americanos podem ser comparados a sentimentos semelhantes em outras nações. Mas cada nação também possui sua versão peculiar. Nossa versão peculiar é que nossa nação deixou para trás os vícios da Europa e criou um novo começo [...]. Nós acreditávamos, até a eclosão da Primeira Guerra Mundial, que havia uma diferença genérica entre nós e as demais nações do mundo. [...] Obviamente, uma cultura tão autoconfiante da possibilidade de resolver todas as incongruências da vida e da história é levada a fazer ingentes esforços para escapar do trágico dilema em que nos encontramos. [...] Os idealistas naturalmente acreditam que podemos escapar do dilema se fizermos enormes esforços racionais; se por exemplo tentarmos estabelecer um governo mundial.

Naquele momento histórico da primeira década do século XX, aplica-se, perfeitamente, a observação de James Chace, ex-editor da revista *Foreign Policy,* segundo a qual, "Através da história, a América tem executado solitariamente sua cruzada pela liberdade. [...] A América se concebe única escolhida para desempenhar um papel singular nas questões internacionais". Na Segunda Conferência da Paz de Haia em 1907, essa vocação estadunidense se expressou no projeto de criação de uma Suprema Corte Mundial, sem haver ainda nenhum organismo internacional global.

"POR QUE O BRASIL SE POSICIONOU CONTRA OS ESTADOS UNIDOS?"

Essa indagação foi feita por William T. Stead, um dos mais qualificados jornalistas que acompanhavam o conclave e era o editor do *Courrier de la Conférence de La Paix.* Em seu livro *O Brasil em Haia,* assinala que, após ter o Brasil apoiado a proposta norte-americana sobre cobrança de dívidas dos Estados (Proposta Porter), "dentro de poucas semanas encontrou-se o dr. Rui Barbosa à frente de todos os Estados latino-americanos e em oposição à delegação americana".[10]

A RAIZ DAS COISAS

Como e por que ocorreu essa mudança? Stead dá o depoimento de quem acompanhou de perto o desenrolar do principal debate da Segunda Conferência da Paz. Vale a pena reproduzir na íntegra o relato desse observador privilegiado que transmite, em seu texto, as sutilezas e os matizes do momento diplomático chave da Segunda Conferência:

> A mudança operou-se pela apresentação do projeto americano para a constituição de um Supremo Tribunal Arbitral. Quando a conferência se reunia em julho, conquanto muito se houvesse falado no estabelecimento de um tribunal permanente em Haia, em lugar de uma lista de juízes que seriam chamados em ocasião oportuna, nenhuma proposta foi apresentada nesse sentido.
>
> Os russos propuseram ampliar o tribunal existente, dando aos seus atuais membros a incumbência de nomearem três juízes que deveriam residir em Haia, já como árbitros, já como comissários de inquéritos.
>
> Essa proposta foi vigorosamente apoiada pelo governo holandês, com alguma modificação. Há razão para crer que, se houvesse feito pressão, ela teria obtido aprovação unânime da conferência. Essa comissão de três, eleita pelos juízes cujos nomes já se achavam inscritos no registro, não se arrogaria o título e as prerrogativas de Supremo Tribunal.
>
> Os norte-americanos, familiarizados com o funcionamento de seu Supremo Tribunal, não se contentaram com uma proposta tão modesta. E nada os satisfazia senão o estabelecimento do Supremo Tribunal nos moldes do seu, para todas as nações do mundo. O projeto era magnífico, mas dava a entender que o mundo já se achava todo confederado.
>
> Nos próprios Estados Unidos, primeiro veio a federação, depois o tribunal, mas a delegação americana, pondo o carro adiante dos bois, propôs criar a Suprema Corte antes de ser assentada a base da federação do mundo.
>
> Essa elevada proposta, provavelmente, não seria viável se não fora o inesperado apoio que entusiasticamente lhe hipotecou o barão Marschall com o de toda a delegação alemã. A consequência imediata foi a retirada da modesta proposta russa, com o assentimento dos seus autores, e a conferência se entregou à elaboração do projeto para constituir o Supremo Tribunal que os americanos pediam. Foi o dr. Rui Barbosa um dos que mediram o alcance da inovação e o perigo que acarretava para os pequenos Estados a adoção da proposta americana, amparada pela Alemanha.

A PRINCIPAL QUESTÃO DA SEGUNDA CONFERÊNCIA DA PAZ DE HAIA (1907)

Em seu discurso, que foi obra-prima de lucidez e de exposição sucinta, o dr. Rui Barbosa estabeleceu com precisão a diferença entre Tribunal de Justiça e o existente Tribunal de Arbitramento.

Quanto a si, o dr. Rui Barbosa não hesitou em declarar que estava satisfeito com o velho tribunal. Não desejava estabelecer um novo, mas queria considerar a questão de acordo com o apoio que a ideia tinha recebido na conferência. Em um ponto insistia, entretanto: que os direitos soberanos iguais de cada Estado independente fossem ressalvados na constituição do tribunal e na nomeação dos juízes. Foi essa sua atitude que ao cabo o tornou o órgão da América Latina e que o levou a um estremecimento decisivo, embora temporário, com a delegação americana.

A questão que então se suscitou na conferência era um destes grandes problemas políticos que surgem de tempos em tempos para pôr à prova a coragem e desafiar o discernimento da humanidade.

É raro surgir uma questão política tão vital, assim de repente, com uma feição tão nítida e sem o estorvo de questões colaterais.

E não ficará resolvida em um ano, nem porventura em uma geração, porque toca a raiz das coisas, interessa aos mais sólidos princípios que governam a ação humana. Em sua essência, consiste nisto: se a Força ou o Direito deve ser o fato dominante nos negócios do homem.

Admitindo-se que o Poder, expresso na força armada, dominasse o mundo, deverá seguir-se, como um corolário inevitável, que o Poder terá de ser entronizado no posto que irá interpretar o direito internacional, consoante os princípios de justiça e equidade?

É esta uma questão em que todos os homens podem honestamente divergir.

Na conferência, felizmente, havia membros capazes de elevar a questão ao mais alto ponto, em qualquer dos partidos que se digladiavam nessa controvérsia.

O barão Marschall, representando a Alemanha, permaneceu com inabalável firmeza como advogado da Força. O dr. Rui Barbosa, ao mesmo tempo que avançava com desassombro de Davi diante de Golias de Gath, tornou-se advogado do direito. Nenhuma disparidade havia entre os antagonistas, a não ser no forte contraste físico.

O barão Marschall era o mais alto homem da conferência, com a duvidosa exceção do sr. Ordonez, vice-presidente do Uruguai. O dr. Rui Barbosa, o mais pequenino delegado na Ridderzaal. Ambos juristas, ambos velhos parlamentares, ambos dominados pela convicção de que a razão estava do seu lado e que cada um dos antagonistas lavrava no mais palpável erro. Foi pela forma

A RAIZ DAS COISAS

que encaminhou esta controvérsia que o dr. Rui Barbosa logrou arregimentar a seu lado toda a América Latina, acabando por separar os norte-americanos dos seus aliados alemães.

Os argumentos produzidos em qualquer dos lados eram sustentados com a mais veemente eloquência e vigorosa lógica. O barão Marschall tomou a si a defesa do direito divino do Poder, considerando-o acima de qualquer julgamento. Em suas palavras:

"Tenho um grande respeito ao Poder e a quanto ele representa no mundo. Nunca consentirei que uma grande encarnação do Poder, como a Alemanha, seja julgada por um juiz da Guatemala."

Do outro lado, sustentava o dr. Rui Barbosa que a igualdade do direito soberano de cada Estado independente repousa nos alicerces da jurisprudência. Constituir um tribunal em que cada Estado soberano não tenha direito igual seria ultrajar a todos os princípios do direito internacional.

A princípio, os Estados Unidos sustentavam a doutrina alemã e, em uma série de esboços, arranjaram um projeto pelo qual o princípio alemão devia ser posto em vigor. Houve muitos rascunhos – sugestões mais que propostas –, todos incorporando o princípio da desigualdade das potências no tribunal.

Propôs-se criar uma corte de sete juízes, dos quais a metade pelo menos seria, exclusivamente, de representantes das grandes potências. A definição de grande potência variava: ora se incluía a Holanda, ora a Turquia, ora a Espanha, esta em homenagem às suas glórias passadas, critério que deveria servir, também, para a Grécia.

Na primeira sugestão, a China figurava como uma das grandes potências do mundo, com direito ao posto de julgamento devido à sua grande população, um quarto da raça humana; depois, quando se alegou que nenhuma potência europeia consentiria que uma autoridade policial chinesa julgasse um marinheiro europeu bêbado, a China foi, sumariamente, degradada de sua posição de potência de primeira ordem, para segunda ou terceira. Mas essas modificações excitavam animosidades sem desarmar a oposição, porque todas consignavam o princípio fundamental, que era escolher um certo número de potências, fossem oito ou fossem onze, entre os 44 Estados soberanos e independentes representados na conferência, para tomarem uma posição suprema no Tribunal de Justiça Arbitral. Elas teriam os seus magistrados no tribunal por todo o tempo; e as restantes 36 teriam permissão para nomear a minoria dos juízes para tomarem assento no tribunal, cada uma à sua vez.

A PRINCIPAL QUESTÃO DA SEGUNDA CONFERÊNCIA DA PAZ DE HAIA (1907)

O resultado imediato da apresentação desse projeto foi criar uma revolta entre as pequenas potências, especialmente entre as latino-americanas.

O ministro do Exterior no Rio, ao que parece, fez circular por todas as capitais da América Latina a cruz de fogo.* Acentuava o ultraje que esta proposta infligia ao princípio da igualdade dos direitos de todos os Estados soberanos. A consequência foi receberem as delegações, uma por uma, instruções explícitas para sustentarem o dr. Rui Barbosa, que, desde o princípio, tomou com desassombro a atitude de combater qualquer proposta que não conferisse a cada potência igual oportunidade de exercer o cargo de juiz do Supremo Tribunal de Justiça Arbitral que a conferência estava incumbida de estabelecer. Por um breve espaço de tempo, tornaram-se muito tensas, quase hostis, as relações entre o dr. Rui Barbosa e a delegação americana. Mas depois de sondar o terreno, esta chegou à conclusão de que era absolutamente impossível estabelecer um tribunal sobre outra base que não a igualdade de direitos para todos os Estados soberanos.

Assentiram em retirar todos os projetos, e apareceu, como sugestão final, a proposta de serem os juízes eleitos por todas as potências: cada potência teria quinze votos, para distribuí-los entre quinze candidatos de sua nomeação, e os quinze que recebessem mais votos constituiriam a corte. Isso consagrava o princípio da igualdade de cada Estado soberano. Mas não satisfez ao dr. Rui Barbosa, nem agradou ao barão Marschall. Aquele voto era fatal. Depois de registrado, o que restava fazer era substituir o projeto por um piedoso voto, exprimindo a esperança de que as potências estabeleceriam o tribunal depois de chegarem a um acordo sobre o método de nomear juízes.

Não terminou aqui, porém, a controvérsia; ao contrário, começava. O dr. Rui Barbosa logrou destruir toda a proposta que a seu ver não era compatível com a igualdade dos Estados soberanos. O barão Marschall, que também conseguiu destruir o projeto americano, depois emendado para satisfazer ao dr. Rui Barbosa, obteve um quinhão da vitória em detrimento do que ele reputava objeto de suprema importância. O dr. Rui Barbosa nunca desejou outro tribunal, a não ser o que já existia. O barão Marschall, ao contrário, tinha-se declarado um advogado do novo Tribunal Permanente. Ganhou num ponto e perdeu noutro. O dr. Rui Barbosa venceu em ambos.

Se as grandes potências, que representam três quartos da população e mais de três quartos da riqueza e do comércio do mundo, estabelecerão um Supremo Tribunal de Justiça Arbitral, sem tomar em consideração as potências menores,

---

* *Fiery cross* — nas Highlands, convocavam-se os povos para a guerra levando pelas aldeias uma cruz em chamas.

A RAIZ DAS COISAS

que constituem o quarto restante da raça humana, é uma questão que só o tempo poderá responder.

Têm poderes para isso, sem que as pequenas potências se possam queixar de que tal procedimento irá ferir o princípio do direito soberano de cada Estado independente, no qual se estribou o dr. Rui Barbosa. Poderão protestar, já se vê, contra arrogar-se este tribunal, criado pelas grandes potências, o título de Supremo Tribunal do Mundo. Nada mais que isso. Terão que se contentar com o tribunal existente na Haia, mas não consiste só nisso a questão. Atrás da controvérsia relativa à nomeação dos juízes, levanta-se a questão muito mais importante: se, na federação do mundo, a força armada será o maior fator no julgamento do valor comparativo de cada um dos Estados federados.

Sem dúvida, tentativas hão de se fazer no sentido de excluir as pequenas potências na próxima Conferência da Haia, mas com pouca probabilidade de êxito.

Os Estados Unidos não quererão ser compartes em um ataque ao princípio central da democracia e ao princípio fundamental da jurisprudência internacional. Tampouco a Rússia, que durante a conferência era a campeã leal e declarada dos direitos dos pequenos Estados. Qual será a atitude da Grã-Bretanha ninguém poderá prever, depois de se ter visto do que foi capaz a delegação britânica na última conferência.

A França, a Espanha e Portugal tomarão, sem dúvida, o partido popular, de forma que não nos devemos preocupar muito com a próxima conferência.

O dr. Rui Barbosa levou os seus princípios até à conclusão lógica, e votou contra o Tribunal Internacional de Presas.

Foi o Brasil a única delegação que disse não; nem o dr. Rui Barbosa podia, coerentemente, tomar outra atitude. A questão do Tribunal de Presas era, todavia, de pequena monta. Os embates da grande controvérsia eram sobre a nomeação de juízes para um tribunal, cuja atribuição seria resolver os litígios sem guerra, e não para um tribunal que começaria a existir depois da declaração da guerra.

Essa questão de nomeação de juízes passou da conferência para os quarenta e quatro governos representados em Haia. Não há muita esperança de chegarem a um acordo definitivo, mas não será pouco para a América do Sul se esta grande controvérsia, em suas subsequentes fases, vier a confirmar e consolidar a união das Repúblicas americanas, união que, pelo menos no tocante à América Latina, foi milagrosamente selada ao iniciar-se a controvérsia.

Nessa controvérsia, o Brasil tomará, seguramente, parte muito saliente, e é esse o grande papel que está reservado ao estreante de Haia para os anos vindouros. À vista do que presenciamos na Segunda Conferência, não há recear de sua parte.

A PRINCIPAL QUESTÃO DA SEGUNDA CONFERÊNCIA DA PAZ DE HAIA (1907)

O DISCURSO FUNDAMENTAL DE RUI CONTRA
A PROPOSTA AMERICANA

Em pronunciamento na Segunda Conferência, no dia 2 de setembro de 1907, Rui precisa a diferença entre magistratura arbitral e magistratura judiciária e, principalmente, as consequências políticas no âmbito internacional, em clara alusão aos perigos contidos na proposta norte-americana de uma Corte Internacional de Justiça.

Trata-se de um dos melhores textos do delegado brasileiro, porque toca de forma direta o cerne do problema. O discurso foi breve, mas certeiro. É o seguinte o argumento de Rui:

entre a magistratura arbitral e a judiciária há juridicamente diferença tal, que nunca se poderia tomar uma pela outra, sem levar incerteza e balbúrdia ao seio das noções mais necessárias à organização da justiça e ao regime do processo. Atentai nas leis de todos os países. Todas consagram a justiça. Todas autorizam o arbitramento. As duas instituições vivem a par uma da outra, ajudando-se, substituindo-se, entrelaçando-se às vezes, mas sem nunca se destruírem, nem se fundirem; prova segura da sua diversidade irredutível e, ao mesmo tempo, do seu paralelismo necessário; porquanto, se entre elas houvera identidade substancial, esse contato já teria acabado por confundi-las, e a prática universal não se ateria, há dezenas de séculos, à inutilidade desta duplicata.

Justiça e arbitramento são, pois, indispensáveis uma e outro. Ambas as instituições têm, cada qual, a sua legitimidade, a sua função e o seu caráter. Onde é, pois, que divergem? Primeiro, quanto à fonte de que procedem. Depois, quanto ao elemento social que as mantêm. Finalmente, quanto à forma jurídica de que se revestem. A forma jurídica é permanente e inalterável no que toca à justiça. É a lei que a estabelece. Para o arbitramento, a forma jurídica é variável e ocasional. A convenção das partes é que decide. O julgamento emana da soberania e se impõe à obediência. Os seus órgãos são criados pelo poder. Força é que as partes se lhes submetam. O arbitramento, pelo contrário, deriva da liberdade, é obra de um ajuste; não tem outra autoridade que a admitida pelos contratantes; os seus magistrados são os que eles a seu talante elegem.

Aqui está porque, se a forma judiciária é a preferida no que respeita às relações entre indivíduos, a forma arbitral é a única aplicável entre as nações. Estas não

A RAIZ DAS COISAS

se submetem senão às autoridades que hão por bem adotar. Substituir para elas o arbitramento pela justiça fora trocar o assentamento voluntário pela coação. Criar-se-ia destarte o poder judiciário internacional. Mais um passo, e teríamos o Executivo internacional, enquanto não se chegasse a uma legislatura para o mundo todo. Seria a Constituição dos Estados Unidos do globo.

Toda a constituição, porém, pressupõe uma soberania superior aos que às suas leis se submetem. Se constituirdes poderes internacionais, tereis que os armar de instrumentos eficazes contra a revolta. Haveria, então, nações rebeldes, e teria que se dar a repressão. A quem incumbiria? Certo que à nação mais forte ou ao concerto dos mais fortes. Qual seria ao cabo o resultado? Simplesmente legalizar--se o domínio da força, substituindo por este o do equilíbrio das soberanias. E eis como a paz a todo transe, cuidando abraçar a justiça em vez do arbitramento, acabaria por consagrar a força em lugar do direito.

Não é, pois, um progresso o que se nos sugere. É antes uma inovação, perigo-samente, reacionária em suas tendências e na perspectiva dos seus resultados. O progresso estará sempre no arbitramento. Cumpre desenvolvê-lo sempre. Mas para o desenvolver cada vez mais, essencial é não lhe alterar o caráter.

De outra sorte, ele perderia, certamente, a confiança geral. Ora, a confiança é esse elemento humano, esse elemento social a que tenho aludido e de que se nutre o arbitramento. O arbitramento vive da confiança. A jurisdição, de obediência. Nações não obedecem: escolhem e confiam.

Vós vos afastais do arbitramento aproximando-vos da jurisdição. Tereis, pois, a desconfiança dos Estados. Ora, quando se tem já de arcar com tantas dificuldades, quantas as de que nos soberba o peso nesta questão de arbitramento obrigatório, não me parece desejável carregar-lhe ainda outra. Não. Nem seria de boa política. Conviria, pelo contrário, tornar o arbitramento mais aceitável às nações que o receiam, em vez de suscitar contra ele apreensões mais legítimas que as já existentes.

O DEBATE DO PROJETO DE UM NOVO TRIBUNAL ARBITRAL PERMANENTE

As delegações dos Estados Unidos, Alemanha e Reino Unido apresentaram um plano completo para a criação de uma alta corte de justiça arbitral. Segundo Accioly,

A PRINCIPAL QUESTÃO DA SEGUNDA CONFERÊNCIA DA PAZ DE HAIA (1907)

por este plano o novo tribunal seria composto de dezessete juízes, dos quais nove indicados pelas oito grandes potências da época e mais a Holanda (certamente em homenagem ao país sede da conferência), sendo os oito restantes nomeados por oito grupos de nações, formado um destes pelas dez repúblicas da América do Sul. A desigualdade era flagrante, e contra ela iria manifestar-se a delegação brasileira.[11]

Rui Barbosa sugeriu a Rio Branco que o chanceler brasileiro gestionasse, junto ao secretário de Estado norte-americano, Elihu Root, modificações na mencionada iniciativa tendentes a superar a evidente assimetria de tratamento que humilhava e feria nações soberanas. O chefe da diplomacia norte-americana, conforme Accioly, propõe que, "embora se adotasse o sistema de grupos para a nomeação de juízes, o Brasil, por sua situação ou pelo prestígio de que gozava no continente, deveria ter o direito de possuir, no tribunal, um árbitro seu".

Ainda assim, nem Rio Branco nem Rui se sentiam plenamente satisfeitos. O primeiro estaria disposto, no entanto, a aceitar uma solução transacional, que não prejudicasse ou ofendesse o nosso país e se apresentasse sobre base mais aceitável. Rui, porém, insistia na necessidade primordial de manutenção do princípio da igualdade dos Estados. A situação, para nós, não se mostrava auspiciosa, porque as delegações das grandes potências não mudavam de atitude. Nessa conjuntura, Rio Branco, com o apoio de Rui, decidiu que, perante a conferência, fizéssemos uma firme declaração oficial, no sentido de que não abriríamos mão do referido princípio – que não interessava só ao Brasil, mas também às demais Repúblicas latino-americanas.

Na declaração, feita em sessão de 20 de agosto, Rui acentuou que o projetado sistema de rotação, para a composição da Corte de Arbitragem internacional, "seria a proclamação da desigualdade entre as soberanias nacionais". Nessa oportunidade, Rui Barbosa leva à consideração da assembleia o projeto do governo brasileiro sobre a matéria da Corte Permanente de Arbitragem.[12]

145

A RAIZ DAS COISAS

O PROJETO BRASILEIRO

A proposta elaborada de comum entendimento entre Rio Branco e Rui Barbosa era precedida por uma série de considerandos, que destacam, entre outros, os seguintes principais argumentos: 1) "fixar de antemão para a corte permanente de arbitramento de um número arbitrário de juízes, segundo certas ideias admitidas *a priori* sobre a extensão desse número, para cuidar em seguida de o acomodar à representação de todos os Estados, é subverter os termos necessários e inevitáveis da questão"; 2) "transtornar deste modo os termos naturais do problema é arrogar-se o arbítrio de designar aos diferentes Estados representações desiguais na corte internacional"; 3) "na convenção para o regulamento pacífico dos conflitos internacionais, celebrada na Haia em 29 de junho de 1899, as potências signatárias, entre as quais se achavam todas da Europa, bem como as dos Estados Unidos, do México, da China e do Japão, acordaram em que os Estados contratantes, não importa qual a sua importância, teriam todos uma representação igual na Corte Arbitral Permanente"; 4) é um sofisma entender que um direito é igual para todos quando, no seu exercício, "para alguns [ele] é limitado a períodos mais ou menos breves, ao passo que se reserva a outros o privilégio de o exercer continuamente"; 5) "não se serve aos interesses da paz, criando entre os Estados, mediante estipulação contratual, categorias de soberania que humilharam a uns em proveito de outros, solapando-lhes os alicerces da existência de todos e proclamando, por uma estranha antilogia, o predomínio jurídico da força sobre o direito".

A proposta brasileira estava vazada nos seguintes termos:

I

Para a composição da nova Corte Permanente de Arbitramento, cada potência designará, nas condições estipuladas pela Convenção de 1899, uma pessoa capaz de exercer dignamente, como membro desta instituição, as funções de árbitro.

A PRINCIPAL QUESTÃO DA SEGUNDA CONFERÊNCIA DA PAZ DE HAIA (1907)

Ela terá, além disso, o direito de nomear um suplente.

Duas ou mais potências podem se entender para a designação em comum dos seus representantes na corte.

A mesma pessoa poder ser designada por duas potências diversas. As potências signatárias escolherão seus representantes na nova corte, entre os que compõem a atual.

II

Uma vez organizada a nova corte, cessará de existir a atual.

III

As pessoas nomeadas terão assento por nove anos, não podendo ser destituídas senão no caso em que, segundo a legislação dos países respectivos, os magistrados inamovíveis perdem o seu mandato.

IV

Nenhuma potência poderá exercer o seu direito de nomeação senão se comprometendo a pagar os honorários do juiz que ela designar, fazendo cada ano o depósito adiantadamente, nas condições em que a convenção fixará.

V

Para que a corte delibere em sessão plenária, é preciso pelo menos a presença de um quarto dos membros nomeados.

A fim de assegurar essa possibilidade, os membros nomeados se dividirão em três grupos, segundo a ordem alfabética das assinaturas da convenção.

Os juízes classificados em cada um desses grupos estarão por três anos no exercício de suas funções, durante os quais terão que fixar residência em ponto de onde possam chegar a Haia em vinte e quatro horas, à primeira convocação telegráfica. Entretanto, todos os membros da corte têm o direito, se o quiserem, de sempre tomarem assento nas sessões plenárias, ainda que não pertençam ao grupo aí chamado especialmente.

A RAIZ DAS COISAS

VI

As partes em conflito são livres, quer de submeter a sua controvérsia à corte plenária, quer de escolher, para resolver o seu litígio, no seio da corte, o número de juízes que convenham adotar.

VII

A corte será convocada em sessão plenária, logo que tiver que julgar litígios, cuja solução lhe seja confiada pelas partes, ou nos negócios por elas submetidos a um menor número de árbitros, logo que estes façam apelo à corte plenária, com o fim de resolver uma questão suscitada entre eles durante o julgamento da causa.

VIII

Para completar a organização da corte sobre estas bases, se adotará tudo o que não lhe for contrário e que pareça conveniente adotar nas disposições do projeto anglo-germano-americano.

Na defesa da proposta brasileira, Rui Barbosa procurou desfazer vários mal-entendidos, particularmente as críticas do delegado norte-americano Choate, segundo as quais ele "estaria decidido a não tomar em consideração nenhuma outra proposta que não a brasileira". Rui responde da seguinte forma:

> Não ligo uma importância absoluta à proposta brasileira. Nem tive jamais esta intenção. E a prova é que a apresentei, na sessão de 20 de agosto, sob o título: "Sugestões provisórias para servir à discussão da composição de uma corte permanente." Do que eu faço deveras caso é dos princípios que ela encerra e de que se inspira. Há nela três ideias essenciais. Primeiro, a que é o seu fundamento, o princípio da igualdade dos Estados. Segundo, este outro, que consideramos o único meio de pôr em obra este princípio: o direito de cada Estado de nome-

A PRINCIPAL QUESTÃO DA SEGUNDA CONFERÊNCIA DA PAZ DE HAIA (1907)

ar um membro à corte. Terceiro, a norma inseparável ao arbitramento, a qual assegura aos Estados em litígio o direito de escolher os seus juízes no seio de toda a corte arbitral.

No terreno da polêmica, Rui Barbosa sente-se totalmente à vontade, e não deixa passar nenhuma oportunidade para rebater críticas ou insinuações negativas com respeito à proposta brasileira. Apesar da veemência de algumas de suas intervenções, Rui, como assinala William T. Stead, "na tribuna era frio, calmo e imperturbável. Nada há de orador de *meetings* na sua eloquência. É um vigoroso apelo à razão, uma dialética que presume um auditório inteligente, mas, através de toda a sua cerrada argumentação, sente-se, vê-se arder a chama da paixão reprimida".[13]

Assim sendo, Rui voltou a ocupar a tribuna para esclarecer mal-entendidos, para rebater o que em seu entender seria "o grande argumento e o único mesmo que até aqui se empregou contra a proposta brasileira", qual seja:

> no seu sistema as grandes nações, os Estados superiores em extensão, em população, em riqueza e em cultura viriam a ficar na contingência de serem julgados perante um tribunal, em que os seus representantes teriam o mesmo voto que o dos Estados mínimos do mundo. [...] Mas o argumento é de si inexato. [...] no sistema brasileiro não se dá nada disso. Os juízes nomeados pelos pequenos Estados, como os pelos grandes, têm o direito de assento permanente na corte; mas não exercem a função de julgar senão sobre os Estados, grandes ou pequenos, que os houverem nomeado. É o que estabelece a proposta brasileira em seu artigo VI: 'As partes em conflito são livres, quer de submeter sua controvérsia à corte plenária, quer de escolher para resolver seus litígios, no seio da corte, o número de juízes que lhes convenha adotar,' Por consequência, no sistema da proposta brasileira, as potências não correrão jamais o risco de se submeter, contra a sua vontade, aos juízes nomeados pelos pequenos Estados, ou a juiz qualquer no qual não tenham a mais absoluta confiança. São elas mesmas que escolherão a seu talante na corte todos os juízes, compondo, para a solução de cada negócio, um tribunal de três, cinco, sete membros, inteiramente, segundo a conveniência das partes.

A RAIZ DAS COISAS

Rui Barbosa aprofunda as discussões sobre as diferentes possibilidades de composição da nova Corte Arbitral e enfatiza novamente três pontos básicos da posição do Brasil, a saber:

> 1) que não é necessária esta instituição; porque a corte existente, melhorada, responde a todas as necessidades do arbitramento; 2) que a criar-se, apesar disso, cumpriria assentá-la sobre o princípio da igualdade dos Estados, seriamente observado; e 3) que, para realizar este princípio de modo inteiramente satisfatório, a única solução possível seria a da participação direta e toda igual de todos os Estados na corte, assegurando a cada um a designação de um juiz, segundo a fórmula adotada na proposta brasileira.

Rui chama a atenção, reiteradamente, para o artigo VI da proposta brasileira que consagra o direito, para as partes em litígio, de escolherem os seus juízes. Assinala que:

> este direito desempenha, além disso, importante ofício no mecanismo de arbitramento, qual o de conciliar a existência de uma corte de 45 membros, imposta pelo princípio da equivalência jurídica dos Estados-membros, com a necessidade essencial à boa justiça, de fazer julgar cada causa por um pequeno número de magistrados. É o que se não deve nunca perder de vista na apreciação dos dois sistemas.

Após longos e minuciosos debates, o conclave de Haia veio a aprovar uma fria e formal sugestão de Lord Fry, segundo a qual, "A conferência recomenda às potências signatárias a adoção do projeto em anexo de convenção para o estabelecimento de uma corte de Justiça Arbitral, e sua colocação em vigor por acordo a ser feito sobre a escolha dos juízes e a constituição da corte".

Rui Barbosa, ao retirar a proposta brasileira, sublinha que seu

> fim essencial [...] era dar uma forma prática ao princípio da igualdade dos Estados, de o definir sobre uma forma concreta, contra o princípio da classificação das

A PRINCIPAL QUESTÃO DA SEGUNDA CONFERÊNCIA DA PAZ DE HAIA (1907)

soberanias pelo mecanismo da rotação, consagrado na proposta anglo-germano-
-americana.[...] Assim, do momento que a nossa proposta prevaleceu em suas
ideias fundamentais, e do momento ainda que a não apresentamos com a intenção
de criar a nova corte, cuja necessidade nem utilidade não reconhecemos, mas
com o fim de nos opor à instituição desta corte segundo princípios contrários
aos nossos, não temos nenhum interesse em que se discuta e vote nossa proposta.
Ela vingou chegar a tudo ao que visava.

O ÚLTIMO DISCURSO EM HAIA: DESPEDIDA EM GRANDE ESTILO

Em seu último pronunciamento sobre o novo tribunal permanente de
arbitramento, Rui Barbosa acentua que o voto do governo brasileiro

tem por implícito [...] o reconhecimento do princípio da igualdade dos Estados
e, por consequência, a exclusão absoluta, em toda e qualquer negociação futura
sobre a constituição da nova Corte Arbitral, quer do sistema da periodicidade
ou da rotação na distribuição dos juízes, quer do que estabelece a escolha destes
mediante eleitores estrangeiros.

Ao prosseguir sua derradeira alocução, Rui, apesar de reconhecer que
talvez fosse mais indicado "deixar pelo meu silêncio uma boa impressão
minha", prefere explicar a razão da sua resistência em defesa da igualdade
das soberanias no debate sobre o Tribunal Permanente de Arbitragem:

Resistimos porque lado a lado com a necessidade suprema de preservar esse direito [da igualdade entre os Estados soberanos], era nosso empenho salvaguardar
outro, não menos essencial, não menos inacessível: o de assegurar sempre à justiça
internacional o seu caráter de arbitramento, com a faculdade a este inerente,
para uma e outra parte, de elegerem os seus julgadores.

Agrega que:

A RAIZ DAS COISAS

o bom juízo nos aconselhava, pois, quer-nos parecer, era que aguardássemos a conferência vindeira. Não queriam estar por isso. Mas por quê? De onde se origina este açodamento? De uma tendência cujo caráter perigoso já vos assinalei, a qual nos alonga?, rapidamente, da circunspecção que presidiu a obra da conferência de 1899, substituindo o arbitramento, que constitui para as soberanias a forma da justiça pela jurisdição, que nunca se concebera para as questões internacionais, senão nos ocos devaneios da utopia. O perigo dessa adulteração do arbitramento, dessa ilusão sedutora, mas arriscada, já o entrevira e denunciara, em 1899, na primeira destas conferências, uma voz que veio a se tornar o oráculo da segunda. Escusado seria nomear-vos o nosso ilustre presidente, o senhor Léon Bourgeois.

Rui Barbosa, uma vez mais, utiliza o precioso recurso diplomático e político de evocar antecedentes históricos de uma discussão em favor de sua tese. Assim sendo, reproduz trecho do pronunciamento do ilustre homem público francês, ao inaugurar, em 9 de julho de 1899, os trabalhos da terceira comissão:

É com o mesmo espírito de profunda prudência, e o mesmo respeito ao sentimento nacional que, em um outro projeto, nos abstemos de inscrever o princípio da permanência dos juízes. Impossível será, com efeito, desconhecer a dificuldade que haveria de instituir, na atual situação política do mundo, um tribunal, antecipadamente, composto de certo número de juízes, representando as várias nações e funcionando, permanentemente, na sucessão dos pleitos. Esse tribunal ofereceria, realmente, às partes, não árbitros por elas, respectivamente, eleitos com o necessário discernimento e investidos de uma espécie de mandato pessoal da confiança de cada nação, mas juízes na acepção do direito privado, previamente, nomeados fora da livre escolha das partes. Um tribunal permanente, por mais alta que fosse a imparcialidade dos seus membros, correria o risco de assumir, aos olhos da opinião universal, o caráter de uma representação dos Estados, e os governos, podendo suspeitar de exposto a influências políticas, ou a correntes de opinião, não acederiam em comparecer à sua presença como a de uma jurisdição, inteiramente, desinteressada.

A seguir, Rui, dentro da melhor técnica dialética de expor com crueza as ideias do opositor para melhor defender sua posição, mostrando até

A PRINCIPAL QUESTÃO DA SEGUNDA CONFERÊNCIA DA PAZ DE HAIA (1907)

mesmo o seu absurdo, cita trecho de editorial do jornal *The Times,* de 21 de setembro de 1907, onde se lê que:

> a sorte do projeto de criação de um novo tribunal arbitral nos dá a medir a incapacidade dos pequenos Estados no tocante à prática política. Insistem eles em que cada Estado, não importa sua condição material, moral e intelectual, tenha no tribunal comum representação igual à dos outros. Saber, caráter, experiência, força armada, tudo isso nada vale aos olhos desses doutrinários intransigentes. Haiti e República Dominicana, Salvador e Venezuela, Pérsia e China, todos vêm a ser Estados soberanos, e portanto, raciocinam eles, cada qual há de exercer a mesma função que a Grã-Bretanha, a França, a Alemanha, os Estados Unidos, na liquidação das controvérsias mais sutis do fato e direito pleiteados entre os maiores e os mais cultos Estados europeus. Dadas tais premissas, o argumento é irrefragável. Ora essas premissas constituem as próprias bases da conferência. Jurídica e diplomaticamente, a argumentação é perfeita; mas, infelizmente, a conclusão não tem senso comum. Não se poderá atinar com um exemplo que expusesse à luz mais em cheio os defeitos da composição da conferência. Em resultado, não se achando resignadas as grandes potências a pôr acima de si mesmas, e com seus juízes, os Estados mais atrasados e corruptos da Ásia e da América do Sul, ainda agora não veremos realizada a Corte Arbitral.

Rui escolheu com muita habilidade esse texto, que reflete com dura clareza a ideologia das grandes potências, sua visão fortemente preconceituosa e arrogante. Estão nítidas duas visões da política internacional, a da *realpolitik* e a idealista. É um ataque frontal à doutrina do poder como fonte de sabedoria e bom senso.

Para sustentar sua tese da igualdade das soberanias, Rui Barbosa, como bom idealista, transfere para o âmbito internacional o modelo político ideal para o quadro nacional, e quer nele aplicar idênticos valores e mecanismos da prática doméstica da democracia liberal. Assim se expressa ao continuar seu discurso de despedida de Haia, para defender a identidade de lógicas da política interna e da política externa:

153

A RAIZ DAS COISAS

Por certo, que entre os Estados, como entre os indivíduos, diversidades há de cultura, probidade, riqueza e força. Mas daí derivará, com efeito, alguma diferença no que lhes entende como direitos essenciais? Os direitos civis são idênticos para todos os homens. Os direitos políticos são os mesmos para todos os cidadãos. Na eleição desse augusto parlamento soberano da Grã-Bretanha, Lord Kelvin ou Mr. John Morley não dispõem de outro sufrágio que o mesmo do operário embrutecido pelo trabalho e pela miséria. Acaso, entretanto, a capacidade intelectual e moral desse mecânico, aviltado pelo sofrer e labutar, emparelhará com a do sábio, ou com a do estadista? Pois bem; a soberania é direito elementar por excelência dos Estados constituídos e independentes. Ora, a soberania importa igualdade. Quer em abstrato, quer na prática, a soberania é absoluta: não admite graus. Mas a distribuição judiciária do direito é um dos ramos da soberania. Logo, a ter de existir entre os Estados um órgão comum de justiça, necessariamente, nesse órgão todos os Estados hão de ter uma representação equivalente.

Rui volta, igualmente, ao ataque dos assim denominados critérios materiais (comércio marítimo, marinha de guerra) para classificar os países e mostra que mesmo nesse terreno, aparentemente objetivo, há injustiças manifestas, como já demonstrou no debate da Corte de Presas, fruto de uma percepção discriminatória por parte das grandes potências. Indaga para fechar sua argumentação neste ponto: "Ora, se foi isto que se deu nesse campo, onde para ser justo, não haveria mister de mais que ter olhos, que seria quando se tratasse de classificar as nações menos fortes pelo critério vago e elástico da inteligência, da moralidade e da cultura?"

Tópico interessante na oração final de Rui em Haia é aquele em que ele rebate artigo publicado em jornal – "certa folha transatlântica" –, no qual se afirmava que as grandes potências nunca recorreram em seus litígios à arbitragem por países como o Brasil, Haiti e Guatemala. O delegado brasileiro mostra, nesse aspecto, que está atento a tudo que se passa dentro e fora da conferência e sabe da importância da imprensa na criação de ambientes hostis ou favoráveis para a operação da diplomacia.

A PRINCIPAL QUESTÃO DA SEGUNDA CONFERÊNCIA DA PAZ DE HAIA (1907)

Ao refutar essa afirmação, usa, novamente, os antecedentes e demonstra seus conhecimentos de história da política externa nacional.

Assim se expressa a respeito da nota jornalística mencionada:

> Abalança-se a uma tal linguagem contra o Brasil, só quem desconheça a história das relações internacionais no derradeiro quartel do século XIX. Quem quer que dessa ignorância não padecesse, saberia que, entre todos os países da América Latina, o Brasil é o único onde as grandes potências foram eleger árbitros. No mais célebre dos arbitramentos, a questão do Alabama, entre os Estados Unidos e a Grã-Bretanha, o tratado firmado pelas duas partes, em Washington, aos 8 de maio de 1871, criou o Tribunal de Genebra, em que um de cujos árbitros foi um diplomata brasileiro, o barão de Itajubá. No tribunal franco-americano de Washington, constituído para deliberar sobre as reclamações das duas potências em conflito, de conformidade com a convenção de 15 de janeiro de 1880, a Presidência tocou ao Brasil, na pessoa de um dos nossos representantes diplomáticos, o barão de Arinos. Por derradeiro, as quatro comissões mistas que funcionaram de 1884 a 1888, em Santiago do Chile, para sentenciar sobre as reclamações da Inglaterra, da França, da Alemanha, da Itália contra o Estado americano, foram sucessivamente presididas por três brasileiros, os conselheiros Lopes Neto, Lafayette Pereira e Aguiar de Andrade. [...] Em 1870, em 1871, em 1880, e de 1884 a 1888, a Alemanha e a Itália nos invocaram como árbitros uma vez cada uma, e a França, a Inglaterra, os Estados Unidos, cada qual duas vezes. É uma distinção que a nenhum Estado americano coube, salvo aos Estados Unidos.

Rui finaliza com ironia ao perguntar: "Eis senão quando nos surdiria agora quem se capacitasse a meter a riso os sul-americanos à nossa custa, figurando como um *nec plus ultra* da extravagância a hipótese de que uma grande potência viesse a aceitar por árbitro o Brasil. Quem senão nós, tem aqui de rir?" Arremata fustigando o rótulo de corrupção que sobre os países da Ásia e América do Sul o jornal *The Times* pretendeu colar: "Tampouco é exato que, se não lograram dotar as nações com uma Corte Arbitral de sobre-excelente, fosse por causa da Ásia, da

A RAIZ DAS COISAS

América do Sul, onde residem a ignorância e a corrupção. Não, tal absolutamente, não há. Contra essa invenção depõem os fatos com um peso irresistível."

Ao fazer balanço antecipado dos resultados da Conferência de Haia, Rui Barbosa responsabiliza as grandes potências pelo não logro de solução ao problema da composição da nova Corte Arbitral. Em síntese sobre esse impasse a que se chegou, assim se exprime a seguir:

> Duas tão somente foram as soluções por elas [grandes potências] alvitradas a esse respeito. Primeiramente, a proposta anglo-germano-americana. Pois bem, todas as grandes potências, inclusive as duas colaboradoras dos Estados Unidos, a saber, a Grã-Bretanha e a Alemanha, a desampararam no subcomitê dos oito e no comitê de exame B. Os próprios Estados Unidos, à vista dessa unanimidade, não insistiram pela sua obra. E deste feitio, acabou o sistema de rotação, assente na classificação dos Estados.
> A outra solução engenhada foi a de compor o tribunal por eleição. Esta apresentou-a a delegação americana ao comitê de exame, em 18 de setembro, e nessa mesma sessão caiu o alvitre, não tendo logrado mais que cinco sufrágios contra nove. Entre os nove, de envolta com quatro Estados de segunda ordem, a Bélgica, o Brasil, Portugal e a Romênia, avultavam cinco grandes potências: a Alemanha, a Áustria, a Grã-Bretanha, a Itália, a Rússia. Das grandes potências, o projeto dos Estados Unidos só alcançara o apoio da França, concorrendo com a Holanda, a Grécia e a Pérsia.
> Num caso, pois, foi a unanimidade das grandes potências, no outro, a sua unanimidade menos só dois votos, o que fez naufragar, nesta matéria, a iniciativa americana.

Rui, como se pôde observar, demonstra o grau de desagregação entre os atores maiores da cena internacional que pedem dos menores padrões de coerência, de responsabilidade e de racionalidade que eles mesmos não conseguem praticar. Evidencia o paradoxo dessa atitude com fina ironia e com números dos votos.

A PRINCIPAL QUESTÃO DA SEGUNDA CONFERÊNCIA DA PAZ DE HAIA (1907)

"ESSAS FLECHAS SUTIS E ELEGANTES"

Para bem fixar a estaca da ideia da igualdade dos Estados, Rui vai nessa derradeira peça oratória em Haia se valer, como treinado polemista parlamentar, de passagem de um destacado militar e jurista norte-americano: o major-general Henry Wager Halleck e sua obra *International Law,* de 1893.[14] Emprega, propositalmente, esse tipo de bibliografia para rebater os que o acusam de ter uma visão ingênua das relações internacionais, fruto de um excessivo e infantil idealismo.

Introduz a citação do livro de Halleck, comentando o desprezo com que certos meios diplomáticos das grandes potências tratam o princípio da igualdade dos Estados. Diz que essas expressões "todas vêm da mesma aljava" e são "flechas sutis e elegantes. Não se inclinam esses senão à igualdade da força. Nós propugnamos para os povos a igualdade do direito, sustentando que todas as nações são iguais perante a lei das nações".

É o seguinte o trecho de Halleck citado:

> Todos os Estados soberanos, qualquer que seja a sua força relativa, vêm a ser iguais aos olhos do direito internacional, achando-se, como se acham, dotados, naturalmente, dos mesmos direitos, vinculados pelos mesmos deveres, submetidos a obrigações equivalentes. Nenhuma distinção jurídica originam, aqui, as diferenças de tamanho. Uma inferioridade intelectual, transitória ou permanente que seja, não acarreta superioridade alguma de direito ao vizinho mais poderoso, e toda a vantagem, de que este, sob tal pretexto, se apodere, não passará de usurpação. Esta é a grande lei fundamental do direito público, que releva à paz do gênero humano, assim na ordem do direito privado, como na ordem política, manter inviolavelmente.

Rui observa que o autor dessas afirmações "é um homem de espada, cuja obra de um positivismo rígido e acerado não se ressente da suspeita de fraqueza humanitária ou de sentimental idade pacífica".

A RAIZ DAS COISAS

"NA CARREIRA DESTA ERA ACELERADA, O PORVIR INVADE O PRESENTE"

Para concluir sua oração final em Haia, Rui Barbosa fala da necessidade de se convocar uma terceira Conferência da Paz para continuar o trabalho de aprimoramento do direito das gentes. Escolhe, porém, como tema principal o papel dos países da América Latina e da Ásia no novo cenário mundial, que começa a se desenhar:

> Vai por três anos que a Europa não divisava no seu horizonte político, além dos confins dela, senão os Estados Unidos como uma espécie de projeção europeia e a só representação não transcurável do Ocidente. A Ásia e a América Latina eram apenas expressões mais ou menos geográficas, com uma situação política de complacência. Um belo dia, com assombro geral, descortinou-se ao oriente uma aparição tremenda. Era a nascença inopinada de uma grande potência. O Japão entrava ao concerto europeu pela porta da guerra, que forçara com a sua espada. Fomos chamados os Estados da América Latina a entrar ao seio dele pela porta da paz.
>
> Nesta conferência lhe acabamos de transpor os umbrais, e começastes a nos conhecer como obreiros da paz e do direito. Se, porém, nos vísseis desiludidos, se nos despedísseis desacorçoados, com a experiência de que é só pela força das armas que se mede a importância internacional, então, por obra vossa, o resultado da Segunda Conferência da Paz teria consistido em inverter para a guerra a corrente política do mundo, arrastando-nos a buscarmos nos grandes exércitos e nas grandes marinhas o reconhecimento da nossa posição real, debalde indicada pela população, pela inteligência e pela riqueza.
>
> Porventura o não lograríamos? Ninguém se engane. E bem acidentais vêm a ser, afinal, essas diferenças de vulto entre países europeus e americanos.
>
> Aqui tudo se desenvolve lentamente. Já está senhoreada a terra toda. A carga da luta pela vida é esmagadora. Mas, para lá do Atlântico, nessas regiões de crescimento apressado, a seiva humana é como a das nossas florestas: ela improvisa povos. Nós não definhamos sob o peso do serviço militar. Não temos castas sociais. Não aguentamos com a herança opressiva de um passado tenaz de guerras. Só conhecemos as dívidas reprodutivas da paz e do trabalho. Nessas vastas bacias de emigração, onde a família se expande livre e numerosa com aquelas

A PRINCIPAL QUESTÃO DA SEGUNDA CONFERÊNCIA DA PAZ DE HAIA (1907)

grandes flores da América, pompeantes à superfície das nossas belas águas tropicais, bastam às vezes uma ou duas gerações, para duplicar a população de um país tranquilo e próspero. O Brasil, por exemplo, não continha, há cinquenta anos, mais de doze ou treze milhões de almas. Hoje o habitam vinte e cinco milhões. Quantas não serão elas daqui a 25 anos, se metermos em conta que os meios de povoamento de seu território têm crescido incomparavelmente, que dia a dia engrossa para ali a afluência das correntes estrangeiras, e que a nossa existência longínqua, mal entrevista daqui até hoje, agora é que entra a se revelar ao mundo em plena luz?

Ora, para os sucessos que compõem a história humana, que vem a ser o espaço de uma ou duas gerações? Isso, comparado ao movimento do mundo, não vem a ser mais que o lapso de um ao outro dia. Para que é, pois, falar tão confiadamente em débeis e fortes, em pequenos e grandes, entre as nações? Nestes nossos tempos, a madureza já se começa a pronunciar ainda na adolescência dos povos. Na carreira desta era acelerada, o porvir invade o presente. E, depois, que de inversões, que de surpresas nos não reserva o futuro!

NOTAS

1. William T. Stead, *O Brazil em Haya*, tradução do inglês seguida de *Dez discursos de Rui Barbosa na Segunda Conferência da Paz*, Rio de Janeiro, Imprensa Nacional, 1925.

2. Louis Renault, *L'Oeuvre de La Haye en 1899 et en 1907 – conférence faite a l'Institut Nobel a Kristiania le 18 mai 1908,* Estocolmo: Impremerie Royale, P.A. Norstedt & Fils, 1908.

3. Compilado e editado por Shabtai Rosenne, *The Hague Peace Conferences of 1899 and 1907 and International Arbitration – Reports and Documents,* Haia, T.M.C. Asser Press, 2001, p. 171.

4. James Brown Scott, *The Hague Peace Conferences of 1899 and 1907 a series of lectures delivered before the Johns Hopkins University in the year 1908,* Baltimore, The Johns Hopkins Press, 1909, p. 440, v. I.

5. Shabtai Rosenne, *op. cit.,* p. 172–173.

6. James Brown Scott, *op. cit.,* p. 464 e 814, v. I.

7. Henry Abraham, "A corte suprema no evolutivo processo político", *in* M. Judd Harmom, *Ensaios sobre a Constituição dos Estados Unidos*, Rio de Janeiro, Forense Universitária, 1978.

8. James Brown Scott, *op. cit.,* p. 457, v. I.

A RAIZ DAS COISAS

9. Bradford Perkins. "The Cambridge History of American Foreign Relations", *in The Creation of a Republican Empire (1776–1865)*, v. I, Cambridge, Cambridge University Press, 1993, p. 230.

10. William T. Stead, *op. cit.*

11. Hildebrando Accioly, "Prefácio", *in Obras completas de Rui Barbosa, v. XXXIV, 1907, t. 11: A Segunda Conferência da Paz*, Rio de Janeiro, Ministério da Educação e Cultura, 1966.

12. Rui Barbosa, *Segunda Conferência da Paz, actas e discursos,* Rio de Janeiro, Jacintho Ribeiro dos Santos Editor, 1917, p. 168–179.

13. William T. Stead, *op. cit.*

14. Sherston Baker, *Halleck's International Law v. 1: Or Rules Regulating the Intercourse of States in Peace and War (1893)*, Whitefish, Kessinger Publishing, 2008.

A QUESTÃO DA COBRANÇA COERCITIVA DE DÍVIDAS CONTRATUAIS

A doutrina Drago e a proposta Porter

O tema da cobrança compulsória de dívidas contratuais também foi enfocado na Segunda Conferência de Haia. Tratou-se de debate centrado na discussão da denominada Doutrina Drago, formulada em fins de 1902 pelo chanceler argentino Luis María Drago. Recorde-se, a propósito, que tal enunciado tinha o princípio de que "a dívida pública não pode dar lugar à intervenção armada e menos ainda à ocupação material do solo das nações americanas por uma potência europeia", e que fora, na origem, um protesto do San Martin contra o bloqueio e o bombardeamento de La Guaíra, Puerto Cabello e Maracaibo, por forças navais da Alemanha, Grã-Bretanha e Itália, em dezembro de 1902, para obrigar o governo venezuelano a pagar dívidas a nacionais dos mencionados países.

Como lembra Rubens Ferreira de Mello:

> A Doutrina Drago foi objeto de uma Resolução por parte da Terceira Conferência Internacional Americana (Rio de Janeiro, 1906), que a recomendou à consideração da Segunda Conferência da Paz de Haia, a realizar-se no ano seguinte. Esta, depois de largos debates, não admitiu a doutrina, mas aprovou uma proposta do delegado norte-americano Horace Porter, que se transformou na Segunda Convenção de Haia de 1907. [...] Inspirada nos princípios da Doutrina Drago [...] a Convenção Porter proíbe o recurso à força armada para a cobrança de

dívidas contratuais reclamadas ao governo de um país pelo governo de outro. Semelhante proibição, entretanto, deixará de vigorar se o Estado devedor recusar ou deixar sem resposta uma proposta de arbitragem, ou, aceitando-a, tornar impossível a celebração do compromisso, ou, depois da arbitragem, deixar de conformar-se com a sentença proferida.

A 23 de julho de 1907, Rui Barbosa proferiu discurso sobre o assunto, criticou a doutrina do estadista argentino e apoiou a proposta do delegado norte-americano. De acordo com as observações de Accioly:

> Justificando o seu ponto de vista na comissão competente, Rui demonstrou preocupação pelo nosso crédito público, dizendo que éramos um país devedor, que poderia ter necessidade de recorrer ainda a empréstimos estrangeiros e, portanto, não desejaria suscitar desconfianças naqueles que, tantas vezes, se tinham mostrado dispostos a concorrer para o desenvolvimento de nossa prosperidade. Afirmou, em seguida, que a adoção daquela doutrina acarretaria "a baixa do crédito dos povos protegidos por essa inovação", de modo que, quando lhes fosse preciso recorrer ao crédito estrangeiro, só o obteriam à custa de penhores de ordem material, hipotecas de rendas aduaneiras e outras garantias humilhantes. Tal como se apresentava, a Doutrina Drago não encontrava adeptos na opinião brasileira, mas a situação era outra com a mutação introduzida pela proposta americana e com a adesão dos grandes Estados credores.

Em seu pronunciamento, Rui discute, primeiramente, os fundamentos teóricos da Doutrina Drago que apontam para "criar uma categoria jurídica de imunidade absoluta". Cita e rebate invocação da tese de Hamilton para lastreá-la, segundo a qual "os contratos entre uma nação e indivíduos só obrigam segundo a consciência da soberania, e, não podendo ser objeto de força coercitiva, não conferem nenhum direito além da vontade soberana". O chefe da delegação brasileira indaga a respeito: "Teremos aqui, realmente, um axioma jurídico? A soberania, nas ideias modernas, constituirá, com efeito, esse poder sem outros limites que os do próprio arbítrio? Cuido que não."

A PRINCIPAL QUESTÃO DA SEGUNDA CONFERÊNCIA DA PAZ DE HAIA (1907)

A seguir, desenvolve argumentação relevante para a compreensão do conteúdo e limites de seu conceito de soberania, categoria fundamental em seu pensamento sobre relações internacionais, nestes termos:

> Se a soberania política fosse esse infinito de arbítrio, começaremos por não compreender essa admirável Constituição dos Estados Unidos, exemplo e modelo de quase todas as Constituições americanas. O caráter mais específico desta organização não reside na distribuição federativa da soberania, que equilibra as repúblicas locais no seio da grande república nacional. Isto se tem visto em outros espécimens do regime federal. Mas o que faz o traço mais original e recomendável dessa Constituição, que conta entre os seus fundadores mais ilustres o nome desse Hamilton, invocado pelos que sobrepõem à justiça a soberania, é que, nesta obra incomparável dos homens que organizaram os Estados Unidos da América, se estabeleceu a justiça como limite sagrado e uma barreira insuperável à soberania. Neste intuito ali até se declararam direitos que a soberania não poderia violar, e se investiram, especialmente, em última instância, os tribunais federais na autoridade imensa, como intérpretes supremos da Constituição, de examinar os atos da soberania, fossem embora leis federais, e recusar-lhes a execução, quando esses decretos, essas leis, esses atos formais da soberania não respeitassem direitos consagrados por uma declaração constitucional.

Esta intervenção de Rui Barbosa, na Segunda Conferência de Haia, contrária à denominada Doutrina Drago, segundo a qual os empréstimos internacionais eram atos de soberania dos Estados e como tais escapavam às sanções habituais que o não pagamento costuma acarretar, demonstra mais uma vez o conhecimento das bases e das instituições jurídicas e sua aplicação à vida internacional. A propósito, é importante destacar que Rui se vale de um fundamento do direito interno brasileiro, qual seja o de "sujeitar o governo, encarnação orgânica da soberania, a ser diretamente levado, por ação civil, aos tribunais de justiça". Esclarece que tal instituto legal não foi adotado pela Constituição dos Estados Unidos da América, e aduz que:

163

A RAIZ DAS COISAS

a ideia então dominante era a do governo britânico, inspirada no direito romano, segundo a qual o governo não pode ser demandado em juízo, a menos que nisso consinta. E eis como se explica a teoria de Hamilton, ora invocada, segundo a qual os contratos com a nação não estabelecem nenhum direito suscetível da ação judicial contra a vontade soberana. É uma concepção já obsoleta no sistema de muitas constituições americanas, posteriores à dos Estados Unidos, sob as quais se tem atribuído aos tribunais da justiça autoridade para conhecimento dos litígios em que o Estado é citado como réu.

Rui sintetiza sua oposição contra a Doutrina Drago, ao afirmar:

> esta não é a teoria do direito de soberania; é a do abuso da soberania. Aplicada à vida interior dos Estados, ela anularia a ordem jurídica, como a destruirá, se for admitida nas relações internacionais. [...] Ou tais empréstimos são atos de direito civil, como os outros pecuniários, e não cabem na esfera da soberania; ou, se constituem atos de soberania, não são contratos. Mas, se não são contratos digam-se logo, de antemão aos prestamistas, quando lhes baterem à porta; digam-no, francamente, nas cláusulas submetidas à sua assinatura e no texto dos títulos de renda. Veremos, então, se haverá subscritores que os aceitem, ou mercados em que circulem.

O PONTO DE VISTA BRASILEIRO

Rui enfatiza que se há de andar com muito cuidado nessa área do préstimos externos e das dívidas, considerando as necessidades de para o progresso econômico e social do país, e lembra que tal s ocorre nas outras nações latino-americanas. Destaca que a apli Doutrina Drago, apesar de suas boas intenções, causaria mais do que benefícios aos Estados americanos, porque afastaria os tas sólidos e atrairia somente os especuladores e aventureiros se assegurarem, recorreriam a práticas usurárias. Eis, em su palavras, a argumentação:

A PRINCIPAL QUESTÃO DA SEGUNDA CONFERÊNCIA DA PAZ DE HAIA (1907)

Éramos, somos devedores, e poderíamos, ainda, precisar recorrer aos mercados estrangeiros. Não queremos, pois, arriscar-nos a incorrer na desconfiança dos que tantas vezes temos encontrado prestes a concorrerem para o desenvolvimento da nossa prosperidade, já que Deus nos tem permitido não conhecer a usura, não nos defrontamos jamais com essa desumanidade do capital, contra cujos excessos pretenderiam agora que nos armássemos. Nossos credores têm sido colaboradores inteligentes e razoáveis de nossa prosperidade. Não os podemos, pois, inquietar no zelo dos seus legítimos interesses, e, empenhados como nos sentimos na defesa dos nossos, não nos julgamos com a isenção de espírito necessária, para ser os consagradores de uma doutrina, por cujo triunfo nos poderiam cuidar beneficiados.

Nem era só o nosso crédito que pensávamos consultar, mas, também, e na mesma proporção, geralmente, o de toda a América Latina. Nós não queríamos afastar dos outros Estados americanos. Ao contrário, a mesma preocupação fraternal dos autores da doutrina, que não esposamos, nos induzia a ver, no princípio que nega aos credores estrangeiros todos os meios de execução contra os Estados devedores, um perigo comum para toda a América Latina, ávida sempre de capitais que a fecundem e, por consequência, essencialmente, interessada em ampliar o seu crédito no estrangeiro.

Neste particular, bem viva é a nossa impressão. Afigura-se-nos que quem quer que deve, e tem a desgraça de não poder pagar, não poderá furtar-se às consequências naturais dos seus embaraços. Acreditamos que o perigo e o temor dessas consequências poderiam atuar às vezes como freio salutar contra a imprudência ao endividar-se. Receamos que venha a ser uma vantagem funesta, ao que tem que recorrer a capitais alheios, o privilégio, imperiosamente invocado, de nunca poder ser executado pelos seus credores. [...] Somos levados, pois, a concluir que a introdução desta norma no direito das gentes seria molesta e nociva aos que a imaginam que ia aproveitar.

[...] o resultado seria a queda do crédito dos povos protegidos por esta inovação malvista; e, se, depois de sua admissão como princípio internacional, fôssemos obrigados a recorrer ao crédito estrangeiro, não o conciliaríamos, senão sacrificando este mesmo princípio, mediante condições e garantias tais, que praticamente o anulariam. Os contratos de empréstimo aos Estados favorecidos por esta imunidade só então se fariam com penhores de ordem material, hipotecas de rendas aduaneiras, cautelas opressivas e humilhantes, quais hão de ser sempre as com que se previnem os mutuantes, quando a lei lhes recusa os meios de execução. É nesses casos de regime paternal em proteção dos mutuários que a usura de ordinário se desenvolve com as fraudes, as suas extorsões e as suas misérias.

Só, de fato, especuladores conviriam em aventurar o seu dinheiro aos riscos de um empréstimo, a quem o direito positivo não reconheça a condição legal de execução forçada. Capitalistas honestos não emprestariam nunca sem a segurança de seu reembolso.

Se não puderem executar o devedor, terão que se estabelecer de antemão no patrimônio deste, para evitar que a renda se lhe desvie, assegurando-se quanto a ela, de um modo palpável, uma preferência capaz de os garantir.

Rui, a seguir, traz o argumento da prática e da opinião pública brasileiras que, em seu entender, formaram uma posição contrária ao estabelecimento de amplas e generosas imunidades a devedores:

> Há, em nossa história doméstica, um caso, cuja lição poderia aproveitar aos que tanto confiam nesta reivindicação. Tentou-se outrora, entre nós, proteger a classe agrária; e, neste intuito, imaginou-se um privilégio em favor dos bens da lavoura, contra a execução por dívidas. Chamavam-lhe o privilégio dos bens agrícolas. Sabeis-lhe o efeito? O crédito dos produtores rurais baixou, e desapareceu. Ou não lhes emprestavam nada, ou só lhes emprestavam com cláusulas mais usurárias. Ao cabo, já era a própria lavoura que implorava a libertação deste privilégio especioso. Tiveram que atender. As propriedades rurais volveram assim ao direito comum; e desde então, desvencilhadas dessa proteção falaz, suscetíveis de ser livremente executadas, quando preciso, tornaram-se para seus donos em fonte de um crédito normal e sem estorvos. Aplicai, senhores, a lição, e compreendereis por que a doutrina de que falo não encontrou, absolutamente, nenhum adepto conhecido entre nós, e tem sofrido ali uma oposição geral, unânime, na imprensa, não obstante certa plausibilidade aparente do seu aspecto jurídico, constatada aliás por opiniões respeitáveis, com excelentes fundamentos. Todos os órgãos da opinião brasileira lhe têm sido hostis. Ela desagradou em nosso país todo mundo.

É interessante observar como, neste trecho de seu pronunciamento, Rui recorre à opinião pública brasileira para legitimar sua posição de rechaço à Doutrina Drago. Essa conexão entre política interna e política externa está presente em toda a sua teoria e práxis das relações internacionais.

A PRINCIPAL QUESTÃO DA SEGUNDA CONFERÊNCIA DA PAZ DE HAIA (1907)

Por fim, Rui declara o apoio do Brasil à proposta norte-americana, que ficou conhecida como Convenção Porter, tendo em vista que o que ela "faz é reduzir os litígios internacionais concernentes a dívidas de estrangeiros ao direito comum do arbitramento. Ela não repele, desde que o arbitramento se malogre, a legitimidade do recurso aos meios coercitivos que amparem os direitos dos credores".

Com sentido profundamente realista, Rui rebate as críticas de "quem enxergasse uma espécie de legitimação da guerra neste ato da Conferência da Paz. Tal legitimação, absolutamente, não é". Aduz, a propósito, que a fórmula norte-americana estabelece a modalidade "pura e simples do arbitramento obrigatório", sendo que

> logo que se evite ou se lhe desrespeite a sentença, a hipótese da intervenção das armas volta sempre como o só corretivo possível contra a recusa do contrato arbitral ou a desobediência à sua lei. [...] Lamentável é que tenhamos sempre de ir dar com a guerra ao cabo de tudo quanto fazemos no intento da paz. Mas, enquanto existir a guerra e os homens a ela se ativerem como meio de restabelecer o direito, não se atinará como evitar este espetáculo melancólico, de que nós mesmos aqui somos atores forçados, considerando-a, como por assim dizer, o derradeiro tribunal de apelação dos que, julgando-se possuidores de um direito, ou tendo a seu favor uma decisão arbitral, a veem menosprezada pelos rebeldes às vias de conciliação e às formas de justiça. E aqui está porque uma assembleia reunida para organizar o arbitramento e a paz, se acha na contingência de reconhecer na guerra uma espécie de instância extrema para os casos de obstinação contra as sentenças de arbitramento, ou recusa da justiça arbitral.

"UM PENSAMENTO QUE SE AFASTA DE UTOPIA"

Ao prosseguir no mesmo tom realista, Rui fala da própria missão dos participantes da Segunda Conferência de Haia, com prudência e objetividade:

A RAIZ DAS COISAS

Não poderia mostrar de um modo mais solene quanto a vossa missão é limitada pela essência das coisas e que imensidade de impossível se opõe, além de certos limites, aos nossos mais ardentes desejos, aos nossos esforços mais tenazes. Mas dentro destes limites só de nós dependeria, de nós, isto é, as nações representadas nesta conferência, inscrever na alçada de nossa competência tudo o que ela comporta, dilatando em termos consideráveis o regime da paz, restringindo em proporções enormes o domínio da guerra.

Rui discorre a seguir sobre o grande perigo que ainda subsiste no quadro internacional, "quando eu me proponho a aumentar o meu território a expensas do de outrem, [...] a transgressão mais manifesta da ordem jurídica da nossa civilização [...] o flagelo da conquista, anunciado sempre no horizonte dos povos como um signo de ruína e desolação".

Dedica trecho de seu pronunciamento para destacar que o regime republicano brasileiro, do qual ele foi o principal organizador teórico e prático, "declarou no texto da sua Constituição que não se envolveria nunca, direta ou indiretamente, por si, ou aliado a outro qualquer, em guerras de conquista".

Adverte, por fim, que há que se dificultar que sob alegação de dívidas de Estados se promovam guerras de conquista. Para tal fim sugere:

não seria ainda a fórmula radical da Constituição brasileira. Seria apenas uma transação, entre as deliberações da violência e os direitos do direito, se me permitem a frase, se estabelecêssemos a interferência moderadora de um julgamento. Neste intuito, com um pensamento que se afasta de utopia e apela, unicamente, para as tendências da justiça e boa vontade entre os povos, a adaptação da fórmula americana, que eu ousaria propor, não vos contrariando, seria por exemplo esta, sob a reserva das modificações que vos parecessem convenientes ao bom êxito da ideia: Nenhuma das potências signatárias empreenderá alterar, por meio da guerra, os limites atuais do território a expensas de outra qualquer potência, senão depois da recusa ao arbitramento proposto pela que pretendesse a alteração, ou quando se desobedeça ou viole este compromisso. A alienação de território imposta pelas armas não terá, então, a validade jurídica.

A PARCERIA ENTRE RIO BRANCO E RUI BARBOSA

Como bem observou Levi Carneiro,[1] em conferência pronunciada no Museu Imperial, em 4 de março de 1944:

> Talvez pela primeira vez, Rui Barbosa teria tido um colaborador. Rio Branco soube sê-lo. Aí reponta uma diferença marcante na psicologia desses dois homens excepcionais. Repito-me, dizendo-vos que Rio Branco tinha como que a faceirice de valer-se da colaboração de todos os homens ilustres de seu tempo. A propósito da Conferência de Haia, Rodrigo Octavio referiu que Rio Branco lhe contara que, quase todos os dias, ia à Gávea ouvir os ensinamentos e conselhos preciosos do sábio Lafayette. [...] Seu propósito seria, precisamente, criar esse estado de espírito, difundindo a preocupação pela coisa pública entre os que melhor poderiam servi-la.
>
> No entanto, Rui Barbosa, o grande liberal, não a teria. Ele me parece incapaz de colaboração. Contou sempre, e só, consigo mesmo. Foi Clemenceau quem disse: *"c'est une grande force que de ne compter qu'avec soi même"*. Rui Barbosa tinha essa grande força, em maior grau talvez que qualquer dos nossos homens públicos mais destacados. Ele não desejaria a colaboração: não precisava disso, não se sabia valer de colaboradores. O caso de Rio Branco, na Conferência de Haia, parece-me, por isso mesmo, excepcionalíssimo, e mostra como ele sabia colaborar a ponto de vencer o terrível retraimento do nosso embaixador. Na mesma ocasião, o companheiro de delegação de Rui Barbosa na Conferência de Haia, o ministro Rostaing Lisboa, não tinha ensejo de proferir uma só palavra. Conta o nosso inesquecível morto destes dias, Rodrigo Octavio, que Rui Barbosa decidira acompanhar pessoalmente todos os trabalhos das quatro Comissões da conferência e só deixava aos secretários o encargo de decifrar os telegramas.

A RAIZ DAS COISAS

Chegou ao ponto de recusar a assistência de um jovem secretário francês, que Rio Branco se empenhara em proporcionar-lhe – e que viria a ser o hoje reputado internacionalista Georges Scelle.

Por essa falta de espírito de colaboração, é que Rui Barbosa era pouco advogado, ao contrário do que geralmente se supõe. [...] O advogado precisa de colaborar com o cliente, com o juiz, até com o patrono adverso. Rui Barbosa era antes o jurista-político, o doutrinador incomparável, o educador cívico por excelência. [...] Interessado mais pelo caso jurídico, pelo direito em causa – que pelo titular desse direito.

Ainda há pouco vos recordava as palavras com que, a propósito do Tratado do Acre, se confessava preso ao caso jurídico – alheio e indiferente a qualquer propósito de conciliação, ou de transação.

Foi, toda a sua vida, o trabalhador solitário. No Congresso, nunca articulou seus esforços com os demais membros das comissões de que fazia parte; haja vista o exemplo da revisão do Código Civil; o que fazia era obra sua, exclusiva, personalíssima. Na imprensa, nos jornais que dirigia, só fazia o seu artigo, indiferente ao resto do jornal. E por isso mesmo, os partidos políticos que tentou fundar, e para que traçou alguns programas admiráveis, nunca puderam vingar. Rio Branco teve o privilégio de saber ser o colaborador que ele prezou, de que aproveitou largamente, de que sentiria a falta.

Hildebrando Accioly sublinha, ao comentar a dedicação de Rio Branco à preparação e ao acompanhamento da missão brasileira à Segunda Conferência de Haia, que o chefe da diplomacia nacional cuidava das instruções como dos mínimos detalhes, "porque compreendia a importância do certame que ia se realizar, e queria que tudo estivesse disposto para o bom êxito e o brilho da nossa delegação". Lembra que:

para orientar a delegação e facilitar-lhe a ação, Rio Branco entregou a Rui, antes de partir, ou lhe enviou pelo correio todos os elementos de informação ao seu alcance, acompanhando-os de instruções que se iriam ampliando à medida do avanço dos trabalhos da conferência. É interessante assinalar que tudo isso era minutado pela própria mão do barão. [...] Essa colaboração patriótica, essa assistência incansável iria manifestar-se, ainda, com mais assiduidade durante a conferência, nos numerosos telegramas (mais de 170), todos redigidos, inte-

A PRINCIPAL QUESTÃO DA SEGUNDA CONFERÊNCIA DA PAZ DE HAIA (1907)

gralmente, pelo barão, e, não raro, por ele próprio cifrados, mandados daqui, diariamente, até aos domingos e muita vez em avançadas horas da noite. Quase sempre, era o próprio barão que registrava as minutas no livro de expedição da Secretaria de Estado, apondo nas mesmas o carimbo e o número competente. Às vezes, quando não encontrava à mão o carimbo, o barão desenhava a respectiva marca, na minuta. [...] Todos os dias, estava Rio Branco a comunicar-se, telegraficamente, com Rui e este já se habituara àquilo de tal forma que, certa ocasião, quando passou dois dias sem receber telegramas do grande chefe da nossa chancelaria, telegrafou ao senador Azeredo nestes termos: "Receio barão adoecesse, porque desde anteontem não telegrafa."

A DIFÍCIL PERSONALIDADE DE RUI BARBOSA, E SEU TRATO POR RIO BRANCO

A relação entre o delegado brasileiro e o chanceler não estava isenta de momentos de tensão e mesmo de discordância, compreensíveis em face da natureza da temática em discussão, do volume do trabalho para a preparação das posições e da própria distância. Exemplo dessa tensão foi o caso das instruções de Rio Branco sobre a questão da composição do Tribunal de Presas, no qual o ministro das Relações Exteriores estabeleceu firme orientação de rechaço ao projeto das grandes potências, que estabelecia classes de países segundo a tonelagem da marinha mercante e critérios de proteção a nações que, mesmo com tonelagem inferior à brasileira, eram classificadas acima. Rio Branco insistia com Rui expressando: "esperamos que Vocência se esforçará para que no Tribunal de Presas, o Brasil fique na classe que lhe compete". Como assinala Hildebrando Accioly,

> Rui mostrava-lhe, entretanto, as dificuldades da situação e, ante a insistência do barão, se impacientou, chegando a manifestar-lhe o desejo de abandonar a missão que lhe fora confiada. "Tenho dito Vocência" – alegava – "o bastante para habilitá-lo a julgar a realidade de nossa posição aqui, quase isolados entre os Estados americanos e impotentes contra o predomínio absoluto de três

ou quatro potências, na conferência. Mas vejo que, apesar de tudo, Vocência continua no erro de supor que dispomos de força e influência nesta assembleia, quando a verdade é só valer nela o arbítrio das nações preponderantes." Adiante, declarava-se "exausto com o trabalho extenuante, com as responsabilidades e com as censuras" (que não eram, decerto, do barão), e solicitava a exoneração, porque, a seu ver, a última fase da missão o colocaria em invencíveis dificuldades para satisfazer a imaginação de nossos compatriotas. "Felizmente" – dizia – "os documentos da minha atividade estão nas atas da conferência, onde passo, geralmente, por um dos mais laboriosos de seus membros. Nossa consideração pessoal, consegui elevá-la quanto me era possível, mas a consideração política não depende das forças do representante. A ilusão da distância leva Vocência a supor alcançável a alteração de cousas aqui passadas em julgado." Concluía, no entanto, assegurando que, de acordo com o ponto de vista do barão, combateria o projeto, no dia seguinte à tarde.

Accioly acrescenta: "Rio Branco não demorou um instante em responder a Rui." Disse conhecer, perfeitamente, "as dificuldades de nossa situação aí, e que em assembleias internacionais, bem como em negociações diplomáticas, nenhum agente, por mais hábil e competente que fosse, ainda quando representasse um país forte, pode estar certo de conseguir tudo quanto deseja ou seu país deseja". Explicou, então, que pedira ao chefe da nossa delegação procurasse obter a colocação do Brasil em classe superior à que fora colocado no projeto sobre o Tribunal de Presas, sem imaginar que isso fosse fácil ou provável. [...] Acrescentava: "Para a gente sensata e imparcial, a grande e merecida nomeada do representante do Brasil em Haia nada perderá, se não conseguir tudo quanto desejamos."

Fazia, em seguida, grandes elogios a Rui:

> O governo e a nação fazem plena justiça aos esforços de Vocência. Há mesmo, em todo país, movimento geral de satisfação e entusiasmo pelo brilho que Vocência tem dado à nossa terra nessa conferência. Todos os seus amigos, e nesse número Vocência sabe que me deve contar, estão orgulhosos disso. Preparam festas para a chegada de Vocência. Mas Vocência, como todos homens de valor, tem desafetos e inimigos, e tanto quanto possível devemos afastar pretextos para

A PRINCIPAL QUESTÃO DA SEGUNDA CONFERÊNCIA DA PAZ DE HAIA (1907)

críticas. A do ineditorial de ontem já foi rebatida, brilhantemente, na *Tribuna*, hoje. Vocência pode estar certo da confiança do governo e da nação. Esperamos que complete os seus trabalhos aí, e estamos seguros de que os há de completar com vantagem para o país e aumento do seu prestígio. Se pedimos procurasse obter suplente foi por nos parecer que a organização do Tribunal de Presas fora aceita em primeira leitura, mas ainda não em votação final. Estamos inteiramente identificados com Vocência e desejamos tenha em nós a mesma confiança que temos em Vocência.

Rio Branco logrou levantar o ânimo de Rui, que agradeceu os elogios contidos no telegrama e abandonou a intenção de renunciar a seu posto como representante do Brasil em Haia.

Na relação de amizade e recíproca admiração entre Rio Branco e Rui Barbosa há que se referir à questão do Acre, em que se registrou divergência entre os dois homens públicos, superada no próprio episódio com troca de cartas, como bem documentou e comentou Araújo Jorge.

RIO BRANCO MAIS PRINCIPISTA, RUI MAIS FLEXÍVEL?

O caso da posição brasileira no debate da composição do proposto Tribunal de Presas revela que Rio Branco tinha uma postura principista nesse assunto, enquanto Rui se mostrava mais flexível. Conforme assinala Hildebrando Accioly:

> Daqui, o barão telegrafava a Rui que, entre nós, se "levaria muito a mal" assinássemos a convenção que estava sendo elaborada. Rui, embora não deixasse de defender sempre, com perfeita lealdade, os pontos de vista sustentados pela nossa chancelaria, não era decerto tão intransigente nessa matéria como o barão, mas, em face das instruções positivas que este lhe mandara, não pôde hesitar. Em sessão de 10 de setembro, da Primeira Comissão, antes de se pôr a votos o conjunto do projeto referente ao Tribunal de Presas, expôs com clareza os motivos pelos quais o Brasil não lhe podia dar o seu voto.

A RAIZ DAS COISAS

Na votação, houve 26 países contra 2, que foram o Brasil e a Turquia. Quinze se abstiveram. Comentando esse resultado, dizia Rui: "Ficamos com a má companhia otomana." Ao que o barão retrucava: "Ainda que tivéssemos ficado, inteiramente, isolados, teríamos ficado bem. [...] Não fomos a Haia para subscrever o que a maioria quiser, e, discordando do que ela resolver, o Brasil não impede que os demais países estabeleçam como entendam o seu tribunal de apelação de presas."

NOTA

1. Levi Carneiro, "Rio Branco e a sempre tão limpa e generosa política internacional do Brasil", *in Anuário do Museu Imperial,* Petrópolis, 1944.

BALANÇO DA SEGUNDA
CONFERÊNCIA DA PAZ DE HAIA

Na avaliação que fez da Segunda Conferência de Haia, quando da homenagem que lhe prestou a colônia brasileira em Paris, terminado o conclave internacional, em 31 de outubro de 1907, Rui sublinhou:

> a primeira assembleia universal dos Estados soberanos satisfez em largas proporções ao objeto do seu programa. [...] O que estava no programa era a mitigação das leis e dos costumes da guerra. Ela o fez. Era a codificação do direito da neutralidade. Ela a realizou em grande parte. Era a reforma da corte atual de arbitramento, suas garantias, seu processo. Ela os deixou, notavelmente, melhorados. Era a estipulação do arbitramento obrigatório. E ela, se não conseguiu definir, assentar, convencionar os casos, adotou-lhe, firmou-lhe, proclamou-lhe, solenemente, o princípio; passo quase gigantesco, se refletirmos na trajetória das suas consequências futuras, nas dificuldades pouco menos que invencíveis opostas à sua declaração, na exígua minoria obstante à sua consignação num tratado universal. Se não criou a corte de justiça internacional, ninguém a poderá culpar, razoavelmente, de não ter consentido em exorbitar do seu programa num ponto fundamental, para improvisar, arrastada por uma corrente repentina, uma instituição concebida na véspera, submetida ao seu voto sem estudo nenhum, indecisa em forma e caráter no próprio espírito dos seus adeptos, supérflua às necessidades reais do arbitramento e exposta a se converter, sob o ascendente de algumas potências, num meio de amoldar aos seus interesses o direito geral das nações.[1]

Conclui Rui sua avaliação, afirmando:

A RAIZ DAS COISAS

Se os resultados visíveis da Segunda Conferência ficam, entretanto, aquém das esperanças dos entusiastas da paz, os seus resultados invisíveis, quero dizer a sua obra de insinuação, de penetração, de ação moral, foram muito mais longe. [...] Neste sentido me parece que o alcance da Segunda Conferência leva ao da primeira uma vantagem incomensurável. Ela mostrou aos fortes o papel necessário dos fracos na elaboração do direito das gentes. Ela adiantou as bases da pacificação internacional, evidenciando que, numa assembleia convocada para organizar a paz, não se podem classificar só votos segundo a preparação dos Estados para a guerra. Ela revelou, politicamente, ao mundo antigo o novo mundo, mal conhecido a si próprio, com a sua fisionomia, a sua independência, a sua vocação no direito das gentes.

Dedica o último parágrafo da sua alocução para render de público uma homenagem ao presidente da República Afonso Pena e ao chanceler Rio Branco, nos seguintes termos:

saibamos ser justos e agradecidos, não esquecendo, na manifestação com que me honrais, os dois apoios essenciais da minha missão: o gênio do ministro cuja colaboração assídua, incessante, luminosa, nunca cessou de me acompanhar, e o tino, a resolução, a firmeza do presidente da República, a quem nunca esmoreceu nos momentos graves, o sentimento de valor da nossa nacionalidade e da dignidade da nossa posição. Ter compreendido, como eles o compreenderam, e auxiliado, como eles auxiliaram, a nossa tarefa na Segunda Conferência da Paz é o maior serviço que nunca se prestou aos interesses nacionais do Brasil. Envolvei, pois, nas vossas homenagens, senhores, esses dois grandes patriotas. Eu me considero feliz de ter podido servir à nossa Pátria ao lado de dois espíritos tão nobres.

DUAS MENTALIDADES EM HAIA: O PONTO DA DISCÓRDIA

Para o Professor A. de Sampaio Dória, em palestra proferida no Itamaraty a 12 de julho de 1957, intitulada "Cinquentenário de Haia",

A PRINCIPAL QUESTÃO DA SEGUNDA CONFERÊNCIA DA PAZ DE HAIA (1907)

quando em 1907 se reuniu em Haia, a Segunda Conferência da Paz, já andava em preparativos a grande guerra que sete anos depois deflagrou. Então, como hoje, duas mentalidades dominavam a conferência. Pela primeira, a força do direito exclui o direito da força. [...] Vinha-se, pouco a pouco, desde há muito no direito das gentes, civilizando a guerra. A Conferência da Haia de 1907 continuava nesta corrente, com disciplinar o bloqueio, condicionar as minas marítimas, imunizar a propriedade privada no mar, tentar a arbitragem obrigatória. Duas extremas pareciam opor para sempre barreiras à guerra: o direito dos neutros em terra e nos mares, e as prerrogativas de humanidade para com os inimigos. Pela segunda mentalidade, porém, na guerra, como na paz, não há senão os direitos que ela mesma, nas hostilidades, admita. Proclama esta profissão de fé: a guerra, quanto mais desumana, mais humana, porque abrevia a rendição. Sob o arminho da diplomacia, o direito é a lei do mais forte; tal como o leão nas selvas, e a astúcia entre os homens, a bomba atômica. Nem sempre estas duas mentalidades, na conferência, iam em paralelas na apreciação do mesmo problema. [...] Não que houvesse, ali, o propósito de agravar ou semear desarmonias; em aparência, pelo menos, a intenção de todos era reduzir a guerra ao inevitável. Não obstante, ao discutir-se o arbitramento obrigatório, se levantou discórdia que pôs em celeuma as chancelarias.[2]

RUI E AS RAZÕES PARA A DEFESA DO CONCEITO DE SOBERANIA

Para Rui Barbosa, somente a jurisdição arbitral era plenamente compatível com a soberania dos Estados, uma vez que é da essência do arbitramento a livre escolha dos juízes pelas partes, não se subordinando os litigantes a uma instância de poder internacional acima das próprias. Reconhecia a possibilidade de se levar ao âmbito externo a magistratura judiciária, mas esta transposição colocava um grande problema, porque, "instituída a forma jurisdicional obrigatória, ficariam as partes litigantes, necessariamente, subordinadas a poder acima do seu, a poder contra o qual nada possam, e a que houvessem de obedecer".

Conforme assinala Sampaio Dória, no entendimento de Rui:

A RAIZ DAS COISAS

submeter-se previamente e para sempre um Estado a juízo que não constitua, ou que não possa destituir, a uma corte onde os juízes decidem sem apelo, não são, para cada questão pendente, por ele eleitos livremente, o mesmo é que abdicar de si mesmo, por alienar elementos de soberania de que é órgão. E o projeto das três potências impunha às partes uma autoridade necessária, criando situações, verdadeiramente, aflitivas, com que quando se rebelasse contra uma sentença um Estado poderoso. Quem reduziria o rebelde à obediência? Atribuir à potência mais poderosa, ou a grupo de potências bem armadas, a repressão pelas armas? Mas, neste caso, concluía Rui Barbosa, com aplausos gerais, em lugar do equilíbrio das soberanias, estar-se-ia organizando o predomínio do mais forte, ou dos mais fortes.

É tal a concepção absolutista da soberania em Rui, que, como expõe Dória, para ele:

> o Estado que aderir a organismo internacional, sob domínio de vontades estranhas à sua, a poder que não tenha constituído, ou não possa destituir, fica sujeito a poder acima do que pode, despe-se das suas prerrogativas soberanas, deixa de ser Estado, decai a província, quando não a tutelado ou vassalo.

Acrescenta ainda Sampaio Dória:

> Na sociedade das nações, o Estado que pactue sua submissão a um tribunal de justiça, em lugar de a juízes arbitrais, ficaria em posição inferior à de seus súditos em seu território. Porque estes, em seu país, têm a opção entre a Justiça comum e a Justiça Arbitral, ao passo que o Estado submisso às decisões de juízes que não escolha estaria privado desta opção. Tudo nos leva à conclusão final de que a única forma de jurisdição obrigatória para os Estados, em suas relações recíprocas, é o juízo arbitral. É um dos fundamentos do direito das gentes que Rui sustentou, vitoriosamente, em Haia. Nessa tese, cessou o combate por falta de combatentes.

Para bem focar em sua visão da soberania com valor fundante do Estado, vale a pena lembrar que, como sublinha o professor J. Dalmo Fairbanks Belfort de Mattos,

A PRINCIPAL QUESTÃO DA SEGUNDA CONFERÊNCIA DA PAZ DE HAIA (1907)

Rui admite tão somente a soberania absoluta. Absoluta na ordem interna com o direito de auto-organização constitucional do Estado. Absoluta, internacionalmente, com o direito de autolimitar-se, quando e como quiser. Repele, pois, com violência, a ideia de um super-Estado. E, mesmo, de uma federação europeia. Pois não pode admitir, sequer, um judiciário, quanto mais um executivo supranacional. Rui vai além. Em caso de conflito entre a Constituição e o tratado, é aquela que prevalece. E pode o Supremo Tribunal declarar írritos e nulos quaisquer acordos que com ela se mostrem em conflito.[3]

A propósito, é relevante mencionar a obra *O direito do Amazonas ao Acre Setentrional – v. II*, em que Rui destaca que: "Os tratados internacionais não quanto às relações que geram entre as nações, mas quanto aos seus efeitos domésticos de cada uma, dependem do seu direito constitucional, de modo que, o contrariando, não podem ter o apoio dos tribunais."

Para precisar e bem expor o conceito ruísta de soberania, pedra angular da construção de seu pensamento sobre política externa e relações internacionais, há que consultar ampla bibliografia, pois suas visões sobre o tema estão dispersas em coletâneas de seus trabalhos jurídicos, em *Problemas de direito internacional, Atas e discursos na Segunda Conferência da Haia* e na obra pouco citada, mas importantíssima nessa questão, *O direito do Amazonas ao Acre Setentrional*.

Desse último título, vale colher algumas passagens que dão elementos de utilidade para conhecer a concepção de Rui Barbosa sobre a soberania. Para dar objetividade ao conceito de soberania, Rui indaga sobre algumas de suas dimensões reais e históricas, nos seguintes termos: "No que toca às relações do direito interno, privado ou público, em nosso regime, qual a posição constitucional dos tratados na hierarquia dos atos soberanos? Vigoram como leis? Estão acima destas, ou abaixo?"

Ao responder a essa indagação, Rui invoca o artigo 59, parágrafo primeiro da Constituição de 1891, que estabelece: "das sentenças das Justiças dos Estados em última instância haverá recurso para o Supremo

A RAIZ DAS COISAS

Tribunal Federal, quando se questionar sobre a validade ou a aplicação de tratados e leis federais, e a decisão do Tribunal do Estado for contra ela". Baseado nesse dispositivo, Rui sublinha:

> os tratados, entre nós, estão por consequência, constitucionalmente, equiparados, ante a Justiça, às leis federais. [...] O conceito que equipara os tratados às leis do Estado, ou entre elas os inscreve, é o que parece animar o nosso texto constitucional, como o americano, e, em diferentes países, tem inspirado as doutrinas e arestos, que aos tribunais de justiça atribuem competência, para aplicar e interpretar os tratados, diretamente aduzidos ou impugnados em ações judiciais. Atualmente, porém, a ciência vai tendendo para a noção de que os tratados são incapazes de constituir *ipso jure* obrigações e direitos nas suas relações internas. Os tratados são negócios jurídicos; e, como negócios jurídicos, isto é, contratos de direito internacional entre os estipulantes, não podem ser, ao mesmo tempo, fontes de direito objetivo, atuando no seio dos Estados contratantes como leis interiores. Pela sua natureza, esses atos mediantes os quais, na sociedade das nações, elas se impõem deveres e outorgam faculdades recíprocas, só estabelecem relações jurídicas de governo a governo. Não criam ou inovam direitos entre os súditos das potências contraentes, ou entre estas e os seus súditos, senão pelos atos de publicação e execução, que derem vigor no território de cada uma às convenções internacionais.

Agrega, ainda, Rui:

> Ora óbvio é que os atos interiores de execução de um tratado são válidos, ou nulos, não consoante o direito internacional, ou o arbítrio dos governos contratantes, mas segundo o direito orgânico interno das leis de cada país. No regime americano, particularmente, nesse regime, por nós adotado, onde se comete à Justiça a função específica de reconhecer os atos inconstitucionais dos outros dois poderes, e não lhes dar execução, claro está que, pelo fato de resultar de um acordo internacional, e ter em mira cumpri-lo, um decreto executivo, ou uma deliberação da legislatura, nenhuma validade encerram, em contra vindo uma cláusula qualquer da Constituição.

Em apoio à sua visão hobbesiana da supremacia incontrastável do direito estatal, Rui expressa forte desconfiança com relação ao comportamento

A PRINCIPAL QUESTÃO DA SEGUNDA CONFERÊNCIA DA PAZ DE HAIA (1907)

internacional dos governos, por acreditar que há poucas ou nenhuma chance de se lograr algum tipo de acordo estável e de convivência tranquila com o pacto jurídico interno dos Estados. Assim se expressa a respeito nas "Considerações introdutórias" de *O direito do Amazonas ao Acre Setentrional*:

> Se a integridade territorial dos Estados-membros, nas uniões federais, assegurada pela garantia constitucional, implícita ou explícita, dos seus limites, faz parte da estrutura do regime, como supô-los, ao mesmo tempo, abandonados à discrição das chancelarias? Nas convenções do gênero da nossa com a Bolívia, ordinariamente, prevalecem os móveis políticos e as intituladas razões de Estado: ânimo de transação, desconfiança da justiça arbitral, urgência de liquidar situações embaraçosas, conveniências de boa vizinhança, jogo de altos interesses. O direito baixa então à segunda plana, variando segundo a luz da utilidade que o explora, e não se salvando senão quando servido por uma vantagem coincidente.

Apesar de esses argumentos estarem contidos na monumental peça de defesa dos direitos do Amazonas com relação ao Acre Setentrional, e por esta razão carregarem nas tintas da soberania estatal interna, na soberania da Constituição e na função do Supremo Tribunal Federal como árbitro final entre os poderes da República, nesta obra Rui Barbosa exprime com clareza, também, sua visão do Estado nas relações internacionais.

Trata-se de uma visão realista, no melhor estilo da escola clássica das relações internacionais, que tem em Hobbes seu principal teórico e formulador. Tal perspectiva esposada por Rui decorre de ter sido ele não somente um adepto intelectual e jurídico do conceito clássico da política externa das nações, mas principalmente pelo fato singular e marcante de ter sido, por assim dizer, um ator hobbesiano, o criador de um Estado, no caso da República brasileira. Essa posição *sui generis*, quase única, de teórico e prático da implantação do regime estatal republicano, confere-lhe uma posição ímpar para defender com profunda convicção e força suas ideias, pois conhece por dentro o que é um Estado, como se forma, os dramas e lutas de sua geração, sabe da *realtá effettuale delle cose* do duro e frio mundo da política estatal, e não se perde na *immaginazione delle cose*.

Como lembra Fairbanks, "esta soberania interna ele a defendeu múltiplas vezes, no Parlamento e no fórum. A soberania externa, ele iria advogá-la, na tribuna de Haia. Admitindo qual norma inconcussa, seu corolário: a igualdade jurídica dos Estados: *par in parem non habet imperium*".

A DEFESA DA IGUALDADE DOS ESTADOS

A defesa da tese da igualdade jurídica dos Estados "como unidades soberanas, na sociedade das nações" decorre do conceito teórico de Rui Barbosa de Estado-Nação.

Conforme expõe Sampaio Dória,

> o projeto que o Brasil rejeitou, em 1907, em Haia, por ofensivo à igualdade dos Estados, se limitava a dirimir, na paz, questões de direito. O fundamento da rejeição sem transigências foi o da classificação dos Estados, segundo a importância e o poder militar que possuíssem.
>
> Ao argumento de que, imperando o princípio da igualdade, "aos Estados, superiores em território, em população, em riqueza, em cultura", ficariam na contingência de serem julgados por uma corte, onde "seus representantes tivessem os mesmos votos que os representantes dos mínimos Estados do mundo", replicou o embaixador do Brasil: "Se os grandes não fiam na imparcialidade dos pequenos, os pequenos, por sua vez, poderiam alegar razões para não confiar na imparcialidade dos grandes."
>
> Ao argumento de que o princípio da igualdade estava acatado, com participarem todos na composição do tribunal proposto, não sendo o mecanismo da periodicidade na representação, senão matéria de processo, mera condição de exercício, o embaixador do Brasil opôs esta réplica fulminante: "As condições de exercício não respeitam a igualdade de um direito, senão quando forem iguais para todos

A PRINCIPAL QUESTÃO DA SEGUNDA CONFERÊNCIA DA PAZ DE HAIA (1907)

que o tenham. Ao contrário, a desigualdade no exercício importa desigualdade no próprio direito, porque o valor de um direito não se mede realmente, senão pela possibilidade jurídica de o exercer."

Eram, realmente, os dois direitos conjugados na tese em debate: o de nomear juízes à corte, e o de ter nela assento. No direito de nomear seriam todos iguais; no de ter assento para julgar, seriam desiguais. "É esta desigualdade, rematava Rui, que viola a igualdade dos Estados." Não houve como deslindar a confusão entre juízo arbitral e magistratura jurisdicional, e, muito menos, como justificar a desigualdade dos Estados, que o projeto consagrava. Por esta razão, até na Comissão dos Sete Sábios, e mais um, caiu o projeto de criação de uma corte arbitral obrigatória.

PROPOSTAS DO BRASIL

Rui Barbosa, cumprindo instruções do governo brasileiro, apresentou à conferência dois substitutivos: um sobre o arbitramento obrigatório para decidir controvérsias entre as nações, e outro sobre a constituição e o funcionamento de uma corte de arbitragem.

De acordo com Sampaio Dória,

> nenhuma nação levava a palma ao Brasil na eleição do arbitramento como órgão de justiça, nas pendências entre os povos. Os litígios internacionais que o Brasil teve foram resolvidos por negociações. Desde 1891, se alteou em do Acre, por bons ofícios, como o de Trindade, ou por arbitramento, como o das Guianas e das Missões. Desde 1891, se alteou em norma constitucional o recurso ao arbitramento, como condição prévia para uma declaração de guerra.
>
> Era, pois, coerente consigo o Brasil, quando, na sessão de 9 de julho de 1907, propôs à conferência emenda ao artigo XVI da Convenção de 1899, nestes termos: "Nas questões em que os Estados não cheguem a um acordo por via diplomática, ou por bons ofícios ou mediação, se estas questões não entenderem com a independência, a integridade territorial, ou os interesses essenciais das partes, suas instituições, suas leis internas, nem os interesses de terceiras potências, as potências signatárias se obrigam a recorrer à arbitragem, perante a Corte Per-

A RAIZ DAS COISAS

manente de Haia, ou, se preferirem, mediante a nomeação de outros árbitros à sua escolha."

O segundo substitutivo foi sobre a criação de uma corte, realmente, de arbitragem com a extinção do Tribunal de Haia, que é justiça comum. Em mais de vinte considerações justificou, na sessão de 20 de agosto, o projeto de uma corte permanente de arbitragem, sem ofensas à igualdade dos Estados. Em sua essência última, o projeto se lastreava nestes dois princípios:

"Primeiro: cada Estado designará, para representá-lo, um juiz à corte. Não seria cada juiz eleito por todos, como hoje para o Tribunal de Haia. Cada Estado elegeria [indicaria] seu juiz, ou, por acordo, dois ou mais Estados elegeriam, espontaneamente, o mesmo juiz.

"Segundo: às partes em conflito seria facultado optar pela corte plena, ou por um juízo formado de um ou mais árbitros, como resolvam, escolhidos, livremente, entre os juízes da corte, e não por votos do mínimo dos Estados."

Suscetibilidades feridas tiveram, então, mais peso que razões de direito; mágoas do amor próprio, mais valor que verdades jurídicas, a respeito das previsões pessimistas. Os dois projetos ficaram no limbo dos projetos. Não se lhes opôs uma razão, uma objeção, um senão, um contra. Mas ficaram em projetos. E uma das consequências prováveis do desdém com que os desquiseram [foram tratados], foi a Primeira Guerra Mundial que não tardou.

Na perspectiva de Rui Barbosa, a vitalidade de qualquer organismo internacional para manter a paz do direito entre os povos depende de três vigas mestras conjugadas, defendidas por ele em Haia: o arbitramento obrigatório para todas as questões sem solução diplomática; a igualdade jurídica dos Estados perante a lei internacional e a inviolabilidade da jurisdição interna de cada Estado.

OPINIÕES DE JURISTAS ESTRANGEIROS SOBRE RUI

Georges Scelle, ao falar no centenário de Rui Barbosa, assim avaliou sua obra em Haia:

A PRINCIPAL QUESTÃO DA SEGUNDA CONFERÊNCIA DA PAZ DE HAIA (1907)

Foi sobretudo na questão da organização da jurisdição internacional que o papel de Rui Barbosa foi considerável. O embaixador do Brasil, representante de uma grande potência em potencial, assumiu em 1907 o papel de defensor da igualdade jurídica das médias e pequenas potências. Tratou de transformar a Corte de Arbitragem, criada em 1899, em uma verdadeira Corte Permanente de Justiça Internacional. Sobre esse ponto, creio que Rui Barbosa exagerou na rigidez de sua atitude, e confundiu igualdade funcional com igualdade jurídica. Ele queria que todos os Estados, quaisquer que eles fossem, tivessem sempre o mesmo número de magistrados com assento no tribunal, e se recusava a toda solução de rotação ou de proporcionalidade. "É um juiz inteiro o que queremos", dizia ele, "e não uma fração de juiz!" Ele não quis mesmo aceitar um sistema de eleição, que colocava todos os Estados no mesmo pé, e que acabou por triunfar com o C.R.S.I. de 1921. Esse sistema preconizado pelo Comitê dos Sete Sábios, do qual ele fazia parte, estava conforme uma concepção bem aceita de igualdade jurídica. Mas se deve dizer, em defesa do embaixador brasileiro, que a noção de igualdade dos Estados era concebida à época como uma noção formal e absoluta, e que ele tinha razões de manter suspeitas com relação ao projeto preparado pelas três grandes potências, Alemanha, Estados Unidos, Grã-Bretanha, ao qual a própria França apoiou com certa hesitação. Agregue-se que Rui Barbosa aderiu, com resignação mas sabedoria, ao projeto da Corte de Presas, elaborado sobre a base da proporcionalidade.[4]

Albert de Lapradelle, em sua obra *La Paix mondiale*, formula severas críticas aos resultados da Segunda Conferência de Haia, porém destaca o desempenho do representante brasileiro, nos seguintes termos: "Seu primeiro delegado, Rui Barbosa, homem de primeiro plano, orador magnífico, tático consumado, buscou obter para seu país um papel brilhante. Campeão dos pequenos e médios Estados, ele denunciou na formação da corte um golpe à igualdade dos Estados."

Hans Wehberg,[5] ao apreciar a posição de Rui Barbosa em face do projeto da Corte Permanente de Arbitragem proposto pelas grandes potências, assinala:

a missão do juiz internacional deve consistir em defender os interesses da coletividade. Era, portanto, justificada a objeção a esse projeto que previa uma duração permanente do mandato somente pelos membros das grandes potências, enquanto os Estados médios e pequenos somente seriam representados temporariamente. Rui Barbosa [...] assinalou-se pelo vigor com que combateu contra o projeto em andamento. Na quinta sessão do comitê de exame [...] ele expôs que esse princípio era contra ao da igualdade dos Estados, que tinha sido até então o último freio à ambição e ao orgulho entre os povos.

BRASIL E ESTADOS UNIDOS NA CONFERÊNCIA DE HAIA

Na preparação dos assuntos da agenda da Segunda Conferência de Haia, que contou com o empenho pessoal, constante e dedicado do barão do Rio Branco, como afirma Hildebrando Accioly, "muito útil nos foi o conhecimento prévio, graças a Joaquim Nabuco, das instruções dadas à delegação norte-americana. Isto serviu para nos orientar melhor sobre alguns pontos".[6]

Accioly assinala, a propósito, que:

> as questões acerca das quais, preliminarmente, o barão encaminhou informações mais pormenorizadas foram: a da propriedade particular dos súditos ou cidadãos das potências beligerantes, no mar; a da arbitragem, e a da cobrança compulsória das dívidas. A respeito da primeira, recordava ele a adesão do Brasil à política tradicional norte-americana, favorável à imunidade da dita propriedade, política consubstanciada na proposta do secretário de Estado Marcy, de 28 de julho de 1856.

Em seu discurso final em Haia, Rui dedica alguns parágrafos para desfazer "o boato da hostilidade brasileira aos Estados Unidos", e chama-o de "invenção risível". Esse trecho reveste-se de significação devido à prioridade conferida por Rio Branco à consolidação do novo eixo da política externa nacional que teria em Washington um parceiro privilegiado, naquilo que Bradford Burns qualificou de *unwritten alliance*.

A PRINCIPAL QUESTÃO DA SEGUNDA CONFERÊNCIA DA PAZ DE HAIA (1907)

Rui esclarece, na oração conclusiva de sua participação na Segunda Conferência da Paz, ao calor da hora, as divergências havidas e seu limitado alcance. Em suas próprias palavras:

> Ao surgir do projeto que deles nos separam, não poupou esforços o nosso governo, por evitar aquele erro. Não nos deram ouvidos, e dessarte nos forçaram ao dissentimento, de que ora nos fazem carga. Essa divergência, porém, se circunscreveu aos dois casos, em que era de uma necessidade inevitável: o da classificação dos Estados soberanos, que daria em terra pelos fundamentos com todo o direito internacional, e o do Tribunal de Presas, cuja organização nos despojava, sem motivo, nem pretexto possível, de um direito manifesto. Perante isso, estivemos com os Estados Unidos em todas as suas propostas de maior monta: a isenção da propriedade particular na guerra naval, a cobrança das dívidas contratuais, o arbitramento obrigatório, a periodicidade das conferências.

Rui, como em várias de suas intervenções em Haia, volta a fazer uso da boa técnica diplomática de argumentação ao utilizar, nessa situação, também, antecedentes históricos. Indaga e expõe:

> Se deles discordamos nos dois casos extremos de transgressão de um princípio inviolável e de agravo direto ao nosso direito, não era, acaso, velho e conhecido hábito nosso esta independência, ainda em espécies sem comparação menos graves? Quando os nossos amigos da América do Norte nos convidaram, em 1856, a segui-los, recusando-nos a subscrever a abolição do corso, enquanto se não abolisse o direito de captura, que é que fizemos? Pronunciamo-nos contra o direito de captura; mas aderimos à extinção imediata do corso. E, no entanto, não se tratava então de atalhar com golpe fatal contra direitos nossos.

Comenta, em seguida, sobre a natureza do relacionamento maduro e sólido, o qual deve reinar entre Rio de Janeiro e Washington, que, por ser realista, permite um espaço de individualidade para ambos os países e, de certa maneira, encapsula as eventuais discordâncias em suas esferas próprias, evitando que elas contaminem campos mais amplos. Assim se exprime a respeito:

A RAIZ DAS COISAS

Sempre nos pareceu a nós que, para nos elevarmos à altura de uma nobre amizade, havíamos de começar merecendo-a pela estima de nós mesmos. A mútua independência não arrefece, antes deve estimular e aprofundar a cordialidade entre nações, que timbrando na sua honra, entre si, contraíram, pela sua história e pelos seus interesses, íntimas simpatias e relações necessárias. A justiça recíproca e o laço mais firme criam grandes amizades; e os dois maiores Estados das duas Américas não se poderão esquecer nunca mais do modo como ambos a praticaram um com o outro, o Brasil no arbitramento do Alabama, o mais memorável da história, e os Estados Unidos na sentença arbitral de Cleveland. Acrescentai a excursão de Root, último atestado de solidariedade do hemisfério americano, e tereis de concluir que, embora a América do Norte e a América do Sul possam diversificar as suas opiniões, a alma é a mesma, o mesmo futuro, e nos sentimentos não poderão colidir.

RUI E A POLÍTICA EXTERNA NORTE-AMERICANA

Cabe destacar três pronunciamentos de Rui a respeito da política externa norte-americana – um simultâneo e outros dois posteriores à Segunda Conferência da Paz – para se ter uma ideia mais completa acerca dos valores maiores que fundavam sua crítica firme às teses defendidas por Washington em Haia:

1) *"SOUTH AMERICA HAS CONFIDENCE IN UNITED STATES"*

Sob esse título, o jornal *The Birmingham Ledger* publica, em 24 de setembro de 1907, entrevista com Rui Barbosa. A matéria revela aspectos centrais da posição brasileira e, em particular, a percepção do delegado do Brasil com relação ao chefe da missão norte-americana:

I much regret Mr. Choate appears to have taken as a personal affront any opposition his work [...] in trying at Peace Conference to lodge in the hands of the great

A PRINCIPAL QUESTÃO DA SEGUNDA CONFERÊNCIA DA PAZ DE HAIA (1907)

powers the appointment of judges to the Arbitration Court. I should have thought Mr. Choate, with his great ability, would have acknowledged with good grace the action of the Congress in adopting the amendment of Brazil allowing the smaller powers to have representation on the judicial bench, and I am very sorry Mr. Choate seems to regard the matter somewhat in anger.

I hope the people of America are not angry. As the representative of Brazil I did only my countrymen wanted in protesting against the form of Mr. Choate's proposal. To have given the great powers the exclusive right to appoint jurists for the Permanent Court would have been something like forming a trust, squeezing out the smaller firms, in this case the secondary powers, and giving all the rights to the few first--class countries.

I assure the people of the United States I had no idea my attitude might be interpreted as anti-american. No south american having the true interests of his country would think of introducing an element of discord into relations with the United States.

Now that the matter is settled to the satisfaction of South America, the antagonism of Mr. Choate will be forgotten, for the old-time suspicion of the United States in the lower half of the hemisphere, that was roused formerly by the smallest incident, happily has passed. Since the visit of Mr. Root, South America has come to realize that the United States is a close friend and has no intention of interfering with our labors in working out our own destiny.[...]

I advocate strongly the development of commercial relations between North and South America. I believe there is a big field for industrial expansion to the benefit of both continents. I should like to see a railway line connecting North and South, and I am sure Brazil is prepared to assume her share of responsibility in the construction of the steel tie. A pan-american railroad would give an impetus to trade and would bring the northern and southern republics closer together.

2) *THE WHITE FLEET*

Em 16 de dezembro de 1907, inicia sua viagem de circum-navegação a esquadra de dezesseis encouraçados organizada por ordem do presidente Theodore Roosevelt.[7] A iniciativa do primeiro mandatário norte-americano, conhecida como The Great White Fleet, é considerada até hoje

A RAIZ DAS COISAS

uma das mais impressionantes operações enquadradas como de "mostrar bandeira".

Rio Branco e Nabuco viam na passagem da grande esquadra pelo Rio de Janeiro uma oportunidade para reaproximar Rui da diplomacia norte--americana após o choque havido em Haia. Luiz Viana Filho assim relata o episódio e a reação de Rui na obra referida anteriormente:

a visita ao Brasil, em janeiro de 1908, duma esquadra americana pareceu-lhe [a Rio Branco] o momento azado, pois ao convidá-lo [a Rui] para orador do banquete a ser oferecido à oficialidade, enunciaria-lhe o seu pensamento: "Estou persuadido de que não lhe ficaria mal, depois dos incidentes de Haia, acudir ao Monroe ao convite que lhe fizesse publicamente o ministro das Relações Exteriores como acudiu bondosamente a igual convite no Itamaraty para saudar o secretário Root. O seu discurso agora mostraria que V. Excia. nutre para o governo e o povo dos Estados Unidos os mesmos sentimentos tão digna e eloquentemente manifestados em 1906 no Itamaraty e no Senado, e que não responsabiliza a grande nação amiga pelos desacertos da sua delegação em Haia, pelas grosserias e inconveniências do tolo correspondente do *Herald*" (carta de Rio Branco a Rui em 12 de janeiro de 1908). Rui respondeu a Rio Branco numa longa carta, na qual expunha o seu pensamento:
"Continuo a ter para com os Estados Unidos uma grande admiração, e muito estimarei poder concorrer, de maneira que nos honre, para que se estreitem com eles as nossas relações.
Se se tratasse agora de serviços à paz, ao direito, à humanidade, como no caso Pan-Americano da Conferência da Paz, eu não me esquivaria à missão, que V. Excia. me propôs de os saudar.
Mas o que neste momento presenciamos é simplesmente o contrário, o reverso de 1906 e 1907: uma demonstração militar, a maior e menos oportuna ostentação da força naval que os mares já viram.
Louvar eu este rasgo de prepotência marcial em plena paz seria, não só constranger os meus sentimentos, mas até contradizer o meu correto papel em Haia.
A posição de V. Excia. é outra, ministro do Exterior, tem o dever de hospitalidade e cortesia a que se não pode subtrair. Eu, no mesmo posto, a eles me teria de submeter. Mas no meu lugar, sem tais sujeições, não devo contribuir para a apologia de um fato, que deploro."

A PRINCIPAL QUESTÃO DA SEGUNDA CONFERÊNCIA DA PAZ DE HAIA (1907)

E para ficar mais à vontade acrescenta: "Do que me disse o senador Azeredo, vejo que V. Excia. não é pessoalmente estranho a esses sentimentos."

Sem dúvida a recusa era procedente. Quem, no entanto, poderá saber até onde iam os ressentimentos de Rui, sempre tão suscetível, em face da atitude da delegação dos Estados Unidos, em Haia?

3) *"DESTINO COMUM"*

Na saudação ao jurista norte-americano Charles Evans Hughes, em 1922, Rui assinala:

> Deixai-me dizer-vos que, durante os últimos quarenta anos da minha longa vida política, eu tenho encontrado nos Estados Unidos os mestres, a escola, o modelo do meu proceder e das minhas opiniões. E, se tenho aventurado alguma vez certas censuras e críticas, é porque os melhores americanos me têm dado, eles mesmos, o exemplo da franqueza na amizade e da filosofia na política. Nós temos, senhor, numa palavra, o mesmo destino que vós. Nós temos o destino comum aos Estados Unidos, o destino de cooperar convosco, tanto quanto pudermos, na paz e na liberdade das nações, na moralidade da política e no progresso do gênero humano.

"QUAL A VERDADEIRA IMPORTÂNCIA DE RUI NA HAIA?"

O renomado cientista social Hélio Jaguaribe, certa vez, ao saber de minha pesquisa sobre Rui e a política externa brasileira, fez-me a seguinte pergunta: "Carlos, muito se fala pró e contra Rui. Na sua opinião, qual a verdadeira importância de Rui em Haia?"

A indagação de Jaguaribe me fez refletir mais detidamente, em meio às simpatias e antipatias que sempre envolvem a figura de Rui Barbosa. Exponho, a seguir, de forma organizada, a resposta que dei ao mestre e amigo:

A RAIZ DAS COISAS

1) O Brasil era considerado, em 1907, "uma República de quinta categoria", conforme exposto no livro *Through Five Republics of South America*, de Percy F. Martin.

2) O Brasil cometeu um grave erro diplomático ao recusar o convite feito para participar da Primeira Conferência Internacional da Paz de Haia, em 1899. Brasil e México foram os únicos países latino-americanos convidados para o conclave. O México aceitou o convite e participou da conferência.

3) Rio Branco, que assumira o Ministério das Relações Exteriores em 1902, tinha, entre suas prioridades, abrir a diplomacia para um cenário internacional mais amplo do que a política regional. Em seu entender, o Brasil já tinha alcançado um *status* que lhe permitia e o obrigava a atuar na política internacional.

4) Rui chegou a Haia praticamente desconhecido.

5) Nas primeiras semanas, Rui marcou presença pelos longos discursos que lhe valeram o apelido de Mr. Verbosa.

6) Com o transcorrer da conferência, suas intervenções foram sendo mais ouvidas e respeitadas. Sua cultura jurídica foi reconhecida. O Brasil se apresentava como um delegado culto e humanista, com uma mensagem universal, e não paroquial.

7) Ao final do conclave, Rui, que começara desconhecido e mal reputado, alcançou, no difícil jogo diplomático da conferência, em que preponderavam representantes dos Estados Unidos, França, Alemanha, Rússia e Inglaterra, um lugar de real importância.

8) Em publicações não brasileiras sobre a Segunda Conferência de Haia, Rui é lembrado com destaque, junto com alguns poucos outros nomes, como os expoentes da reunião.

A PRINCIPAL QUESTÃO DA SEGUNDA CONFERÊNCIA DA PAZ DE HAIA (1907)

"*BARBAROSA OF BRAZIL THE MOST BORING*"

Barbara Tuchman, em seu livro *The Proud Tower,* ao analisar a Conferência de Haia, traça o perfil dos delegados mais importantes do conclave. Vale-se de testemunhos, como o do barão Marschall, delegado da Alemanha. Marschall, ao opinar sobre os representantes que mais lhe chamavam a atenção, afirmou ser "*Barbarosa of Brazil the most boring*". O delegado russo, De Martens, em sua visão, era "*a charlatan [...] with explosive lack of tact*": o representante britânico, Fry: "*a good old man completely lacking in experience of modern life*"; Torrieli, da Itália: "*gentle and pacific*". Considerava Tsudzuki, delegado do Japão, "*a superior person*", por ter ele estudado na Alemanha, por falar fluentemente a língua alemã e também por sentir "*the utmost veneration for His Majesty*". Qualificou de "*a scandal*", o discurso do delegado militar russo, coronel Michelson, em que esse membro da delegação de Moscou afirmou ser a guerra uma grande tragédia e que todos os esforços deveriam ser feitos para preveni-la e evitá-la.

A eloquência, e certa verborragia, de Rui está muito distante da desqualificação feita ao delegado russo De Martens, rotulado pelo representante da Alemanha de "charlatão". A verdade é que Rui representava um estilo, uma época da política na qual o discurso era a forma privilegiada de comunicação do homem público. Discursos longos eram normais nos parlamentos.

O importante, no caso de Rui, foi a mensagem que transmitiu, e que até hoje repercute. Obra publicada em 1988, sobre o Palácio da Paz em Haia, destaca:

> *The Brazilian delegate Rui Barbosa, or "Mr. Verbosa", as he was called during the Conference. Vice-president and minister of Finance in 1889. A brilliant internacionalist and one of the little-known delegates who positively distinguished themselves during the conference. He sought for the equality of all States before international law and the compulsory arbitration of conflicts. He was judge in the Permanent of International Justice in 1922–1923.*

A RAIZ DAS COISAS

NOTAS

1. Rui Barbosa. *A Conferência de Haia – Discurso em Paris a 31 de outubro de 1907,* Rio de Janeiro, Casa de Rui Barbosa, 1962.
2. A. de Sampaio Dória, "Cinqüentenário de Haia", *in Revista dos Tribunais,* v. 268, ano 47, São Paulo, fevereiro de 1958.
3. J. Dalmo Fairbanks Belfort de Mattos, "Ruy Barbosa e o direito das gentes", *in Revista dos Tribunais,* v. 183, fasc. 596, São Paulo, janeiro de 1950.
4. Georges Seelie, *Commémoration du Centenaire de Rui Barbosa,* Rio de Janeiro, Casa de Rui Barbosa, 1953.
5. Hans Wehberg, *La Contribution des Conférences de la Paix de la Haie au progrès du droit international in recueil des cours de l'Academie de Droit International,* v. 37/642.
6. Hildebrando Accioly, *O barão do Rio Branco e a Segunda Conferência de Haia,* Rio de Janeiro, Ministério das Relações Exteriores, 1945.
7. James R. Reckner, *Teddy Roosevelt's Great White Fleet, Annapolis, 2001.*

O INCIDENTE COM O DELEGADO RUSSO

O INCIDENTE MARTENS

Assim apresenta o fato o embaixador Hildebrando Accioly, no prefácio do volume das *Obras completas de Rui Barbosa* sobre a Segunda Conferência da Paz:

> Foi ainda na primeira fase dos trabalhos da conferência, quando parece que se encobria certa antipatia contra ele [Rui Barbosa] que se produziu, perante uma das comissões, o seguinte incidente, depois largamente divulgado. Rui acabara de proferir magnífico discurso sobre a questão da transformação dos navios mercantes em vasos de guerra, durante o qual, de passagem, fizera algumas incursões na esfera da alta política, quando o presidente da comissão, senhor Martens, delegado russo, observou que a política devia ser excluída das deliberações daquela comissão, porque a política não era da alçada da conferência.
>
> Ao nosso primeiro delegado, pareceu aquilo uma censura a ele dirigida e à qual não podia deixar de revidar. Fê-lo, pois imediatamente, em famoso improviso, para mostrar que semelhante espécie de repreensão – se esta fora realmente a ideia do senhor Martens – não era merecida. E demonstrou exuberantemente que, se aos delegados fosse proibido estritamente o contato com a política, se estaria impedindo o próprio uso da palavra porque – afirmou – "a política é a atmosfera dos Estados, a política é a região do direito internacional". Nas deliberações, nas concessões recíprocas, nas transigências – disse ainda – era sempre a política dos países, a política dos governos, que inspirava os atos ou as atitudes.[1]

A RAIZ DAS COISAS

Dada a relevância do denominado "incidente Martens", vale a pena trazer, na íntegra, o testemunho de um dos membros da delegação brasileira a Haia, Rodrigo Octavio, que é a fonte primária documental do marcante fato na atuação diplomática de Rui. Desta maneira o narra Rodrigo Octavio no seu valioso e já citado livro *Minhas memórias dos outros*:

Nesse dia, discutia-se a palpitante questão da transformação dos navios mercantes em vasos de guerra e Rui Barbosa proferiu a respeito um de seus memoráveis discursos. Terminando o delegado do Brasil, o presidente Martens, mal-humorado e com rispidez, declarou que "o discurso seria impresso e inserido na ata dos trabalhos. Lembrava, porém, a esse respeito, que a política havia sido excluída da competência da comissão. O sr. Martens no seu azedume não qualificara de discurso a oração de Rui Barbosa, mas de memória e a essa qualificação começou se referindo Rui, em sua réplica".

Aplausos gerais cobriram esta impertinente observação de quem dirigia os trabalhos. [...] Com o incidente toda a assembleia ficou alerta e foi dentro do mais profundo silêncio que Rui Barbosa, como que impelido por uma força incoercível, se levantou e pediu a palavra.

Eu estava na sala, sentado num banco sobre a parede. Levantei-me, também, e foi esse um dos momentos de mais viva emoção de minha vida. Senti que uma grande cena se ia passar e era o nome do Brasil, o prestígio do Brasil, a honra do Brasil que estavam em causa. Num acentuado movimento de atenção, todos, na expectativa de um escândalo, pelo menos de uma estralada, se voltaram para o orador que, como presidente honorário da Primeira Comissão, tinha assento na própria mesa, à direita do presidente, circunstância que lhe dava ainda, no momento, maior realce.

Martens, ao lado de Rui, mantinha a cara amarrada e mostrava, de princípio, manifesto nervosismo.

E Rui, pequeno, humilde, esse com voz sumida, que depois se elevou e se tornou clara, começou a proferir discurso que foi, por certo, a peça oratória mais notável que a conferência ouviu, e lhe proporcionou o seu momento de maior brilho intelectual.

Provocado por circunstância de ocasião, essa oração proferida, de improviso, em língua estrangeira para o orador, numa assembleia em que todos os discursos eram lidos, fez o pasmo da assistência. Rui enfrentou o presidente da comissão

A PRINCIPAL QUESTÃO DA SEGUNDA CONFERÊNCIA DA PAZ DE HAIA (1907)

e, fazendo saber ao representante da Rússia autocrática que ele havia envelhecido na vida parlamentar, e fora, para essa conferência, trazido da Presidência do Senado do seu país, onde as instituições parlamentares já contavam sessenta anos de prática regular, bem sabia como comportar-se numa assembleia como aquela. Observou que as palavras com que o presidente recebera seu discurso pareciam envolver uma censura que ele não podia deixar sem uma resposta imediata. E, prosseguiu em sua oração, mostrando, com larga eloquência e a argumentação mais precisa e convincente, a improcedência da observação.

E disse: *"Pour sür la politique n'est pas de notre ressort. Nous ne pouvons faire de la politique. La politique n'est pas l'objet de notre programme. Mais est-ce que nous pourrions le remplir si nous nous croyons obligés de mettre une muraille entre nous et la politique, entendue, comme il faut l'entendre ici dans le sens général, dans le sens supérieur, dans le sens neutre du vocable? Non, messieurs.*

Nous n'avons pas oublié que Sa Majesté l'Empereur de Russie, dans son acte de convocation de la Conférence de la Paix, a éloigné nettement de notre programme les questions politiques. Mais cette défense évidemnent ne visait que la politique militante, la politique d'action, et de combat, celle qui trouble, qui agite, qui sépare les peuples dans leurs rapports internes et dans leurs rapports internationaux, jamais la politique envisagé corrime science, la politique etudiée comme histoire, la politique exploré comme règle morale. Car, du moment qu'il s'agit de faire des lois, domestiques ou internationales, pour les nations, il faut tout d'abord examiner, en ce qui regarde chaque projet, la possibilité, la necessité, l'utilité de mésure en face de la tradition, de l'etat actuel des sentiments, des idées, des intérêts qui animent les peuples, qui régissent les gouvernements. Et bien: est-ce que ce n'est pas de la politique tout çà?

La politique dans le sens le plus vulgaire du mot, celle-ci, persone ne le conteste, celle-ci nous est absolument interdite. Nous n'avons rien à voir avec les affaires intérieures des États, ou, dans les affaires internationales, avec les querelles qui divisent les nations, les litiges d'amour propre, d'ambition ou d'honneurs, les questions d'influence, d'équilibre ou de predominance, celles qui ménent au conflit et à la guerre. Voici la politique interdite.

Mais dans l'autre, dans la grande acception du, terme, la plus haute et pas la moins pratique, des intérêts suprêmes des nations les unes envers les autres, est-ce que la politique nous pourrait être défendue? Non, messieurs."

E nesse tom prosseguiu cada vez mais seguro de si.

A impressão causada na assistência por esse improviso oratório foi enorme. Rui, desde o início dos trabalhos, vinha mostrando quem era. A assembleia, porém, não queria saber disso e não lhe ouvia os discursos. O incidente Martens, que

A RAIZ DAS COISAS

provocou a curiosidade da assembleia, forçou-a a prestar atenção ao discurso do delegado brasileiro. E Rui Barbosa, pequeno de estatura, modesto, quase tímido no trato, foi crescendo aos olhos da assistência, à proporção que, com o maior desassombro, com a maior segurança de si mesmo, com a mais subida eloquência, proferia sua magnífica oração, e seguiu, depois do incidente, crescendo de tal modo que acabou se impondo à admiração de seus pares.

Rui terminou seu discurso. Sentou-se. De Martens, sem comentário algum, mas visivelmente desapontado, indicou a ordem do dia para o dia seguinte e suspendeu a sessão. Na sala do bufê, porém, para onde todos se dirigiam, De Martens se aproximou de Rui e teve com ele alguns instantes de conversa que, dado o caráter autoritário do velho jurista russo, foi o coroamento do prestígio de Rui Barbosa, conquistado de golpe nesse memorável dia.

"O ADVENTO DA AMÉRICA DO SUL NOS DESTINOS DO MUNDO"

Considerando a importância do denominado incidente De Martens, vale a pena transcrever, também, o testemunho de Antônio Batista Pereira,[2] assistente direto de Rui indicado por Rio Branco, e que depois viria a se casar com uma das suas filhas.

Este é o testemunho de Batista Pereira:

O INCIDENTE DE MARTENS

Chuviscava. Dia brusco e mal-humorado esse 12 de julho de 1907.

Saímos do Palace-Hotel de Scheveningen, o embaixador Rui Barbosa e eu, no automóvel a seu serviço mensal, inferior a qualquer táxi de Paris, mas em todo caso apreciável, visto como em Haia só haviam mais dois de aluguel. Dobbert, seu sobrinho, ficara em casa, assoberbado pela maré de telegramas do barão, que tinha que decifrar.

Rui não almoçara. Ficara-se no chá da manhã. Estava de mãos geladas. Calçou as luvas. Taciturno. Uma ou outra reflexão de desalento. A conferência começara com o pé esquerdo.

A PRINCIPAL QUESTÃO DA SEGUNDA CONFERÊNCIA DA PAZ DE HAIA (1907)

Atravessamos a cidade, ilhada de pequenos vilinos de nomes portugueses, Villa Rosa, Villa Maria, trazidos pelos judeus de Portugal, e entramos no bosque de Scheveningen, a maravilhosa florestal da Holanda, que leva de Haia a Amsterdam os seus carvalhos e faias sanguíneas.

Rui moita. Eu também. O silêncio chumbava-me. Mas não me atrevia a rompê-lo. A posição do Brasil era difícil. A hostilidade do ambiente contra o seu embaixador indissimulável. Principalmente de grande parte dos latino-americanos. Muitos destes, quando Rui começava a falar, abriam ostensivamente jornais. William Stead mudara-lhe o nome para Dr. Verbosa. Queriam emudecê-lo. O ceticismo dominava. A consciência jurídica era inoportuna. Urgia conciliar os interesses de uma forma que desse ao mundo a ilusão de que se tinha feito alguma coisa de útil; mas era preciso pedir o santo e a senha às grandes potências.

Sobre os ombros daquele homem pequenino, curvados já de tanto se inclinarem sobre a mesa de estudo, pesava um mundo de constrangimento.

As simpatias de que gozava na conferência podiam-se contar, e eram de caráter pessoal. Mas o conde de Prozor, que o conhecia do Rio, e prevenira os *leaders* da conferência de que "*Mr. Barbosa était un homme de la plus haute excepcionnalité*", o Marquês de Soveral, íntimo de Penedo e Souza Correia, através dos quais lhe soubera o valor, Drag, que lhe conhecia as obras, e que mais tarde me ajudaria a conquistar-lhe a amizade de Stead, D'Estournelles de Constant, Bourgeois, e poucos outros, não tinham autoridade para modificar um ambiente formado pelas grandes potências.

Não podíamos contar quantos aos nossos vizinhos do Prata senão com diferente reserva, e essa honra seja feita tanto a Sáenz Peña e a Larreta, como a Battle e Ordonez, nunca nos faltou nos dias tormentosos, transformando-se, ao fim da conferência, numa leal amizade.

Quanto aos outros latino-americanos, Pérez Triana exercia sobre muitos uma ascendência oculta, a que lhe davam direito uma longa permanência na Europa, uma real cultura e grandes relações pessoais.

Stead nunca nos quis confessar, mas tenho por certo que o apelido de Dr. Verbosa foi obra de Triana. [...]

Eu não acreditava em Rui. Nem ele mesmo acreditava em si próprio. A conspiração de interesse era tão grande que estava além de qualquer previsão razoável pensar em vencê-la.

Todo o pessoal da embaixada participava da mesma impressão, lamentávamos a ausência de Rio Branco. Este, sim, pensávamos, com a sua fascinação, o seu prestígio, o seu dom de proselitismo, não deixaria o Brasil em desaire. Censu-

199

A RAIZ DAS COISAS

rávamos a Rui o viver isolado, o não angariar simpatias, o não fazer alianças, o não sacrificar sistematicamente as horas de estudo à tirania dos hábitos sociais. Essa é a verdade.

Ninguém então podia prever que as suas qualidades negativas contribuiriam tanto como as positivas para fazê-lo em breve curso a figura central da conferência.

Descemos no Ridderzaal. À porta aparece-nos a figura de Carvalho Moreira, em cuja ruína física um insulto cerebral respeitara a inteligência, sobrevivente e irradiante na simpatia do sorriso. "Rui, como vais?", disse a ele seu colega da turma de 1870. "O *Times* de hoje ocupa-se de ti com boas palavras. Vi um telegrama com o resumo do artigo."

"Pouco adianta, Arthur, amanhã mudará de opinião", respondeu Rui.

Entramos no velho Palácio dos Cavalheiros. Começava a sessão.

Presidia De Martens. Gotoso, usava muleta do lado esquerdo. Cabeça branca, cútis de tijolo vermelho, com um quê de tártaro, quem quiser imaginá-lo olhe um retrato de Clemenceau. Os mesmos longes de foca, no contorno do rosto, no bigode, no queixo redondo.

Rui pediu a palavra e leu um discurso de meia hora sobre presas marítimas. De Martens ouviu-o de má vontade, a mão esquerda ao rosto, de lado, quase de costas. A sala, com raras exceções, afinava por esse diapasão; diálogos travavam-se por toda a parte. Era, dado o ambiente diplomático, uma verdadeira manifestação de desagrado.

Rui terminou numa atmosfera glacial. De Martens só então voltou-se para ele e disse: "O memorial do nobre embaixador do Brasil constará dos processos verbais das nossas sessões; devo, porém, observar-lhe que a política não é alçada da conferência."

Correu-me um frio na espinha. Era o tiro de misericórdia, era a liquidação sumária, a decapitação do Brasil, em Haia. Sem saber como, achei-me atrás da cadeira de Rui.

Rui, sentado como um menino de colégio, não pestanejou. Uma onda de palidez mais profunda empalideceu-lhe ainda mais a palidez. Mas as narinas vibraram--lhe. Os vidros dos óculos lampejaram.

Foi ainda numa voz sumida que pronunciou as palavras sacramentais:

"*Je demande la parole.*"

A emoção fez-lhe pronunciar "parôle", não "parole".

Tendo-a, levantou-se com um movimento como mecânico. E começou, não como reza o seu livro de discursos públicos em Haia, mas com esta interrogação:

"*Un mémoire? Et pourquoi pas un discours?*"

A PRINCIPAL QUESTÃO DA SEGUNDA CONFERÊNCIA DA PAZ DE HAIA (1907)

Ninguém esperava o relâmpago do revide. Ninguém o acreditava capaz de tomar o pião à unha. Ninguém esperava a instantaneidade da erupção.

A posição de De Martens na conferência era formidável. A iniciativa real desta passava por ser mais dele do que de ninguém. Ninguém representava com mais títulos o pensamento do iniciador do grande congresso, o tzar de todas as Rússias. Chocar-se com ele era uma audácia de Davi e nem todos os Davis têm pedras na funda.

No grupo mais hostil a Rui Barbosa, o contentamento irrompia sem dissimulações. Rui liquidava-se pelas próprias mãos, era o pensamento que se lhe lia nas fisionomias.

Mas o orador começou. A voz mal segura, de princípio, firmou-se. E o fio maravilhoso dos raciocínios começou a envolver a assembleia na rede da sua magia. Foi primeiro a recordação de que havia muito presidia o Senado de um país que tinha sessenta anos de tradições parlamentares, alusão que não devia calhar muito ao súdito de uma autocracia. Depois que seria incapaz de faltar ao regimento de uma assembleia deliberante, sutil recurso para chamar à ordem um presidente desabrido. Depois, enfim, a luta arca a arca, peito a peito, com o grande sofisma de De Martens: o de que a política estava banida da conferência.

Nenhum internacionalista, nenhum mestre de direito, até aquela data, definira a política vedada à conferência, e a permitida. Não se conhecia senão uma política: e esta para proibi-la. Rui tomou o touro à unha. Distinguiu entre a política prática, imediata, concreta, que pode separar os povos, e a política razão de Estado, a política regra geral, sem cuja exploração não poderia conceber a própria conferência.

"Há alguma coisa de mais eminentemente político do que a soberania?", perguntou ele. "E não estamos aqui para traçar regras que a restrinjam e delimitem? Como, pois, afirmar, sem distinguir, que a política nos é vedada em todas as acepções?"

À enunciação desta verdade, em que ninguém tinha refletido, ou que pelo menos ninguém até aí enunciara, a sala toda teve um movimento de atenção.

Rui estava à esquerda do hemiciclo, cujo centro era ocupado pela mesa da Presidência. À direita sentavam-se os delegados franceses, alemães e norte-americanos. Léon Bourgeois conversava com Marschall de Bieberstein, que ficava numa cadeira bem atrás da sua. D'Estournelles de Constant, quando Rui começou a definir a política, chamou-lhe a atenção, puxando-lhe a manga do casaco.

Bieberstein, o homem mais gigantesco da conferência, o *elephas germanicus*, como lhe chamou Stead, numa designação que lhe definia a inteligência e o volume,

A RAIZ DAS COISAS

levantou-se com o passo bamboleante de pernas que tinham de aguentar mais de cem quilos e mais de sessenta janeiros, e veio encostar-se ao lado direito da mesa presidencial para melhor ouvir. Bourgeois e D'Estournelles seguiram-no. A maravilhosa oração continuou na mesma altura de conceito, de conveniência, de polidez e de forma. O grupo hostil, desarmado, ouvia com tanta atenção, como os *leaders* da conferência. A palavra fizera um milagre. Sentia-se que do rochedo da hostilidade começara a emanar a linfa, quando não da simpatia, ao menos do respeito.

A FILOSOFIA DO INCIDENTE

Terminou a grande oração sem uma palma. Passado o minuto de encantamento, não se sabia o que viria a ser o ambiente. De Martens encerrou a sessão sem uma palavra de comentário.

Enquanto De Martens dava conta do expediente, antes de fechar os trabalhos, aproximei-me de D'Estournelles e de Bourgeois, ambos radiantes. "*C'en est fait d'un malentendu primordiel*", comentava D'Estournelles, grande vida toda voltada ao serviço da paz, referindo-se à definição de política.

Bieberstein e Bourgeois conversavam de lado no mesmo sentido. Não lhes ouvi as palavras, mas D'Estournelles, que se agregou ao grupo, me disse que ambos estavam atônitos.

Brown Scott, o elemento ativo por excelência dos americanos do norte, o delegado técnico, o especialista em direito internacional dos Estados Unidos, comentava o discurso a Drago:

"*Voici le Nouveau Monde qui se fait entendre du Vieux.*"

Rui arranjara a pasta e com a sua habitual gravidade dirigia-se para a escada, que levava ao bufê, caminho forçado da saída. Acerquei-me e tomei-lhe a pasta. Por um longo meio minuto não lhe disse nada. Nem ele a mim.

Afinal não me contive:

"O embaixador", perguntei, "Vossa Excelência sabe a impressão do seu discurso?"

"Não, senhor. Tenho a impressão de um homem que vai ao fundo da água e não sabe o que faz."

"Pois creio que Vossa Excelência conquistou a conferência. Seus amigos D'Estournelles e Brown Scott lhe dirão porque o digo. Mas quero que Vossa Excelência saiba desde já que Bourgeois e Bieberstein o ouviram com uma atenção que até hoje não dispensaram a ninguém. E Brown Scott foi mais longe: disse que a data de hoje marca, com seu discurso, 'o advento da América do Sul nos destinos do mundo'."

A PRINCIPAL QUESTÃO DA SEGUNDA CONFERÊNCIA DA PAZ DE HAIA (1907)

"O senhor me enche de alegria. Sinceramente, não tenho a ideia da impressão do meu discurso. Senti-me perdido, e abri o coração."

Disse e quis ir-se embora. Não lho consenti. Não almoçara. Passara por uma grande emoção. Continuava a garoar e fazia frio. Tomasse pela primeira vez uma xícara de chá no balcão do escolhido bufê que a rainha da Holanda ofereceria aos congressistas.

Aquiesceu. Servia-se de chá quando De Martens se lhe aproximou. *Que irá passar?*, começo a pensar, quando a expressão de De Martens me tranquiliza.

"Senhor embaixador, não me leve a mal (*ne prenez pas en mauvaise partie*) as palavras de há pouco. Já sabia quem o senhor era, pelo conde de Prozor. Mas, agora, faço questão de afirmar-lhe, pessoalmente, minha alta admiração e meu alto respeito. Numa assembleia destas, as palavras ultrapassam, muitas vezes, as intenções *(les mots outrent la pensée)*. Não me queira mal (*Ne me gardez pas rancure*)."

Rui escutou-o comovido. A tensão interior condensou-lhe, durante um segundo, numa infinita gratidão, que lhe marejou os olhos:

"Querer-lhe mal, senhor De Martens? Não pense nisso. Sempre o considerei um dos meus mestres. O senhor não me conhece o coração!" E abraçaram-se. Estava acabado o incidente De Martens.

Dias depois, Stead, convencido da grandeza de Rui, dava contravapor à sua campanha, e toda a imprensa europeia colocava num dos lugares primaciais da conferência o embaixador do Brasil.

Ninguém resumiu melhor do que Brown Scott a filosofia desse incidente: "*Voici le Nouveau Monde qui se fait entendre du Viueux.*"

Há dias conversávamos longamente no Hotel Glória. Hoje, vinte anos depois, como outrora, a sua impressão é a mesma: o incidente De Martens marca a entrada dos povos do futuro nos conselhos da humanidade, foi ele que permitiu à Europa descobrir de novo a América.

"A PALAVRA NÃO FAZ MAL AINDA ÀS VEZES TRANSBORDANDO"

Vale a pena analisar o discurso inicial de Rui Barbosa na quinta sessão da Quarta Comissão dedicada ao tema "Transformação de navios mercantes em vasos de guerra", realizada no dia 12 de julho de 1907, que provocou

A RAIZ DAS COISAS

a reprimenda pública do presidente Martens, delegado russo. O representante brasileiro, no exórdio de sua oração, teceu alguns comentários sobre a sua visão do que deveriam ser o foco e a amplitude da Segunda Conferência da Paz de Haia.

Em suas palavras:

> Permiti-me, pois, senhores, alçar a questão um pouco acima do exame das suas miudezas, para me poder pronunciar com ciência cabal do assunto, no tocante à sua importância real. E para chegar a esse resultado, não se me dará de afrontar a pecha de "acadêmicos", já usada, a meu ver mui impropriamente com certa facilidade, fora daqui, e aqui mesmo, em relação aos nossos debates.
>
> Terão estes debates realmente merecido, a qualquer respeito, a nota de acadêmicos? Ao primeiro aspecto, em verdade, parece que debalde tentaríamos fugir da academia, desde que nos vedam a política e pretendem reduzir a uma tarefa estritamente jurídica a missão da conferência atual. Pontos controversos em direito, decidi-los coletivamente, longe de todo contato com a política, não cabe senão a tribunais ou academias.
>
> Os nossos discursos, porém, não se têm elevado acima do terreno da observação e da prática, isto é, acima dos fatos, dos elementos da experiência política, dos atos dos governos, das opiniões dos homens de Estado. E seríamos, porventura, acadêmicos, assentando as nossas conclusões em tais alicerces? Ou alude a crítica à escassez de frutos a que se supõem condenados, em grande parte, nossos esforços? Mas, a ser assim, vendo surgir tantos obstáculos quase de toda a parte, a cada um dos nossos passos, onde atinar em todo o nosso programa, com uma solução verdadeiramente tal, que se não exponha à mesma censura, isto é, que aqui ou além, se não arrisque a topar em embaraços invencíveis?
>
> Tem-se dado a esta conferência o nome de Parlamento das Nações. Ora, é da essência dos parlamentos o falarem, a saber, o não se limitarem a votar, o discutirem com a liberdade mais ampla da palavra. A palavra não faz mal, ainda às vezes transbordando. E a este propósito, permitam-me não aquiescer à frase de espírito, aventurada por um ilustre membro desta assembleia, segundo a qual quanto mais se discute, mais se diverge. É justamente o contrário que, a meu ver, atesta a evidência dos fatos. Não houvéssemos nós ventilado certos assuntos com alguma largueza de apreciação em nossas comissões plenas e não teríamos podido chegar às comissões de exame. Nos países onde se desconfia da palavra,

A PRINCIPAL QUESTÃO DA SEGUNDA CONFERÊNCIA DA PAZ DE HAIA (1907)

e onde a proscrevem é que nunca se logra chegar a acordo e os antagonismos são irredutíveis. Onde, porém, incessantemente se agita a discussão, como na Inglaterra e nos Estados Unidos, sempre se acaba por estabelecer a concórdia, e não há problemas insolúveis.

Não me leveis a mal, se harmonizo o meu proceder com a alta ideia que faço desta representação do mundo civilizado, quando a encaro, segundo a denominação corrente, como o parlamento dos povos dilatando um pouco as raias ao exame desta matéria aparentemente tão acanhada.

Após essa introdução, Rui passa a tratar a questão da Declaração de Paris de 1856, que proibiu a transformação de navios mercantes em vasos de guerra. Nesta sua nota preliminar, no entanto, é que está o núcleo da sua exposição que tanto enfureceu o presidente da comissão, o delegado russo, Martens. O delegado brasileiro aproveitou-se da oportunidade para indicar a tarefa principal da Segunda Conferência da Paz de Haia, qual seja, em seu entender, de se constituir em verdadeiro "Parlamento das Nações e dos Povos". Foi mais além, ao fazer da democracia liberal o modelo a ser seguido por todos os Estados ali presentes, em seu comportamento internacional. Somente dessa maneira, poderiam, por meio do debate, tomar decisões em conjunto sobre as controvérsias.

Rui Barbosa, de forma pioneira, advogava a tese da democratização das relações internacionais, do alargamento da discussão da agenda da conferência, e logicamente da valorização da dimensão política. Considerando os termos da convocação do czar Nicolau II e o temário da Segunda Conferência da Paz de Haia, pode-se compreender a reação de Martens. Eram duas visões de política internacional, uma tradicional e autocrática, segundo a qual "quanto mais se discute, mais se diverge", e a outra, como o próprio Rui definiu: "Justamente o contrário [...] onde, [...] incessantemente se agita a discussão, como na Inglaterra e nos Estados Unidos, sempre se acaba por estabelecer a concórdia e não há problemas insolúveis."

A RAIZ DAS COISAS

Rui postulou a adoção, no campo externo, do modelo interno da democracia liberal. Foi uma ideia inovadora para a época, e mesmo hoje ainda o é. Trata-se, em verdade, de mais do que a defesa de um modelo de democracia em que o parlamento tem papel central. É uma apologia do modelo idealístico nas relações internacionais em confronto direto com a visão realista. Para Martens, está claro que a Segunda Conferência da Paz de Haia não é, de forma alguma, como o quer Rui, "O Parlamento das Nações", "O Parlamento dos Povos". É uma reunião diplomática entre representantes oficiais de Estados com um temário específico e técnico, a ser seguido com rigor e disciplina, para normatizar a guerra e não suprimi-la, para manter e ampliar o poder do Estado que representa. Não tenciona abrir grandes discussões em público.

Rui Barbosa usa de sua afiada dialética parlamentar para detectar a política, em sua acepção de debate público de coisas públicas, em todos os temas da Segunda Conferência da Paz de Haia. Está em seu terreno predileto de polemista. Ouçamo-lo a esgrimir seus argumentos contra Martens, que tudo escuta, perplexo:

> Porventura quando a Rússia contemplava a redução dos armamentos no programa da Primeira Conferência, porventura quando o governo do czar fazia desta só ideia o objeto do programa primitivo da conferência de 1899, porventura quando outras potências agora anunciavam propor-lhe a inclusão no programa da conferência atual, não nos convidavam a entrar fundo na política?
> Não há nada mais eminentemente político, debaixo do céu, que a soberania. Não há nada mais resolutamente político, senhores, do que pretender lhe traçar limites. Não será, portanto, política, da mais declarada e franca, o que estais fazendo, quando procurais alçar, com o arbitramento obrigatório, uma barreira ao arbítrio das soberanias? Essas entidades absolutamente políticas, as soberanias, cujos representantes sois nesta conferência, iriam abdicar parte da sua independência nativa nas mãos de um tribunal, obrigando-as a lhe submeter certas categorias de pleitos entre Estados soberanos. Haverá nada mais, caracteristicamente, político, senhores?

A PRINCIPAL QUESTÃO DA SEGUNDA CONFERÊNCIA DA PAZ DE HAIA (1907)

Atentai agora em outros assuntos pendentes de exame nesta comissão. Quando se pesa a extinção ou a mantença do corso, a permanência ou a supressão do direito de captura, para se optar entre as duas alternativas; quando se confrontam as pretensões dos beligerantes e dos neutros, a fim de as harmonizar, ou excluir; quando se decide, como teremos de decidir em certos casos, entre a faculdade de recorrer à guerra e o dever de evitar, serão pontos de mero direito esses que nos ocupamos em dirimir? Não é, pelo contrário, política internacional o que estamos a fazer?

Demais disso, enquanto aqui vamos deliberando, senhores, no que adotamos, no que recusamos, no que transigimos, não temos, constantemente, atrás de nós a política de nossos países, a política de nossos governos, como causa, inspiração, motor dos nossos atos?

Quer-se deveras fugir aqui da política? Mas, meu Deus! É pagar-mo-nos de nomes, é não discernirmos a realidade. A política é a atmosfera dos Estados. A política é a região do direito internacional. De onde emana todo ele, senão da política? São as revoluções, são as guerras, são os tratados de paz que elaboram, lentamente, esse grande corpo do direito das nações. De onde procede ele, o direito internacional moderno? Primeiro, dessa revolução americana, que precedeu a francesa, e donde se viu assomar, depois dos Estados Unidos, a América inteira, livre dos vínculos coloniais. Depois, dessa revolução francesa, que fundiu todo o mundo contemporâneo em novos moldes. Ainda após, dessa potência liberal e criadora da Grã-Bretanha com o seu ascendente sobre o regime dos mares, os atos dos Congressos, o desenvolvimento da colonização, remota. Afinal, os movimentos democráticos, revolucionários, sociais, militares do século XIX, as guerras do Império, a unificação das grandes nacionalidades, a entrada em cena do Extremo Oriente. E bem: aí tendes a política, aí tendes o direito internacional. Como, portanto, separá-los?

A política é que transformou o direito privado, revolucionou o direito penal, instituiu o direito constitucional, criou o direito internacional. É o próprio viver dos povos, é a força ou o direito, é a civilização ou a barbárie, é a guerra ou a paz. Como, pois, subtraí-la a uma assembleia de homens livres, congregados ao começar o século XX, para imprimirem a forma convencional ao direito das nações? Como, se esse direito e a política, um com outro se confundem? Talvez só por constituirmos aqui apenas uma assembleia diplomática? Mas a diplomacia outra coisa não é que a política, sob a mais delicada, a mais fina, a mais elegante de suas formas.

A RAIZ DAS COISAS

Aqui está porque, senhores, me vejo obrigado a concluir, por fim de contas, que, cortar-nos de todo em todo o contato com a política, seria ditar-nos o impossível, e o que então se nos impediria era o próprio uso da palavra. Não nos metam medo os vocábulos; interpretemo-los com os fatos, e confessemos a boa realidade que se impõe com a sua evidência irresistível.

NOTAS

1. Hildebrando Accioly, "Prefácio", *in Obras completas de Rui Barbosa, v. XXXIV, 1907, t. 11: A Segunda Conferência da Paz*, Rio de Janeiro, Ministério da Educação e Cultura, 1966.
2. Antônio Batista Pereira, "Ruy na Conferência de Haya", *in Figuras do Império e outros ensaios*, Brasília, Senado Federal, 1991.

JULGAMENTO DE PRESAS MARÍTIMAS

Entre as questões mais importantes suscitadas na conferência, está a do julgamento de presas marítimas. Como explica Hildebrando Accioly no texto já referido:

> [Essa] prática internacional permite que cada Estado, ao se iniciar uma guerra de que participe, estabeleça um tribunal nacional para julgamento de presas feitas por seus vasos de guerra. O sistema não oferece garantias de imparcialidade, razão pela qual, muita vez, tem sido condenado pelos tratadistas de direito das gentes. Para remediar a inconveniência de tal sistema, foi aventada então a ideia de uma instância internacional de recursos, colocada acima dos tribunais nacionais de presas. A sugestão de um tribunal internacional dessa natureza surgiu na Segunda Conferência de Haia, desde o começo de seus trabalhos, sendo acolhida com simpatia. Entretanto, um dos projetos apresentados a tal respeito cogitava do estabelecimento de um tribunal cujos membros seriam nomeados apenas pelas potências de marinha mercante superiores a 800 mil toneladas. O privilégio só poderia aproveitar, então, a oito ou nove países e, por isto, Rui, amparado em instruções de Rio Branco, o combateu prontamente.

"SÃO, ORDINARIAMENTE, OS MAIS PODEROSOS QUE TÊM MENOS RAZÕES PARA OBSERVAR A LEI"

Na terceira sessão da comissão dedicada ao exame do tema da "Organização do Tribunal de Apelação em Matéria de Presas", realizada no dia 11

A RAIZ DAS COISAS

de julho de 1907, Rui Barbosa expõe a posição brasileira sobre a matéria, nos seguintes termos:

> Na composição do tribunal, todavia, quanto a competência para a nomeação dos seus membros, não nos agrada o alvitre que nos oferece o projeto inglês. Ele reserva o direito de os designar as potências cuja marinha mercante, ao momento da assinatura da convenção que ora se elabora, passe de 800 mil toneladas.
>
> Antes de mais nada, a norma proposta fora incompleta, só contemplando as marinhas passantes de 800 mil toneladas no ato da assinatura da convenção, sem prever o direito incontestável das que, se desenvolvendo, venham de futuro a emparelhar com as desse estalão.
>
> Todavia, não é esta a sua falta mais grave. Consiste esta, salvo engano de nossa parte, na disposição que reparte, exclusivamente, entre as marinhas de mais de 800 mil toneladas o poder de nomear os membros dessa jurisdição. Quando se adota, para o estabelecimento de uma autoridade, bases deste jaez, deixa-se transparecer certa preocupação dos sós interesses dos grandes, ou, pelo menos, de reconhecer-lhes a supremacia. Ora, não se trata somente de interesses, senão do exercício de uma função que deve ser estritamente judiciária. E, deste ponto de vista, não é fácil admitir este exclusivismo de um mínimo de tonelagem, fixado como fonte de competência.
>
> Mas bem vos adivinho, senhores, a resposta. Dir-nos-ão que cumpre achar uma condição visível, à qual se ligue a aquisição deste poder, e que, uma vez que se trata de litígios concernentes à marinha mercante, o interesse da boa distribuição da justiça, em um tribunal para cuja composição concorrem muitas nações, se medirá, naturalmente, a importância da marinha mercante de cada uma.
>
> Pense-se, porém, o que se pensar dessa relação entre o espírito da justiça e o do interesse, nunca se vingará satisfazer o sentimento geral das nações.
>
> Atentai bem que não é somente ao comércio dessas marinhas de mais de 800 mil toneladas que se pretende dar garantias jurídicas. É um tribunal de jurisdição universal que se vai criar. Todas as marinhas grandes ou pequenas dependerão dele. Acreditai que elas terão, todas, motivos iguais para confiar em juízes, para cuja nomeação não contribuíram de forma nenhuma?
>
> Não esqueçais que, sob esse regime, os débeis terão que se submeter à justiça dos fortes. Estes podem ter preocupações comuns que os induzam a não respeitar, suficientemente, certas considerações de relevância para o direito alheio. São, ordinariamente, os mais poderosos que têm menos razões para observar a lei. Como reservar a estes o privilégio da autoridade judiciária?

A PRINCIPAL QUESTÃO DA SEGUNDA CONFERÊNCIA DA PAZ DE HAIA (1907)

[...] Depois, as marinhas que se excluem, por não terem de *per si* a tonelagem indicada, representam todavia, em seu conjunto, uma tonelagem muito superior à que assegura a cada uma das outras a faculdade de concorrer para a nomeação do tribunal. Por que, pois, excluir da partilha de um tal direito essa importante massa, composta de pequenas marinhas, mas mais imponentes que muitas das grandes?

Propomos por consequência que as nações cujas marinhas sejam inferiores às toneladas fixadas sejam admitidas à nomeação dos membros do tribunal, mediante acordo entre elas para a escolha dos juízes, ou por qualquer outro sistema por meio do qual se venha a chegar ao mesmo resultado.

Rui Barbosa, nas sessões seguintes que se ocuparam da matéria, apresenta argumentação baseada em estatística naval, de marinha mercante e de comércio do Brasil, comparando-as com as de outras nações, particularmente, da Europa, para demonstrar a falta de critérios não somente jurídicos, como também fatuais, para pretendida classificação dos países que poderiam indicar juízes para o tribunal.

Aponta, ao criticar o quadro proposto, no qual a tonelagem da marinha mercante de cada país é colocada em relação com o número de juízes a atribuir-se a este país, as disparidades e as contradições evidentes da simples leitura dos números:

Seis anos, juiz e um suplente

PAÍS	TONELAGEM DA MARINHA MERCANTE
Alemanha	2.352.000
Estados Unidos	6.456.000
Áustria-Hungria	420.000
França	1.349.000
Inglaterra	12.333.000
Itália	1.032.000
Japão	1.276.000
Rússia	636.000

Quatro anos, juiz e suplente

PAÍS	TONELAGEM DA MARINHA MERCANTE
Espanha	532.000

Três anos, juiz e suplente

PAÍS	TONELAGEM DA MARINHA MERCANTE
Países Baixos	1.164.000

Dois anos, juiz e suplente

PAÍS	TONELAGEM DA MARINHA MERCANTE
Bélgica	102.000
China	87.000
Dinamarca	453.000
Grécia	381.000
Noruega	1.486.000
Portugal	113.000
Romênia	97.000
Turquia	241.000

Um ano, juiz e suplente

PAÍS	TONELAGEM DA MARINHA MERCANTE
Bulgária	2.736
Pérsia	855
Suíça	0000

A PRINCIPAL QUESTÃO DA SEGUNDA CONFERÊNCIA DA PAZ DE HAIA (1907)

Dois anos, juiz e sem suplente

PAÍS	TONELAGEM DA MARINHA MERCANTE
Brasil	217.000
Argentina	96.000
Chile	82.000
México	21.000

Um ano, juiz e sem suplente

PAÍS	TONELAGEM DA MARINHA MERCANTE
Sérvia	0000
Sião	4.547
Uruguai	44.000
Peru	30.000
Venezuela	5.000
Colômbia	1.842

Um ano, suplente

PAÍS	TONELAGEM DA MARINHA MERCANTE
Nicarágua	8.042
Cuba	40.908
Montenegro	5.417
Guatemala	2.572
Honduras	1.771
Costa Rica	1.222
Salvador	514
Haiti	3188
República Americana	1.388
Luxemburgo	0000

A RAIZ DAS COISAS

Ao comentar os óbvios disparates do quadro proposto, Rui destaca, com referência ao Brasil, que o projeto "atribui ao zero da Suíça um juiz e um suplente, e às 217 mil toneladas do Brasil somente um juiz. O nosso direito de nos defender de tamanha iniquidade é palpável". Aduz, ainda em tom conciliador que: "Fazemos um apelo aos autores do projeto, ao bom senso e equidade, dessas imperfeições de sua obra, cujos defeitos não atribuímos senão às dificuldades do trabalho, e à urgência da tarefa." E pede: "Dignai-vos a acolher essas observações irrefragáveis, não como uma crítica hostil, mas como um trabalho de colaboração."

Na sessão do dia 22 de agosto, sobre a "Composição da Corte de Presas", Rui Barbosa usa da palavra para rebater provocação do delegado norte-americano, Choate, nos seguintes termos:

> Um dos nossos ilustres colegas, queria, ao que parece, sugerir outro sentido, quando me perguntou, no fim da última sessão, quantos navios mercantes brasileiros, em período que Sua Excelência não determinou, foram vítimas do direito de presa. Eu dou este sentido a estas palavras, porque não quero enxergar intenção de nos deprimir epigramaticamente.
>
> Se a questão pretendera ser séria eu retorquiria, pedindo ao nosso eminente colega responder-nos quantos navios mercantes a captura levou à Bélgica? Quantos à Noruega? Quantos à Suécia? Quantos a Portugal? Quantos à Romênia? Entretanto, todos esses países figuram para o Tribunal de Presas em ordem superior à nossa. Depois, se é certo que nestes últimos tempos não temos sofrido nem tampouco exercido a captura, isso não quer dizer que os seus rigores nos sejam de todo desconhecidos.
>
> Não fizemos presas quando bloqueamos em 1864 e 1865 alguns portos do Uruguai nem quando bloqueamos, posteriormente, o Paraguai. Mas, em 1816 e 1820 muitos navios mercantes do Brasil, então Reino, foram capturados por corsários armados em Baltimore e outros portos dos Estados Unidos, corsários que hastearam o pavilhão de Artigas, o ditador do Uruguai.
>
> Muitos outros navios mercantes foram capturados da mesma procedência, que hasteavam o pavilhão da República das Províncias Unidas do Rio da Prata. Algumas dessas presas foram levadas para portos dos Estados Unidos, onde se venderam.

A PRINCIPAL QUESTÃO DA SEGUNDA CONFERÊNCIA DA PAZ DE HAIA (1907)

A nossa marinha de guerra, a esses tempos, capturou, igualmente, navios mercantes de muitas nacionalidades. Tivemos que fazer e receber bastante reclamações concernentes a negócios de presas. Uma das nossas mais desagradáveis discussões diplomáticas foi a que a chancelaria brasileira viu-se na obrigação de sustentar, em 1827, com o encarregado de negócios dos Estados Unidos da América, Mr. Raguet, o qual pediu e recebeu seus passaportes.

O governo americano desaprovou o procedimento do seu representante, ao qual o secretário de Estado, Mr. Clay, em memoráveis despachos, deu uma lição de polidez internacional, recordando ao diplomata seu dever de não empregar para com o governo brasileiro expressões provocadoras ou irritantes, *"provoking or irritating expressions ought always to be avoided"*.

É a essa magnânima imparcialidade do espírito americano que nós fizemos apelo. Fazemos, também, à vossa, que sois por certo homens de consciência reta, incapazes de se revoltarem contra a razão, quando ela se impõe com todo o peso da sua evidência.

Rui Barbosa finaliza sua intervenção, dizendo:

não pedimos o rebaixamento dos Estados colocados acima de nós, senão apenas que se nos ponha acima daqueles que realmente não nos são superiores. Concluo, pois, reclamando, quer para o Brasil, quer para os três outros países colocados na quinta classe, isto é, a Argentina, o México e o Chile, serem elevados ao menos ao mesmo plano em que se encontram a Noruega, a Turquia, a Romênia, a Dinamarca, Portugal e a Grécia. Se não o fizerdes, dar-se-á, sem falta nenhuma, uma denegação de justiça.

Na sessão final da Primeira Comissão, no encaminhamento da votação, aos 10 de setembro, Rui faz uma intervenção que resume a posição brasileira de rechaço à proposta das grandes potências. Critica não tanto o princípio da classificação dos Estados, mas, principalmente, "o uso que dele se tem feito". Agrega, a propósito, que:

desde que se trata de uma classificação a impor-se a entidades, não somente livres, senão soberanas, por pretender o seu assentimento, cumpre antes de tudo convencê-las da imparcialidade e da exatidão com que é feita. E isso impunha-se tanto mais no caso vertente quanto era a primeira vez que se procedia, oficialmente, uma classificação internacional entre nações independentes, e não fora razoável contar com o seu consentimento em pôr umas acima das outras em uma escala de valores, sem que cada uma destas nações visse bem, claramente, a rigorosa justiça.

Rui, a seguir, baseado nos três critérios da proposta – o valor da marinha mercante, o valor do comércio marítimo e o valor da marinha de guerra – demonstra que as aplicações de todas as três medidas com relação aos países da América, em particular ao Brasil, "faltaram à justiça, e até a balburdiaram com uma inexatidão flagrante". Cita, entre os equívocos, a classificação do Brasil na quinta categoria no referente à marinha militar, sendo que na quarta havia sido classificado um país que "não tem marinha de guerra e outro que só a tem para a defesa de seu litoral. [...] Isto nos parece, verdadeiramente, arbitrário".

"ESSA AFIRMAÇÃO OSTENTOSA DO PODER DA FORÇA CONTRA A RAZÃO"

Ao finalizar sua intervenção, encaminhando o voto contrário, Rui assinala o caráter preconceituoso da maneira como foi defendida a proposta das grandes potências, afirmando que, quando

apresentamos a nossa primeira crítica, aos 17 de agosto, referente à marinha mercante, medida sobre a tonelagem, um dos nossos eminentes colegas nos responde, no Comitê de exame, que os autores do quadro tinham decidido "não considerar apenas a tonelagem, senão, também, a importância da marinha e do comércio". A essa declaração replicamos, provando na sessão seguinte, que, aferida segundo essas duas outras medidas, tornava-se mais manifesta a injustiça da classificação. Então nada mais se nos opôs. Calaram-se, mas tiveram a injustiça flagrante, a inversão provada e tangível. Essa iniquidade palpável nos fundamentos de uma

A PRINCIPAL QUESTÃO DA SEGUNDA CONFERÊNCIA DA PAZ DE HAIA (1907)

instituição judiciária, essa afirmação ostensiva do poder da força contra a razão na obra da mais augusta assembleia do mundo, convocada para organizar a paz mediante o direito, é, infinitamente, dolorida para as vítimas.

Rui conclui enunciando o voto brasileiro e destaca nele a consideração por eventuais reações da opinião púbica nacional e do Poder Legislativo:

O nosso país não pode resignar-se a ela [proposta das grandes potências]. O nosso governo não a poderia subscrever, sem levantar contra si a opinião pública, já manifesta no assunto, e praticar um ato, inutilmente temerário, que ia dar com a oposição mais certa, a mais peremptória recusa dos nossos legisladores. O nosso voto será, pois, contrário ao projeto. Apelamos para os tempos em que o espírito dos povos esteja mais maduro para a obra da paz, que não é outra que a do direito mantido sinceramente entre as nações.

CAPÍTULO 4
"O novo descobrimento da América"

Registre-se inicialmente que na Primeira Conferência da Paz de Haia de 1899 estiveram presentes 26 países: vinte da Europa, dois da América (Estados Unidos e México) e quatro da Ásia. Na Segunda Conferência da Paz de Haia, de 1907, estiveram presentes 44 países: 21 da Europa (incluindo nesse número a Turquia), dezenove da América (incluindo nesse número os Estados Unidos) e quatro da Ásia. O dado novo no conclave de 1907 – no dizer de Rui, a "grande assembleia internacional onde pela primeira vez se reuniram todos os Estados constituídos e soberanos do mundo" – foi a presença expressiva dos países da América Latina. Presença não somente quantitativa, mas de um grupo de nações com personalidade própria, atores conscientes e responsáveis, orientados por valores, e não meros espectadores da cena mundial. Como disse o delegado norte-americano, James Brown Scott, após a intervenção de Rui no debate com o delegado russo De Martens: a Segunda Conferência da Paz de Haia representou "o advento da América do Sul nos destinos do mundo".

Ao responder o discurso do dr. Virgílio de Leme, na recepção popular realizada no palácio do governo, em Salvador, Bahia, no dia 29 de dezembro de 1907, Rui faz importante avaliação do embate ocorrido, na Segunda Conferência da Paz de Haia, entre a América do Sul e os Estados Unidos em torno da proposta de Washington da criação de um tribunal

A RAIZ DAS COISAS

mundial de justiça, onde oito potências teriam assento permanente e, as demais, assentos rotativos.[1] Essa proposta foi abandonada pelos Estados Unidos ao verificar, principalmente, a reação contrária dos demais países americanos, que foi iniciada pelo Brasil, nas palavras de Rui Barbosa, com a defesa do princípio da igualdade das nações.

Rui assim expõe o que denominou a "lição do drama de Haia":

> A América não é um agregado eventual de grupos humanos: é um todo providencial. Deus a fez integral, solidária, indissolúvel, sob a divergência superficial dos elementos saxônicos ou latinos, que nela preponderam. Através das suas diversidades originárias e dos seus transitórios antagonismos, todas essas nações aderem umas às outras por um laço de cooperação natural, não menos necessário e mais estreito ainda que o do equilíbrio político entre as velhas potências do mapa europeu.
>
> Era a essa integridade suprema do hemisfério americano que se vinha opor a teoria da desigualdade jurídica dos Estados. Ela reduziria o continente americano, o continente do futuro, a uma justaposição grosseira de humilhações e privilégios, de cobiças e espoliações, de exclusões e precedências. Banindo, abertamente, das relações entre os governos o princípio da igualdade perante a lei, que constitui a base fundamental de todas as sociedades livres, retirava à independência dos fracos toda a sua realidade, abrindo para a vida americana uma era de ambições e receios, de prevenções e surpresas, de misérias e atentados, incalculavelmente nefasta.
>
> Desse perigo nos salvou um movimento geral de reação entre as nações americanas. Nos próprios Estados Unidos, a própria opinião pública lhe sorriu com simpatia. Não houve, pois, vencedores nem vencidos; e se ao Brasil tocou a honra da iniciativa da resistência, às suas irmãs americanas coube a da unanimidade no apoio. São dois papéis, que se completam, e da fusão dos quais resultou o advento da América triunfante nas serenas regiões do direito.
>
> Tal, na sua síntese evidente, a lição do drama de Haia, que a intuição das suas testemunhas mais diretas imediatamente classificou, sem contestadores, como o novo descobrimento da América, o seu descobrimento político, a revelação do peso desse grande fator, até então desconhecido, na vida internacional.
>
> À vocação da necessidade, a consciência jurídica despertou vivíssima nos pequenos Estados, particularmente nos da América, e Brasil acudiu ao reclamo

"O NOVO DESCOBRIMENTO DA AMÉRICA"

da sua posição nacional. Nela não me parece que outro o pudesse substituir. Os demais, na sua generalidade, reconheceram, pelas manifestações mais positivas da sua adesão e da sua confiança, que ele se desempenhava sincera e discretamente dos deveres do seu posto: o que lhe indicavam as tradições da sua história, os precedentes da sua diplomacia e a importância da sua expressão geográfica, do peso da sua população, do valor da sua cultura. Ninguém lhe disputou essa atitude, ninguém lhe desconheceu a sua dignidade; e se o vosso representante não faltou às exigências desse imprevisto, é que a sua simplicidade tudo lhe facilitava, é que o concurso das simpatias gerais o armava de um poder maravilhoso; é que qualquer outro brasileiro com a inteligência do lugar e da ocasião sentiria em si, como este, a substituição da sua pessoa pela da nacionalidade.

Eu quisera comunicar-vos, tão funda quanto em mim penetrou, essa noção do grande acontecimento. Não é uma impressão de vitória ou superioridade nacional. É uma impressão de fraternidade e solidariedade internacional. Ele, por si só, em certo sentido, teria feito tanto pela boa vontade entre os povos quanto as comissões gerais de arbitramento e, embora observadores superficiais o não vejam, bastará para consagrar, aos olhos da História, como o pórtico da paz no século XX, a Conferência de Haia.

"FOSTES O DEPUTADO DO CONTINENTE"

Euclides da Cunha, ao saudar Rui, em nome de Rio Branco, em ato no Ministério das Relações Exteriores, no dia 30 de dezembro de 1907, sublinhou que via, no "embaixador Rui Barbosa, não um representante do Brasil, mas, sim, o plenipotenciário da América Latina.[2] A sua atitude no Congresso de Haia definiu princípios gerais que jamais se confundirão". Euclides continua e afirma não crer que nenhum homem possa produzir isolado esses deslocamentos na História, e assinala: "Fostes o deputado do continente!"

O orador prossegue com interessante comentário sobre a recepção das ideologias europeias na América e as realidades da política internacional:

A RAIZ DAS COISAS

Os políticos – filósofos liberais da Europa – têm na América os seus melhores discípulos. As suas ideias, vistas de longe, aumentam de forma, como se a existência física se ampliasse na vastidão do Atlântico. Daí nos sentimos crescer com a sua grandeza. A nossa experiência de povos novos sempre nos parecera maior diante da superioridade revelada pelas velhas raças trabalhadoras. Presumimos às vezes concretizar-se nelas as maiores utopias dos sonhadores pacifistas. E quase que tínhamos a representação objetiva do quadro ideal da solidariedade humana. Acreditávamos numa evolução tão perfeita, que se prendia à própria evolução da Terra; acreditávamos que o cosmopolitismo crescera tanto, que a própria atmosfera se impregnara dele, para dentro dela se operar a transformação moral das raças.

O seu fulgor irradiava nos tratados, nas convenções que ampliam o império da justiça, e nas posições em que parece figurar a apoteose da prosperidade dos povos irmanados pelo trabalho.

É fato que havia sombra nesse quadro luminoso; o capitalismo absorvente e o industrialismo ferrenho faziam surgir o socialismo, levantando o maior dos problemas que agitam a sociedade.

Os *trusts*, açambarcando tudo, pareciam prognosticar o esmagamento da maioria dos povos em proveito de quatro ou cinco nações fortes e imperialistas.

Parecia que o sonho dos velhos filósofos não se tornaria realidade, porque os erros caminhavam passo a passo com os adiantamentos.

O congresso interparlamentar, que se reuniu em Paris, sob a presidência de Júlio Simon, era prenúncio de que a Europa nos precedera para o ideal da paz. Via-se Alfred Nobel, o sinistro inventor da pólvora sem fumaça e da dinamite, legar toda a sua fortuna à obra dos pacifistas, e Nicolau II, em momento crítico para a autocracia, declarar, numa proclamação ao povo, que era patrício de Tolstói.

Tudo nos ditava que as nações fortes, as nações exorbitantes, seriam as primeiras a remover os tropeços que perturbavam a marcha do extraordinário ideal. Por isso surpreendeu a todos ver que, depois de tantos congressos, não se havia adiantado um passo.

A organização do tribunal permanente nem o mérito da originalidade possuía, querendo avaliar as nações por cabeças de habitantes, como se avaliam rebanhos.

Com a oposição levantada pelo nosso ilustre delegado do Brasil, não se impressionaram os açambarcadores da filosofia; naquele momento, até a ironia graciosa dos jornalistas o desenhou ao mundo como *l'enfant terrible*.

"O NOVO DESCOBRIMENTO DA AMÉRICA"

Chocou o extraordinário da revelação, quiseram apegar-se a pequenas regras de regimento interno para tolher-lhe a liberdade da palavra, impedindo-o de permanecer na tribuna.

Era preciso abrir-se um período de síntese, em que se entrechocassem os efeitos de vinte séculos de cultura.

Naquela ocasião, não éreis o representante de uma nacionalidade, não éreis um satélite; éreis um sistema, falando astronomicamente, porque arrastáveis convosco uma constelação de países.

Deixo-vos nesta altura; mas, antes de terminar, peço licença para dizer que não se pode atribuir o papel que desempenhou o nosso delegado unicamente às suas qualidades pessoais.

O seu aparecimento é tão lógico, tão geométrico, como a resultante de um paralelogramo de forças.

Refere-se Euclides da Cunha a Rio Branco, qualificando de extraordinário seu encontro com Rui Barbosa: "a irradiação da inteligência do segundo consorciou-se com a austeridade moral do estadista".

"CONSEGUIMOS IMPEDIR A REALIZAÇÃO DO MAL"

Rui, ao responder às palavras de Euclides da Cunha, destaca a somatória de três fatores que possibilitaram o desempenho do Brasil em Haia.[3] De acordo com relato do *Jornal do Commercio,*

> pensa que tudo se deve ao apoio do governo, em primeiro lugar; em segundo, ao sentimento da opinião pública, de sua pátria, cujos ecos lhe chegavam aos ouvidos como um supremo conforto, fazendo ter a ilusão de que sentia os corações de seus patrícios pulsarem de encontro ao seu e, em terceiro à conjuração feliz dos fatores históricos de que falou o orador precedente. Também não acredita no valor individual do agente senão como reflexo do meio.

O delegado brasileiro a Haia aduz:

A RAIZ DAS COISAS

Ao sair daqui os representantes do Brasil não levavam projetos, nem tampouco programas. Iam apenas corresponder a convite que lhes fora dirigido.

Graças, porém, aos incidentes e aos erros que ali nos favoreceram com a ocasião de rebater a injustiça, de defender o direito, conseguimos impedir a realização do mal. Isso devido, não ao nosso valor, mas ao dos princípios; conseguimos ver ruir planos que viriam a prejudicar o ideal de confraternização.

Impedindo a organização do Tribunal de Arbitramento, obtivemos uma vitória.

"OS PAÍSES DA AMÉRICA LATINA FORAM TRATADOS EM GERAL COM EVIDENTE INJUSTIÇA"

Da série de telegramas trocados entre Rio Branco e Rui Barbosa, destacam-se, entre outros, os despachos 89 e 90, nos quais o chanceler brasileiro transmite as instruções finais ao delegado em Haia:

> Os países da América Latina foram tratados em geral com evidente injustiça. É possível que, renunciando *à igualdade de tratamento, que todos Estados soberanos têm tido até hoje* nos congressos e conferências, alguns se resignem a assinar convenções, em que sejam declarados, e se confessem nações de terceira, quarta ou quinta ordem. O Brasil não pode ser desse número. [...] O presidente resolveu que não assinemos nem a projetada convenção para o estabelecimento de um novo Tribunal de Arbitramento em Haia, nem a convenção para o tribunal de apelação de presas, colocado o Brasil como foi também na classificação feita para este segundo acordo, em posição inferior à que lhe competia pela importância da sua marinha mercante. [...] Agora que não mais podemos ocultar a nossa divergência, cumpre-nos tomar aí fracamente a defesa do nosso direito *e do das demais nações americanas*. Estamos certos de que V. Excia. o há de fazer com firmeza e moderação e brilho, atraindo para o nosso país as simpatias dos povos fracos e o respeito dos fortes.
>
> Não tendo havido intervenção eficaz, só nos resta agora tomar a posição que a nossa dignidade nos impõe. Já é tarde para sugerir outros alvitres, e a rejeição do tribunal arbitral é o único partido que nos resta. A parte principal nessa campanha deve pertencer ao *Brasil e aos demais países latinos da América*.

226

"O NOVO DESCOBRIMENTO DA AMÉRICA"

O tratamento injusto a que se refere Rio Branco ficou patente na classificação dos países sul-americanos constante da proposta norte-americana de criação do Tribunal de Arbitramento.

A respeito das percepções correntes então sobre a América Latina, registre-se ainda que o presidente Theodore Roosevelt, em seu livro *American Ideals,* conforme observou Euclides da Cunha, na obra *Contrastes e confrontos,* publicada em 1907, referia-se aos "perigos excepcionais" para os Estados Unidos, e lembrava o quadro de anarquia sul-americano: "rusguento grupo de Estados, premidos pelas revoluções e onde um único senão se destaca mesmo como nação de segunda".

A VOTAÇÃO MAIS IMPORTANTE DA SEGUNDA CONFERÊNCIA DA PAZ DE HAIA: A VITÓRIA DO BRASIL

Na sessão plenária de 16 de outubro de 1907, foi votada a moção de criação da nova Corte de Justiça Arbitral. A proposta, conforme formulada pela Inglaterra e apresentada pelo delegado norte-americano, James Scott Brown, estabelecia que a corte somente seria implantada "quando se chegasse a um acordo quanto à seleção dos juízes e à constituição da corte".

O voto do delegado brasileiro, embaixador Rui Barbosa, manifestou o apoio à moção sob a "condição absoluta da efetiva observação do princípio da igualdade dos Estados soberanos de acordo com o definido pelos votos da Primeira Comissão – comitê de exame B e seu subcomitê –, que rejeitou o sistema de rotação e a escolha dos juízes por eleitores estrangeiros".

Esse voto, principalmente a expressa reserva feita, juntamente com a rejeição do sistema de rotação, é o ponto alto, a síntese da atuação de Rui em Haia. O voto com expressa reserva do Brasil foi seguido pelas delegações da Colômbia, da Guatemala, do Haiti, da Venezuela, do Pa-

A RAIZ DAS COISAS

raguai, da República Dominicana, do Panamá, do Equador, do Uruguai, da Bolívia, da Nicarágua, do México, da Pérsia e da China. Esse quadro expressa a vitória do Brasil. Vitória da América Latina, que, pela primeira vez, se apresentou como um ator de peso na política internacional, com rosto próprio, consciente de sua dignidade e cultura.

O apoio do Chile à tese de Rui feito pelo delegado Augusto Matte foi indireto, mas bastante interessante: "Se cada Estado presente na conferência tem um voto na adoção de cada [...] resolução da conferência, por que haveria uma representação diferente na organização judicial encarregada de aplicar essas resoluções?"

RUI ACUSADO DE FRUSTRAR O PRINCIPAL PROJETO APRESENTADO EM HAIA

O professor Gerry Simpson, do Departamento de Direito da London School of Economics and Political Science, em *Great Powers and Outlaw States*, livro publicado em 2004, sublinha que "Barbosa obstruiu a iniciativa da corte" e que "internacionalistas rejeitaram a forma vigorosa a maneira como Barbosa defendeu a igualdade das soberanias, vendo-o como responsável por esse fracasso"! Para ele este foi o grande fracasso da Conferência de Haia: "[frustrar] o projeto de criar uma Corte Internacional de Justiça". Aduz sobre a atuação de Rui: "Sua oposição aos Estados Unidos em Haia valeu-lhe o apelido de 'A Águia de Haia', mas fez com que não representasse o Brasil em Versalhes [por causa da oposição dos Estados Unidos à sua presença]".[4]

Rui, em discurso no Senado em 21 de outubro de 1908, assim rebateu essa acusação, que ecoa até nossos dias:

> Acusavam-nos, na grande imprensa europeia, de havermos burlado a Assembleia de Haia num dos seus intuitos cardeais: a organização da justiça internacional.

"O NOVO DESCOBRIMENTO DA AMÉRICA"

Essa responsabilidade caberia ao Brasil, com as potências, especialmente americanas que o acompanharam. Para atalhar, uma vez por todas, futuras decepções da mesma natureza, era preciso acabar com as conferências que reuniam todas as nações e substituí-las pelos congressos onde só se ouviria a voz dos poderosos. Opondo-me a esta senha de regresso, acreditei poder falar em nome de todos os excluídos, associando à voz da minha pátria a dos Estados que a circundam.

Evoquei a imagem da América, desvanecendo-me em pintar o verdor florescente da sua civilização, as grandes correntes de progresso que hoje a transformam rapidamente, a iminência da sua grandeza futura. [...]

Quisera eu reproduzir-vos agora as expressões que ali tive [em Haia] [...]:

"É o mais abominável dos erros o que se persiste em cometer, insistindo em ensinar aos povos que as categorias entre os Estados se hão de medir segundo a situação militar, e isto justamente numa assembleia cujo fim consiste em nos distanciar da guerra.

"[...] Nesta conferência [os Estados da América Latina] lhe transpusemos o limiar, e vós começastes a conhecer-nos como obreiros da paz e do direito. Mas, se nos despedissem desiludidos, com a experiência de que a grandeza internacional só se bitola pela força das armas, então, por obra vossa, o resultado da Segunda Conferência da Paz teria sido inverter a corrente política do mundo rumo à guerra, compelindo-nos a buscar nos grandes exércitos e nas grandes marinhas o reconhecimento do nosso lugar, debalde indicado pela população, pela inteligência e pela riqueza.[5]

Caberia, também, destacar a visão pioneira de Rui ao defender que não existem barreiras entre as dimensões "interna" e "externa" na legitimidade e na aplicação dos princípios da democracia, como o da igualdade. A propósito, em artigo na revista *The Economist* de 2 de junho de 2007, o ex-primeiro-ministro do Reino Unido Tony Blair faz um balanço de sua gestão com o sugestivo título "*What I've learned*". Salienta que, nesse período de dez anos, aprendeu que "*the line between 'foreign' and 'domestic' policy is being blurred*" e que "*international politics should not be simply a game of interests but also of beliefs, things we stand for and fight for*".

A RAIZ DAS COISAS

NOTAS

1. Rui Barbosa, *Obras completas de Rui Barbosa, v. XXXIV, 1907, t. I, Discursos Parlamentares*, Rio de Janeiro, Ministério da Educação e Cultura, 1962, p. 153–159.
2. *Ibidem*, p. 181–183.
3. *Ibidem*, p. 183–185.
4. Gerry Simpson, "'Extreme Equality': Rupture at the Second Hague Peace Conference, 1907", *in Great Powers and Outlaw States,* Cambridge, Cambridge University Press, 2004, p. 132–164.
5. Rui Barbosa, "O Brasil e as nações latino-americanas em Haia", *in Esfola da calumnia*, Rio de Janeiro, Editora Guanabara, 1933.

Sessão plenária da Primeira Conferência da Paz de Haia, em 1899. O presidente Campos Sales alegou necessidade de priorizar outros gastos, portanto, o Brasil não participou do primeiro conclave. Isso atrasou por quase uma década a entrada do país na política internacional.

Delegação norte-americana à primeira conferência: Andrew D. White (delegado principal), carregando o cachimbo da paz; Seth Low, com o ramo de oliveira; Stanford Newel, com a pomba da paz engaiolada; o capitão Crozier, com fardamento completo; o capitão Mahan, carregando uma arma sofisticada; e Frederick W. Holls, levando uma pilha de livros e uma caixa registradora.

Frederick William Holls, *To The Czar's Peace Picnic*/Houghton Library, Harvard College Library. Esta obra está licenciada com uma licença Creative Commons Atribuição 4.0 Internacional (CC BY 4.0), disponível em <www.creativecommons.org/licenses/by/4.0/deed.pt_BR>.

John Bull e seus amigos – Um mapa sério-cômico da Europa ironiza a convocação do czar Nicolau II para a Primeira Conferência da Paz de Haia: "A Rússia, apesar do nobre esforço do czar para impressioná-la [a Europa] com sua imagem pacífica, continua sendo um polvo."

John Bull and His Friends. A Serio-Comic Map of Europe, de Frederick Rose/British Library

Pescando com caniço em águas revoltas – Um mapa sério-cômico da Europa satiriza o czar Nicolau II. Retratado com um ramo de oliveira – símbolo da paz – em uma das mãos, na outra, segura uma armadilha, direcionada ao Pacífico e ao Japão.

Angling in Troubled Waters [cartographic material]: *A Serio-Comic Map of Europe*, Fred. W. Rose e Matt. Hewerdine/Yale University

Rui Barbosa liderou a delegação brasileira na Segunda Conferência da Paz, de 1907. A foto foi registrada no mesmo ano.

Fundação Casa de Rui Barbosa/Arquivo Rui Barbosa

Foto oficial do plenário da Segunda Conferência da Paz de Haia, 1907. Pela primeira vez, todos os Estados soberanos se reuniam.

Fundação Casa de Rui Barbosa/Arquivo Rui Barbosa

No detalhe, Rui Barbosa.

Delegação do Brasil na Segunda Conferência da Paz de Haia (da esquerda para a direita) – em pé: Antônio Batista Pereira, José Rodrigues Alves, Rodrigo Octavio de Langaard Menezes, Artur de Carvalho Moreira, Abelardo Roças, Leopoldo Magalhães Castro, Fernando Gustavo Dobbert; sentados: Tancredo B. de Moura, Eduardo F. R. dos Santos Lisboa, Rui Barbosa, Roberto Trompowski Leitão de Almeida e Carlos Lemgruber Kropf.

Fundação Casa de Rui Barbosa/Arquivo Rui Barbosa

Rui Barbosa, no detalhe de foto da delegação brasileira e portuguesa. Ao se referir a si mesmo, costumava enfatizar: "nasci na pobreza; e de tal me honro".

Fundação Casa de Rui Barbosa/Arquivo Rui Barbosa

A atuação conjunta de Rio Branco e Rui Barbosa inaugura uma nova etapa da diplomacia brasileira. Na charge de J. Carlos, eles se despedem antes da viagem a Haia. *O Malho*, 25/5/1907, ed. 0245, p. 7.

Fundação Casa de Rui Barbosa/ Arquivo Rui Barbosa

O barão do Rio Branco apelidou Rui de "Águia de Haia". A alcunha ressoa em um dos versos que acompanham a charge *Rumo à Holanda!*, de Leônidas: "Ei-lo, o Rui, como vai belo e imponente!/ Águia, elevou-se!" *O Malho*, 11/6/1907, ed. 0243, p. 28.

Fundação Casa de Rui Barbosa/Arquivo Rui Barbosa

A oratória de Rui Barbosa impressionou as delegações internacionais. Segundo Afonso Celso, Rui "falava, duas, três, quatro horas, sem repousar. […] Verdadeiros tratados". Na charge de Storni, Rui aparece na tribuna. *O Malho*, 6/7/1907, ed. 0257, p. 5.

Fundação Casa de Rui Barbosa/Arquivo Rui Barbosa

Em *L'enfant terrible* — título que remete ao apelido dado pela imprensa internacional —, Rui Barbosa aparece como um dom-quixote.
Ao mesmo tempo, no texto que acompanha a imagem, J. Carlos lembra que "quando um povo se sente atravessado por uma corrente de alegria, a sua pátria prospera e é admirada pelo resto da Terra".
O Malho, 31/8/1907, ed. 0259, p. 12.

Fundação Casa de Rui Barbosa/
Arquivo Rui Barbosa

Os olhares da plateia, na charge de Lobão, evidenciam a anedota: devido aos seus discursos longuíssimos, Rui foi apelidado de "Mr. Verbosa". *O Malho*, 31/8/1907, ed. 0259, p. 29.

Fundação Casa de Rui Barbosa/
Arquivo Rui Barbosa

Conforme a charge de Storni *Dentro de uma cabeça* revela, Rui Barbosa contava com o apoio do barão do Rio Branco em seu posicionamento contra as grandes potências.
O Malho, 31/8/1907, ed. 0259, p. 30.

Fundação Casa de Rui Barbosa/Arquivo Rui Barbosa

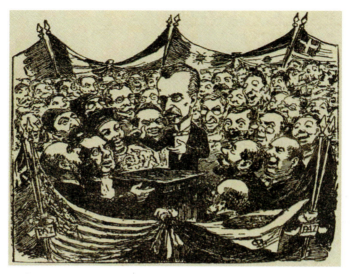

A charge *Na Haia: o incidente Choate*, de autor desconhecido, ilustra o posicionamento de Rui Barbosa contra a tentativa dos Estados Unidos de instituir uma Corte de Justiça Arbitral Internacional. *O Malho*, 1907, ed. 0260, p. 27.

Fundação Casa de Rui Barbosa/Arquivo Rui Barbosa

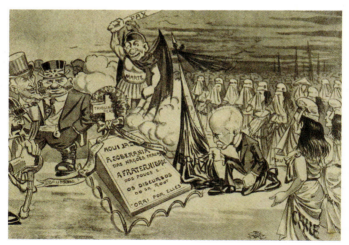

Em *Funerais da Conferência da Paz*, Storni evidencia o trabalho de oposição de Rui sobre a proposta estadunidense, apoiada pelos alemães. *O Malho*, 31/8/1907, ed. 0259 (1), p. 5.

Fundação Casa de Rui Barbosa/Arquivo Rui Barbosa

Rui Barbosa, o barão do Rio Branco e os representantes de Inglaterra, Alemanha, França, Itália e Espanha estampam a capa do jornal, pelas mãos de Lobão, no 85º aniversário da independência do Brasil. *O Malho*, 7/9/1907, ed. 0260, capa.

Fundação Casa de Rui Barbosa/Arquivo Rui Barbosa

Em *Guerra pelo osso, em Haia*, de autor desconhecido, o correspondente Stanhope, do jornal *New York Herald*, atira bombas de "calúnia" contra a "proposta brasileira". No texto que acompanha a imagem, o cartunista faz Rui Barbosa se posicionar: "Podes continuar a atirar, tipo histérico, que do alto em que me colocou a atitude do meu país não me atingem os teus insultos." *O Malho*, 7/9/1907, ed. 0260, p. 7.

Fundação Casa de Rui Barbosa/Arquivo Rui Barbosa

A charge *Magnanimidade tardia*, de J. Carlos, registra que Mr. Root ordenou a Mr. Choate incluir o Brasil entre as "potências de primeira ordem". Ao lado de Rui, está o barão do Rio Branco. *O Malho*, 7/9/1907, ed. 0260 (1), p. 8.

Fundação Casa de Rui Barbosa/Arquivo Rui Barbosa

Em *A vitória do Brasil na Conferência da Paz*, de Storni, Rui aparece com a bandeira da igualdade e soberania das nações. *O Malho*, 14/9/1907, ed. 0261 (2), p. 5.

Fundação Casa de Rui Barbosa/Arquivo Rui Barbosa

Expectativa popular pelo retorno de Rui Barbosa ao Brasil: barão do Rio Branco, Afonso Pena, Pinheiro Machado, Carlos Peixoto, entre outros, no cais Pharoux, no Centro do Rio de Janeiro, enquanto o navio com Rui se aproxima. *O Malho*, 28/12/1907, ed. 0278 (1), p. 19.

Fundação Casa de Rui Barbosa/Arquivo Rui Barbosa

Na charge *Em Haia, aluga-se!*, de autor desconhecido, Rui manda recado: com a aprovação da sugestão brasileira, não havia mais necessidade de a conferência continuar. *O Malho*, 21/9/1907, ed. 0262 (1), p. 13.

Fundação Casa de Rui Barbosa/Arquivo Rui Barbosa

A legenda que acompanha o desenho de Lobão confirma, em tom lúdico, a importância da atuação de Rui Barbosa: "Foi no ano da graça de 1907, que, metida na caravela *Rio Branco*, [...] a imprensa europeia descobriu, [...] uma terra maravilhosa, em cujo céu fulgurava uma grande estrela. Essa terra tinha o nome de Brasil e a estrela, o de Rui Barbosa." *O Malho*, 4/1/1908, ed. 0277, p. 30.

Fundação Casa de Rui Barbosa/Arquivo Rui Barbosa

Ritorna Vincitor, de autor desconhecido, tematiza a vitória diplomática de Rui Barbosa em Haia. *O Malho*, 4/1/1908, ed. 0277 (1), p. 21.

Fundação Casa de Rui Barbosa/Arquivo Rui Barbosa

Storni retrata o retorno de Rui Barborsa, em *Apoteose do vencedor*. *O Malho*, 4/1/1908, ed. 0277 (1), p. 3.

Fundação Casa de Rui Barbosa/Arquivo Rui Barbosa

A recepção a Rui Barbosa na avenida Central, no Rio de Janeiro. *O Malho*, [s./d.], ed. 0278 (1), p. 20.

Fundação Casa de Rui Barbosa/Arquivo Rui Barbosa

Rui Barbosa novamente em terras brasileiras. *O Malho*, [s./d.], ed. 0278 (1), p. 20.

Fundação Casa de Rui Barbosa/Arquivo Rui Barbosa

A multidão se reúne em torno de Rui Barbosa na praça Quinze de Novembro, no Centro do Rio de Janeiro. *O Malho*, [s./d.], ed. 0278 (1), p. 19.

Fundação Casa de Rui Barbosa/Arquivo Rui Barbosa

O cartunista Lobão retrata, no Palácio do Catete, Afonso Pena entregando uma medalha de honra a Rui Barbosa, em seu retorno da Holanda. *O Malho*, 21/11/1908, ed. 0323 (2), capa.

Fundação Casa de Rui Barbosa/Arquivo Rui Barbosa

Rui Barbosa em Queluz, Minas Gerais, durante a Campanha Civilista, em 18/2/1910, mesmo ano em que concorreu à Presidência da República. Apesar de se posicionar contra as elites, foi derrotado por Wenceslau Brás.

Fundação Casa de Rui Barbosa/Arquivo Rui Barbosa

As cédulas com a estampa de Rui Barbosa circularam no Brasil entre 1986 e 1989. Um verso portava a esfinge do polímata e, em segundo plano, sua mesa de trabalho; o outro, indicava sua atuação na tribuna da Conferência de Haia.

Banco Central do Brasil

CAPÍTULO 5

Outras participações importantes de Rui na política internacional

NOVO CONCEITO DE NEUTRALIDADE
O Brasil e a Primeira Guerra Mundial

A República Argentina celebrou, em 9 de julho de 1916, o centenário de sua independência. O governo brasileiro, presidido então por Wenceslau Brás, decide enviar uma delegação especial para as comemorações "dos fastos cívicos de Tucumán" e indica Rui Barbosa para chefiá-la. Após cumprir o programa oficial, Rui profere, em castelhano, conferência no dia 14 de julho de 1916 na Faculdade de Direito e Ciências Sociais de Buenos Aires, oportunidade em que recebeu o título de professor *honoris causa*.

A embaixada especial a Buenos Aires dá a Rui Barbosa a oportunidade de transmitir aos dirigentes brasileiros e aos líderes mundiais sua mensagem de severa condenação à autocracia da Alemanha de Guilherme II e do velho Império Austro-Húngaro, e de exaltar a causa das potências aliadas, que ele identificava, como todos os liberais de sua época, com os ideais da dignidade humana. É também, e principalmente, nessa conferência na capital argentina que ele condena o antigo conceito de neutralidade passiva, que em seu entender não ousa distinguir entre o bem e o mal, e propõe com vigor uma nova noção de neutralidade vigilante, orientada por valores éticos da democracia liberal.

O professor Sérgio Pachá, em projeto da Fundação Casa de Rui Barbosa, realizou esmerado trabalho de edição do texto da conferência de Buenos Aires. Traduziu o original castelhano, redigiu introdução e

A RAIZ DAS COISAS

elaborou utilíssimo conjunto de notas e apêndices que informam sobre as fontes bibliográficas de Rui Barbosa, produzindo, enfim, o que se pode considerar como a edição definitiva do pronunciamento de Rui na capital argentina, sob o título de *Os conceitos modernos do direito internacional.*[1]

Na palestra, Rui dedica mais de um terço ao estudo da formação política, social e econômica da Argentina. Em seguida, fala de suas reminiscências da Conferência de Haia, salienta a amizade com os três representantes argentinos, a convergência de ideais, e transcreve trecho do discurso do delegado argentino em Haia, Sáenz Peña:

> Doravante poderemos afirmar que a igualdade política entre os Estados deixou de ser uma ficção, e está consagrada como realidade evidente. Já não existirá no futuro um direito das gentes para a Europa e outro direito das gentes para a América. A história da Grã-Bretanha registrou esta sentença memorável, pronunciada no parlamento de Westminster, pela voz de um precursor: "Chamei à vida o Novo Mundo para restabelecer o equilíbrio do Antigo." Proferiu ele estas palavras no primeiro quartel do século XIX; está consumada a evolução: os soberanos da Rússia e dos Países Baixos convocando-nos a este recinto são os executores testamentários da profecia de George Canning. O equilíbrio está restaurado pela virtude do direito e pela harmonia das leis históricas, que concertam e juntam os dois mundos como as duas metades de uma só esfera, iluminadas por uma só justiça e pela mesma civilização.

A partir deste ponto de sua oração, Rui Barbosa muda, inteiramente, o rumo da conferência. O foco de suas palavras sai de 1907 e vai para 1916, é agora a guerra europeia o tema principal do discurso: "Não haviam transcorridos muitos anos, senhores, desde que essas expressões traduziram com singular felicidade as esperanças de todo o gênero humano, quando acontecimentos sem par na memória dos homens vieram, com estrondo, pôr a descoberto a miserável falácia de nossas previsões." Um "ciclone de calamidade" varre a outra metade do hemisfério, na qual "os Estados pequenos, varridos como palhas pelo açoite do vento, ou inquietos com

OUTRAS PARTICIPAÇÕES IMPORTANTES DE RUI NA POLÍTICA INTERNACIONAL

o sopro da rajada que roça suas fronteiras, perderam a segurança ou a existência, entregues ao azar da luta entre os maiores".

Rui enfatiza a dramaticidade do quadro europeu ao lembrar passagem de Heródoto, segundo a qual, em suas palavras, os citas bárbaros, nos templos de Marte – diz-nos o testemunho de Heródoto, no quarto livro de sua *História*: "colocavam como ídolo, em cada uma de suas aras, um alfange desnudo. Eis aí o nome de nossos tempos: uma espada ereta no grande altar do universo, onde outrora os cristãos adorávamos a caridade, a clemência e a doçura de um deus que se entregou à morte para livrar--nos do mal e fazer-nos irmãos".

Sérgio Pachá, em seu cuidadoso trabalho de edição e notas à edição da Casa de Rui Barbosa do texto da conferência de Buenos Aires, comenta a ocorrência, nesse trecho, de certas "amplificações retóricas, tão a gosto do conferencista".

AS CAUSAS DO CONFLITO: A DISSOLUÇÃO DO MEIO MORAL E UMA GUERRA DE IDEIAS

Após sublinhar sua decepção e desilusão com a distância do mundo em 1916 com relação aos propósitos e compromissos de Haia e à virulência bélica que se abatia sobre a Europa, Rui Barbosa reflete sobre as causas do conflito armado. Afirma que:

> enquanto naquele concílio dos povos, com o concurso de todas as nações cons-
> tituídas, supúnhamos estar codificando num corpo de leis os usos internacionais
> que o consenso unânime da sociedade santificava, o meio moral do século estava
> a dissolver-se, já desde longos anos, desde o terceiro quartel do século anterior,
> por um surdo trabalho de adaptação aos interesses que haviam de estalar neste
> conflito e, com ele, sacudir, até os fundamentos, a máquina da Terra.

A RAIZ DAS COISAS

Aduz, a propósito, que:

> antes que saísse das fábricas de armamentos, dos quartéis e dos Estados-
> -maiores, tinha esta guerra acumulados os fluidos, que viriam a animá-la, nos
> livros, nas escolas, nas academias, nos laboratórios do pensamento humano.
> Para entrar em luta com a civilização, a força compreendera que era preciso
> constituir-se em filosofia adequada, corrompendo as inteligências, antes de
> subjugar as vontades.

Rui cita a seguir um de seus autores prediletos em relações internacionais, Norman Angell, pensador e ativista do pacifismo que recebeu, em 1933, o Prêmio Nobel da Paz. Em seu livro *America and the New World-State*, publicado em 1915, Angell assim se definira a respeito das origens da guerra iniciada em 1914: "guerra e a paz, assim como todas as coisas, boas ou más, nas relações humanas, e, com elas, os problemas concernentes ao bom ou mau uso da matéria-prima que a natureza oferece às nossas ações, dependem sempre da justiça ou falsidade encerradas nas ideias dos homens."

"ESPÍRITOS CULTOS, PORÉM PERVERTIDOS [...]
POR UM NACIONALISMO ENFERMIÇO"

Rui continua entremeando seu texto com citações de Norman Angell:

> Um dos aspectos característicos da guerra atual está no sentimento, generalizado
> hoje entre os próprios combatentes, de que "esta guerra é, essencialmente, uma
> guerra de ideias". Os povos, cuja fortuna se joga nesses combates desordenados
> e furiosos, acabaram por ver que o espantoso conflito, em cuja voragem se abis-
> mam nações e territórios como barcos desarvorados, "tem, fundamentalmente,
> por causa," [...] um núcleo de espíritos cultos, porém pervertidos até o desvario
> por um nacionalismo enfermiço.

OUTRAS PARTICIPAÇÕES IMPORTANTES DE RUI NA POLÍTICA INTERNACIONAL

VISÃO IDEALISTA DAS RELAÇÕES INTERNACIONAIS

Rui prossegue, em sua oração, ressaltando ainda mais sua interpretação idealista do cenário internacional ao afirmar:

> As doutrinas precedem aos atos. Os fatos materiais emanam dos fatos morais. Os acontecimentos resultam de um ambiente de erros ou verdades. A guerra sob a qual se debate a Europa mutilada teve por origem montão de teorias disformes e virulentas, que, durante meio século, nas regiões mais acreditadas por sua cultura, encheram os livros dos filósofos, dos historiadores, dos publicistas, dos escritores militares.

Agrega a essa perspectiva idealista o enfoque, comum a seus pronunciamentos, de comparação dos distúrbios políticos da sociedade com problemas de saúde física do corpo, de tipo médico, ao usar metáforas, como "germes peçonhentos" e "torrente epidêmica", para reforçar sua argumentação sobre os fatores ideológicos causadores da guerra europeia. Nessas comparações, sem dúvida, está presente a influência do pai, que era médico, como também seu permanente interesse pelos assuntos da ciência da medicina.

Enfatiza mais uma vez que:

> Os professores, os jornalistas, os tribunos, são hoje os que semeiam a paz ou a guerra. As bocas de fogo sucedem às bocas da palavra. A pena prepara o campo à espada. [...] Mas, se é nas nuvens que habitam os metafísicos, os ideólogos, os utopistas, também dessas alturas, onde se condensam emanações de ideias, pode chover sangue.

"A LITERATURA DO ÓDIO"

Rui Barbosa passa, nesse momento, a fazer verdadeira coletânea do pensamento germânico de exaltação das guerras e do nacionalismo para

A RAIZ DAS COISAS

valorizar sua argumentação com as próprias palavras de seus adversários ideológicos.

Assim sendo, inicia com citação do historiador alemão Heinrich von Treitschke, segundo o qual "a guerra é a ciência política por excelência. Provado está que, muitas e muitas vezes, só pela guerra vem um povo a ser deveras povo. Só na prática em comum de atos heroicos pelo bem da pátria logra uma nação tornar-se real e espiritualmente unida". Lembra após Friedrich Nietzsche, com a passagem: "A guerra é a divindade que consagra e purifica os Estados. [...] Uma boa guerra santifica todas as causas. Contra o risco que o ideal do Estado se corrompa no ideal do dinheiro, o único remédio está na guerra e, ainda uma vez, na guerra."

Lembra, também, os generais germanos Friedrich von Bernhardi e Julius von Hartmann, e o marechal von Hindenburg, que assim concebem o papel e a natureza da guerra:

> Sem a guerra as raças inferiores e carentes de moral, rapidamente, eliminariam as raças saudáveis e longevas. Sem ela o mundo acabaria numa decadência geral. A guerra é um dos fatores essenciais da moralidade. [...] O pior de todos os erros na guerra é o mal compreendido espírito de benevolência. [...] Porque aquele que usa de sua força inexoravelmente, sem medir o sangue derramado, levará sempre vantagem grande sobre o adversário, se este não se conduz do mesmo modo. A estratégia regular consiste, sobretudo, em descarregar sobre o exército do inimigo os mais terríveis golpes possíveis e, depois, em causar aos habitantes de seu território sofrimentos tais que os obriguem a desejar, ansiosamente, paz, e obriguem seu governo a pedi-la. Às populações não se lhes deve deixar mais do que os olhos para chorarem a guerra. [...] A população está faminta. É deplorável. Mas é um bem. Não se faz guerra com sentimentalidades. Quanto mais implacável for, mais humana será, em substância, a guerra. Os meios de guerra que mais rápido imponham a paz são e hão de ser os mais humanos.

Rui, bem no seu estilo, explora ao extremo em sua argumentação a ideia de que a guerra seria o fato essencial da existência tanto individual como

OUTRAS PARTICIPAÇÕES IMPORTANTES DE RUI NA POLÍTICA INTERNACIONAL

coletiva dos seres humanos, com o objetivo de demonstrar o absurdo de tal assertiva. Conforme suas palavras:

> Tão consubstanciada se acha a luta armada, aos olhos dessa filosofia truculenta, com as exigências essenciais do nosso destino, que somente em gradação difere a guerra da paz. Toda a vida se reduz à guerra, desde a que nos circula nas veias, entre fagócitos e os micróbios daninhos por eles devorados, até a que assola a terra, entre os povos invasores e invadidos. E como, segundo um dos artigos desse credo, "o que é justo se decide pela arbitragem da guerra, pois as decisões da guerra são biologicamente exatas, desde que todas elas emanam da natureza das coisas"; como, por conseguinte, sendo a mesma guerra o critério da guerra, sendo ela quem se julga a si mesma, a sentença das armas constitui a expressão inelutável da justiça, toda a história futura dos homens teria de resumir-se numa palavra: invasão. Invasão obtida pela força ou repelida pela força. Invasão exercida contra a fraqueza e tolerada pela fraqueza; visto que, na lei proclamada pelo oráculos da nova cultura, a guerra é o procedimento de legítima expropriação das raças incapazes pelas capazes. Pela guerra nos salvaremos, ou nos extinguiremos pela guerra. Eis aí o dilema, em cujos dois extremos a guerra, como princípio de todas as coisas, desaba sobre nós com o peso de sua fatalidade inevitável. Guerra, ou guerra. Guerra em ação, ou guerra em ameaça. Luta contra a guerra iminente, ou guerra declarada. Sujeição à guerra, ou extermínio pela guerra.

Rui vai mais à frente nessa linha de argumentação, que lembra o padre Antônio Vieira, ao levar ao indivíduo concreto que o escuta ou lê o que essa lei da necessidade da, e na, guerra significa em sua vida cotidiana:

> As consequências do terrível argumento são irrecusáveis. Essencial ao homem, já agora, não é aprender a pensar, a sentir, a querer, [...] a respeitar a infância, a velhice, a debilidade, o infortúnio, a virtude, o talento. Não: essencial, agora, não é amarmo-nos uns aos outros, como nos prescrevia o antigo Deus dos cristãos, atacado hoje em seus templos, bombardeado em suas catedrais, profanado em suas imagens, fuzilado em seus sacerdotes. Não; essencial é que nos esforcemos para ver quem se distinguirá mais nas artes sublimes de nos espiarmos uns aos outros, de nos assaltarmos, de nos espoliarmos, de nos fuzilarmos, de nos atraiçoarmos, de nos invadirmos, de nos mentirmos, de nos extinguirmos.

A RAIZ DAS COISAS

A conferência prossegue com Rui tocando, nesse ponto, em um dos nervos da questão, qual seja a própria noção de direito internacional que, em seu entender, possui dois elementos fundamentais, que estão sendo contestados, primeiro, "a contraposição de um código de leis à doutrina da necessidade da guerra", e, segundo, "limitação das exigências da necessidade na guerra pelas normas da humanidade e da civilização". O orador volta a usar o reforço do argumento com exemplo duros, diretos e concretos, ainda no estilo de Vieira:

> A lei da necessidade na guerra manda que se traiam os tratados? Traem-se. A lei da necessidade na guerra exige que se viole a neutralidade? Viola-se. A lei da necessidade na guerra quer que se ponham a pique navios neutros, afogando passageiros e tripulantes? Afundam-se, afogam-se. A lei da necessidade na guerra aconselha que se matem cegamente velhos, mulheres e crianças, lançando bombas sobre populações adormecidas, em cidades pacíficas e indefesas? Matem-se.

A RELIGIÃO DO PODER

Rui dirige-se a outro alvo em seus ataques, o culto do Estado, pois, para ele,

> a mesma corrente de ideias que põe, nas relações internacionais, a guerra por cima de todas as leis, começara a colocar, nas relações internas, o Estado por cima de todos os direitos. [...] a religião do poder sublima-o ainda mais alto: segundo elas, planando numa região de arbítrio sem fronteiras, o Estado, alfa e ômega de si mesmo, existente por si próprio e a si próprio suficiente, é "superior a todas as regras morais". Ampliado de muitos diâmetros, o super-homem nos dá o super--Estado, o Estado isento de freios e contrapesos a que a democracia e o sistema representativo o submetem nos governos limitados pelo elemento parlamentar, ou pelas instituições republicanas. E, entendendo assim, vem o Estado a ser uma entidade "independente do espírito e da consciência dos cidadãos". É "um organismo amoral e depredatório, empenhado em sobrepor-se aos outros Estados por meio da força". Não tem, para reger-se, senão sua vontade e soberania. Já agora o sistema está completo: em política interna, a força traduzida na razão de

Estado; em política externa, a força exercida pela guerra. Nas relações internas, duas morais: uma para o indivíduo, outra para o Estado. Duas morais, igualmente, nas relações externas: uma para os Estados militarmente robustos, outra para os Estados militarmente débeis.

"O ALTO VALOR DOS PEQUENOS ESTADOS"

Em sua ácida crítica ao super-Estado militarista, Rui sublinha, também, seu caráter retrógrado, mas lembra, igualmente, a tese da igualdade dos Estados afirmando, em seguida, que:

> Para autorizar este retrocesso às idades primitivas foi necessário cantar em todos os tons as virtudes civilizadoras da guerra, negar o alto valor dos pequenos Estados no desenvolvimento e equilíbrio do mundo, reivindicar exclusivamente para as teorias do predomínio da força o caráter de exequibilidade, negando a eficácia das sanções morais nas relações entre os povos.

AS FORÇAS MORAIS E A ORGANIZAÇÃO SOCIAL

Rui enfoca a seguir a questão da relação entre valores morais tanto na organização nacional como da sociedade internacional. Em sua visão, existe "a autoridade moral dos direitos das gentes", que, mesmo com suas debilidades, é um processo que já conta com cerca de "vinte séculos de progresso cristão", e ao qual se deve acrescentar o esforço de 48 potências que, em Haia, "deliberaram sobre o direito internacional, submetendo-o a uma vasta codificação de estipulações, que se comprometeram a observar".

A conferência prossegue com Rui a tentar demonstrar que as forças morais, no cenário internacional, não são apenas generosas, mas "vãs abstrações". Para ele, mesmo "na existência interna de cada Estado, também, se quebram, amiúde, as leis nacionais", reconhecendo, no entanto, que ainda está por se organizar "mecanismo tutelar da justiça, mais ou menos bem organizada em todas as Constituições". Ressalta, neste particular, três aspectos relevantes das forças morais, apoiando as teses de Norman Angell e desenvolvendo suas próprias hipóteses: 1) "que as nações formam uma sociedade, e de que esses princípios, nos quais toda a gente deposita a esperança da estabilidade da civilização dentro de cada Estado, devem aplicar-se, igualmente, como a única esperança de que se mantenha a civilização nas relações entre os Estados"; 2) "não há duas morais: a doutrinária e a prática. A moral é uma só: a da consciência humana, que não vacila em discernir entre o direito e a força". Este ponto já vai preparando a sua exposição sobre a proposta de um novo conceito de neutralidade que será apresentado no fecho de sua oração; 3) o conferencista, em tom realista, e ciente de que "a baixa liga do egoísmo entra em quase todos os negócios humanos", procura demonstrar que, ao contrário do que, normalmente, se considera de que "o senso da moralidade humana, ou que suas fórmulas sejam meras teorias, […] somente a moral […] é prática". Para tanto, destaca que:

> A própria vitória das armas, quando não corresponde à justiça, não os [conflitos] dirime solidamente: apenas se abafam e procrastinam para, ulteriormente, renascerem em novas guerras. Se a de 1870 não tivesse tomado à França a Alsácia e a Lorena, não teria perpetuado entre os vencidos o sentimento da desforra, entre os vencedores, o da conquista. […] Somente a justiça é eficaz. Somente as criações de uma [a moral] e outra [a justiça] perduram.

O CONTRASTE ENTRE AS DEMOCRACIAS
E OS REGIMES MILITARISTAS

Rui contrapõe, a seguir, as violentas diatribes feitas contra o militarismo e a estatolatria germânicos aos sentimentos dos povos pacíficos, das nações liberais, dos governos democráticos, citando os Estados Unidos "sem exér-

OUTRAS PARTICIPAÇÕES IMPORTANTES DE RUI NA POLÍTICA INTERNACIONAL

cito nem marinha correspondentes a suas responsabilidades"; a Bélgica, "assaltada pela mais imprevista das invasões"; a Suíça, "irredutível em sua liberdade e em sua democracia"; a França "desapercebida para a guerra, opõe ao gênio da organização o gênio da improvisação"; e a Inglaterra, "militarmente desorganizada, obrigada a medir-se com o inimigo em sete ou oito frentes diversas, [...] entrega serenamente à morte a flor de sua aristocracia e de sua cultura".

NAÇÕES DE PRESA E NAÇÕES DE PASTO

Rui enfatiza e reforça as cores dramáticas de sua argumentação antibelicista, ao afirmar, na evolução de sua conferência, que "a militarização das potências divide o mundo em nações de presa e nações de pasto, umas constituídas para a soberania e rapina, outras para a servidão e a carniça. A política da guerra é a agressão *quarens quem devoret* [buscando a quem devorar]." Cita, para marcar ainda mais suas ideias, o famoso diálogo entre os atenienses com habitantes da ilha de Meios, narrado por Tucídides em *A Guerra do Peloponeso*, e lembra o trecho que encerra a discussão: "Bem sabeis, como nós, que na ordem do mundo só se fala de direito entre iguais em força. Entre fortes e fracos, os fortes fazem o que podem, e os fracos sofrem o que devem."

Após essa firme marcação de argumentos, faz o contraste ao dizer: "na última Conferência de Haia [...] o contrário sustentou todas as nações hispano-americanas. Com o maior ardor ali nos batemos todos pela igualdade jurídica de todos os Estados soberanos". Vai mais longe, ao defender que os Estados pequenos, ou seja, aqueles "não inscritos no rol das grandes potências, isto é, todos os Estados mais fracos, os menos armados", têm sido, talvez, ao longo da História, como destacou James Bryce, "os mais poderosos e úteis fatores no adiantamento da civilização". Cita vários exemplos em prol de sua tese.

A RAIZ DAS COISAS

OS AXIOMAS DA ESCOLA DA FORÇA

Rui conclui a longa exposição das doutrinas que está combatendo e estabelece com rigor dois campos antagônicos em seus princípios, um da "razão de Estado" e outro do império da Lei. Fecha esta parte de seu discurso com mais citações de autores alemães, como Treitschke, para quem "a Bélgica, sendo um Estado neutro, é, por natureza, um Estado emasculado"; e Bernhardi, ao dizer:

> só pela guerra que se pode realizar a expropriação das raças incompetentes. O mundo é dominado pela ideia de que a guerra é um instrumento político antiquado, já indigno de povos adiantados em civilização. Nós não devemos deixar-nos seduzir por estas teorias. Os tribunais de arbitragem são um perigo, porque podem paralisar os movimentos das potências.

Arremata, com cáustica ironia, ao repetir declarações dos acima mencionados autores teutônicos, que "a paz, se acaso fosse exequível, nos conduziria à degeneração geral", e que ela "não deve nem poderá ser nunca o objeto da política de uma nação", visto que a guerra é "a lei natural, a que se podem reduzir todas as outras leis da natureza". "O mais sublime dever moral do Estado não é guardar a justiça, nem sustentar a moral: é aumentar seu próprio poder." "Da moralidade de suas ações, o Estado é o único juiz." "Os direitos reconhecidos, como os que se estipulam nos tratados, não são jamais direitos absolutos: sua origem humana torna-os imperfeitos e variáveis; e há condições em que não correspondem à verdade atual das coisas." "Todo o trabalho em prol da existência de uma humanidade coletiva fora dos limites dos Estados e nacionalidades é irrealizável." "As nações fracas não têm o mesmo direito de viver que as nações poderosas e robustas."

OUTRAS PARTICIPAÇÕES IMPORTANTES DE RUI NA POLÍTICA INTERNACIONAL

A GUERRA E AS CONVENÇÕES DE HAIA

Rui entra agora na parte construtiva de sua conferência, elaborada em estilo e tamanho de um verdadeiro ensaio. É o núcleo central de sua argumentação, que propõe um novo conceito de neutralidade. Para fazê-lo, começa por justificar a legitimidade de suas preocupações, que são não somente um direito, mas também um dever como o representante que foi de um país participante e signatário dos acordos da Conferência de Haia de 1907, diante das inúmeras violações desses tratados na guerra em curso no território europeu.

Rui demonstra estar muito bem informado do que está se passando no conflito bélico, principalmente das violações dos compromissos firmados em Haia. Utiliza dados e avaliações da literatura produzida pelos ingleses – livros e panfletos – bem como jornais europeus e norte-americanos, material que hoje está no acervo da Casa de Rui Barbosa.

Assim sendo, refere-se, inicialmente, ao trabalho realizado em Haia, onde quarenta governos regulares celebraram as convenções "mais solenes de quantas viu a História; [...] atos jurídicos de maior gravidade, nos quais reciprocamente se manifestou a livre vontade dos Estados. [...] Dessa construção, não obstante, o conflito que agora rasga as entranhas da Europa não deixou pedra sobre pedra".

Interessante é a enumeração de fatos específicos de violação dos tratados de Haia que Rui relata, a seguir, e que revela como ele estava acompanhando com cuidado o conflito. Tais são as principais ocorrências que expõe:

> uso de gases asfixiantes e jatos de petróleo inflamado [...] o emprego de projéteis explosivos e o envenenamento das fontes [...] abuso da bandeira de parlamentações e das insígnias da Cruz Vermelha [...] imposição de requisições e indenizações exorbitantes às regiões ocupadas [...] bombardeio de aldeias, cidades, vilas, povoações e casas indefesas [...] fogo dirigido contra edifícios consagrados aos cultos, às artes, às ciências, à caridade, monumentos históricos, hospitais e enfermarias [...] fato de forçar os prisioneiros a participarem das operações militares

245

contra sua pátria, ou a servirem de escudo vivo ao inimigo [...] a expatriação e a deportação de habitantes inocentes, sem consideração de sexo, idade, condição ou sofrimento [...] fuzilamento de prisioneiros ou feridos, e a execução em massa de pessoas não combatentes [...] ataque a navios-hospital e a disseminação de minas flutuantes em alto-mar [...] ampliação arbitrária da zona marítima de guerra [...] torpedeamento e afundamento de navios mercantes neutros, o sacrifício de suas tripulações e passageiros, sem aviso nem socorro, às centenas, aos milhares [...]

A DELICADA POSIÇÃO DE RUI COMO EMBAIXADOR E JURISTA EM BUENOS AIRES

Consciente da ambivalência de sua situação, após o término temporal de sua missão especial no centenário da independência, Rui Barbosa está alerta a futuras críticas de que pode ser objeto no Brasil pelo teor de certos trechos de sua palestra, os quais contrastam com a posição oficial do governo de neutralidade no conflito iniciado em 1914. Procura, então, ressaltar que: "Não me ocupo, senhores, de política, mas do aspecto jurídico desses acontecimentos. Não foi ao embaixador do Brasil, cuja missão, aliás, já está concluída, que recebestes e elegestes membro honorário de vosso corpo docente: foi unicamente o jurista."

Invoca a seguir seu passado em Haia: "e o cargo que há nove anos foi investido de membro da Corte Permanente de Arbitragem", para justificar e legitimar as posições que passará a defender sobre os problemas surgidos com a grande guerra para os signatários dos documentos de 1907. Assim se expressa:

Meu caso vem a ser o do juiz que pergunta pelo código das leis que pode ser chamado a aplicar, o do legislador que estremece pelas instituições em cuja elaboração cooperou, o de um signatário daqueles contratos que busca saber se entendia o que fez, se não se observa aquilo que ajustou, se contribuiu para melhorar seus semelhantes, ou para enganá-los e defraudá-los.

OUTRAS PARTICIPAÇÕES IMPORTANTES DE RUI NA POLÍTICA INTERNACIONAL

Rui está preocupado em deixar bem clara sua condição de jurista, e elabora mais sobre o que significa ser parte direta de um ato jurídico da dimensão do que foi estabelecido em 1907 em Haia. Em suas palavras,

> essas convenções internacionais foram estipuladas entre todas as nações e num convênio universal. Portanto, cada uma das infrações a essa concórdia geral interessa a todos os contraentes, e cada um dos signatários recebe de cheio, em sua individualidade, o golpe assestado a qualquer um dos outros. Nenhum deles é ferido individualmente. Todos o são, virtual e simultaneamente, na comunhão de compromissos e direitos que entre todos se instituiu. [...] Os que emudecerem terão sancionado tacitamente o atentado, terão renunciado a invocar amanhã, em proveito próprio, a garantia cuja fragilidade hoje admitiram; terão, portanto, convindo na falência da situação contratual em que eram partes.

Apesar do poder convincente dos argumentos de Rui, como observa Sérgio Pachá,

> não procedem as justificativas do próprio Rui e de alguns de seus biógrafos, quando declaram encerradas as festividades do centenário de Tucumán, oficialmente, no dia 10 de junho. Não procedem as justificativas puramente temporais, porque Rui e sua comitiva permaneceram oficialmente em Buenos Aires até o dia 24, revestidos das qualidades especiais com que lá chegaram.

A condição de Rui quando pronunciou a conferência é um tema que irá render, ainda, muitos debates, controvérsias, além de aborrecimentos a Rui, como ele mesmo destacou, em conferência pronunciada em 4 de abril em São Paulo, intitulada "O caso internacional".

"ERROS DE TRADUÇÃO"

Merece registro a preocupação de Rui Barbosa com as repercussões de sua palestra. Note-se, a propósito, que, em determinadas traduções

A RAIZ DAS COISAS

de textos citadas em seu pronunciamento, Rui omitiu, na tradução que fez, como bem observa Sérgio Pachá, menções específicas à Alemanha. Por exemplo, quando cita trecho do livro *America and the New World--State,* de Norman Angell, traduz a frase: "*A similar convention must be extended to the international field, and until get a general recognition of the need for action by that method between nations, Prussianism will never die*", por: "É forçoso que se estenda a mesma convenção ao campo das relações internacionais; e o militarismo não perecerá senão quando for, universalmente, reconhecida a necessidade, para as nações, de se regerem pela mesma norma." Comete outro idêntico "erro de tradução", ao mencionar trecho de Bernhardi, a partir de versão francesa, em que a frase: "*Nous, allemands, ne devons pas nous laisser entrainer par semblables theories*" acaba sendo traduzida por: "Nós não devemos deixar-nos seduzir por essas teorias", com a clara omissão da palavra "alemães". Perfeccionista, Rui cometia "erros de tradução" para evitar ataques diretos à Alemanha e problemas quando de seu regresso ao Brasil, onde sabia que os germanófilos o atacariam, como realmente aconteceu.

A NEUTRALIDADE COMO PROBLEMA

Rui inicia a construção de sua tese sobre um novo conceito de neutralidade e, para tanto, evoca um pronunciamento do presidente dos Estados Unidos Theodore Roosevelt em sua obra *Fear God and Take Your Own Part.* Destaca a autoridade do primeiro mandatário norte-americano como líder, que "acedendo à iniciativa do congresso pacifista de 1904, assumiu a de convidar as outras nações para a assembleia reunida na capital holandesa". Refere-se, igualmente, a um de seus autores prediletos no tema, Norman Angell, em *The World's Highway.*

248

OUTRAS PARTICIPAÇÕES IMPORTANTES DE RUI NA POLÍTICA INTERNACIONAL

Do primeiro, retira o imperativo dos signatários das convenções de Haia de 1907, com citação literal, em que Roosevelt afirma que "Não posso conceber que, no futuro, uma nação que se estime a si mesma entenda que vale a pena firmar outras convenções de Haia, se nem os neutros de grande poder, como os Estados Unidos, lhes dão a importância de reclamar contra sua violação manifesta." Rui tem presente em sua formulação de um novo conceito de neutralidade as afirmações de Roosevelt no livro referido, conforme nota manuscrita intitulada "Imoralidade da neutralidade". Ele colhe o pensamento de Roosevelt na oportunidade em que escreve a palestra de Buenos Aires, por meio do periódico *Public Opinion,* pois, naquele momento, ainda não tinha em mãos o exemplar de *Fear God and Take Your Own Part.* Assinala, em particular, o seguinte trecho:

> *As for neutrality, it is well to remember that it is never moral, and may be a peculiarly mean an hideous form of immorality. It is in itself merely unmoral: that is, neither moral not immoral: and at times it may be wise and expedient. But it is never anything of which to be proud; and it may be something of which to be heartily ashamed. It is wicked thing to be between right and wrong.*

Repete a indagação de Norman Angell, na obra mencionada, sobre

> até onde essa concepção [de neutralidade que se] estriba no pressuposto de que as nações não participantes numa guerra nada têm que ver com ela, nem estão obrigados a coisa alguma em relação aos beligerantes, e podem isolar-se dos seus efeitos? [...] Já não é possível a neutralidade num sentido real, no caso de uma grande guerra.

Prossegue Rui:

> Nos tempos presentes, senhores, com a internacionalização crescente dos interesses nacionais, com a penetração mútua que as nacionalidades realizam entre si, com a interdependência essencial em que até as nações mais remotas vivem umas das outras, a guerra já não pode isolar-se nos Estados entre os quais se

A RAIZ DAS COISAS

abre o conflito. Suas comoções, seus estragos, suas misérias repercutem ao longe sobre o crédito, o comércio, a fortuna dos povos mais distantes. É mister, pois, que a neutralidade receba uma expressão, uma natureza, um papel diverso dos de outrora. Sua noção moderna já não pode ser a antiga.

A VERDADEIRA NOÇÃO DA NEUTRALIDADE

Rui enuncia, nesse momento, a reforma que está pregando das regras da neutralidade:

> A reforma a que urge submetê-la deve seguir [...] a orientação pacificadora da justiça internacional. Entre os que destroem a lei e os que a observam, não há neutralidade admissível. Neutralidade não quer dizer impassibilidade: quer dizer imparcialidade: e não há imparcialidade entre o direito e a injustiça. Quando entre ela e ele existem normas escritas, que os definem e diferenciam, pugnar pela observância dessas normas não é quebrar a neutralidade: é praticá-la. Desde que a violência calca aos pés, arrogantemente, o código escrito, cruzar de braços é servi-la. Os tribunais, a opinião pública, a consciência não são neutros entre a lei e o crime. Em presença da insurreição armada contra o direito positivo, a neutralidade não pode ser a abstenção, não pode ser a indiferença, não pode ser a insensibilidade, não pode ser o silêncio.

"A CONFERÊNCIA DA PAZ NÃO FOI UMA ACADEMIA DE SÁBIOS, OU UM CONGRESSO DE PROFESSORES E JURISCONSULTOS"

Rui, em perspectiva realista, reafirma sua visão de que:

> Os Estados soberanos não se reuniram durante longos meses, na capital da Holanda, para examinar, didaticamente, os problemas do direito internacional e redigir, em colaboração, um manual teórico do direito das gentes. A Conferência da Paz não foi uma academia de sábios, ou um congresso de professores e jurisconsultos,

OUTRAS PARTICIPAÇÕES IMPORTANTES DE RUI NA POLÍTICA INTERNACIONAL

convocados para discutir métodos e doutrinas: foi a assembleia plenária das nações, onde se converteram os usos flutuantes do direito consuetudinário em textos formais de legislação escrita, sob a fiança mútua de um contrato solene. Desde então, os governos que o firmaram, se não se constituíram em tribunal de justiça, para sujeitar os transgressores à ação coercitiva de sentenças executórias, contraíram, pelo menos, a obrigação de protestar contra as transgressões.

DA "NEUTRALIDADE INERTE E SURDA-MUDA" À "NEUTRALIDADE VIGILANTE"

Rui, medularmente jurista, enfatiza o fato de que os Estados que assinaram as convenções de Haia, em particular aquelas que dizem respeito à neutralidade, têm o direito e o dever de se constituírem em verdadeiro "tribunal de consciência, uma instância de opinião, uma jurisdição moral sobre os Estados em guerra, para julgar-lhes os atos e reprovar-lhes os excessos. A neutralidade inerte e surda-muda cedeu passo à neutralidade vigilante e capaz de função judiciária".

Ele tem presentes as determinações da Quinta Convenção de Haia, que assim estabeleceu em seus dispositivos: "Artigo 1º: O território das potências neutras é inviolável", e "Artigo 2º: Os beligerantes são proibidos de locomover tropas ou comboios, ou munições de guerra, ou suprimentos, através do território de uma potência neutra". Como assinalou Coleman Phillipson, um dos autores mencionados por Rui nessa conferência, no livro *International Law and the Great War*:

> *Therefore the least that the others Powers could do – and they were legally entitled, may obliged, to do it by reason of the juridical relationship created by the Convention – was to make strong remonstrances to those about to violate the neutrality of Belgium and Luxemburg, and to do their utmost in every possible manner to prevent a breach of that law to which they have voluntary subscribed, and which they have expressly sanctioned.*

O PODER DA NEUTRALIDADE

Rui elabora, na passagem seguinte, sobre a:

> inestimável [...] soma de poder que esse consenso das nações neutras representa, a intensidade e a eficácia de pressão com que esse poder atuaria no procedimento dos beligerantes. Se, imediatamente, às primeiras explosões da insana revolta contra o direito constituído nas convenções de Haia, os signatários dessas convenções levantassem o clamor público da censura universal contra a ousadia das paixões desenfreadas e ébrias no delírio do orgulho, a torrente da desordem, se não retrocedesse, ter-se-ia moderado, e não continuaríamos a ver submergir-se a civilização de um continente inteiro sob esse dilúvio de soberba, cujas cataratas inundam a Europa, como vagalhões de pampeiro em praia rasa.

Esse trecho evidencia o lado idealista de Rui Barbosa, particularmente, sua crença no poder da opinião pública internacional, representada em grande medida pelos pronunciamentos governamentais, e na associação entre os Estados neutros. Chega, mesmo, a afirmar que:

> renunciando a essas funções tão benignas, tão saudáveis, tão conciliadoras, a neutralidade cometeria o mais lamentável dos erros: [...] incorreria numa cumplicidade excepcionalmente grave, senão numa verdadeira coautoria com os réus dessa anarquia estupenda nas relações entre os Estados.

A NOVA NEUTRALIDADE

Para Rui Barbosa, a nova neutralidade representaria real avanço tanto conceitual como institucional e seria a expressão de um "movimento reconciliatório da neutralidade com a justiça". "A imparcialidade na justiça, a solidariedade no direito, a comunhão na mantença das leis escritas da comunhão: eis a nova neutralidade, que se deriva positivamente das conferências de Haia." Rui doutrina que:

OUTRAS PARTICIPAÇÕES IMPORTANTES DE RUI NA POLÍTICA INTERNACIONAL

> A neutralidade recebeu uma nova missão, e tem, agora, uma definição nova. Não é a expressão glacial do egoísmo. É a reivindicação moral da lei escrita. Será, pois, a neutralidade armada? Não: deve ser a neutralidade organizada. Organizada, não com a espada, para usar da força, mas com a lei, para impor o direito. O direito não se impõe somente com o peso dos exércitos. Também se impõe, e melhor, com a pressão dos povos.

Para implementar esse novo conceito de neutralidade, Rui Barbosa continua a valer-se de propostas de Norman Angell, em seu livro *America and the New World-State,* agregando tópico de Sir H. Erle Richards na obra *Does International Law Still Exist?,* conforme pode-se verificar pela sua argumentação em torno dos fatores que ajudariam a neutralizar aventuras militaristas. No enfoque de Rui:

> Indubitavelmente, forças capazes de organização há maiores e mais certas nos seus resultados que as forças militares. São as forças econômicas e as forças sociais, com que as forças da força não podem lutar. É o que se sente nos próprios atos dos beligerantes, nessa ansiedade com que todos cortejam a opinião dos Estados Unidos, e, ainda, a das outras nações americanas, de muito menos importância militar que a grande república do norte.

DOIS LIMITES À FORÇA MILITAR

Rui lança duas fortes razões para relativizar a visão da superioridade do argumento das armas, quais sejam: 1) a noção de contratualidade, "fundamento de todas as associações humanas", 2) o peso moral do elemento opinião pública mundial.

Assim se expressa, para desenvolver essas duas linhas de pensamento:

> Por que todo esse empenho em conciliar a boa vontade e as simpatias do Novo Mundo? Simplesmente para não ferir sentimentos, atrás dos quais não se ergue a iminência da guerra? Não. Os Estados em guerra temem o mau

A RAIZ DAS COISAS

juízo do universo, porque sua reprovação poderia traduzir-se em elementos de resistência desastrosos para os propósitos que deram margem a este conflito: a expansão comercial e a infiltração econômica, a conquista dos mercados e a imigração ultramarina. [...]

Quando se pretende que a civilização repousa, em última instância, na força policial ou militar, não se adverte que o exército e a polícia, eliminada a lei que os mantém, não existiriam, ou seriam ajuntamentos informes, anárquicos e ingovernáveis. Quem sujeita as fileiras à docilidade? Quem adscreve a oficialidade à hierarquia? Quem assegura a obediência das massas armadas ao supremo de um só homem?

Qual é, em suma, o elemento compulsivo, segundo o qual se move o poder das armas? A fé jurada, os textos escritos, a certeza de um regime comum a todos, o contrato de associação, de organização, de sujeição, a que todos se sentem vinculados [...] Quem impeliu a Inglaterra a correr em socorro dos belgas? Um influxo do espírito, uma coisa moral, uma ideia: a tradição da santidade dos tratados, a teoria das obrigações internacionais, o senso de um contrato existente. [...]

A noção de contratualidade mais ou menos jurídica, mais ou menos moral, está no fundamento de todas as associações humanas. Sem ela, nem sequer no crime pode haver associação. Contestado sempre como inexequível entre Estados soberanos, o princípio de mútua dependência social que os liga vai, sem embargo, cada vez mais demonstrando sua realidade e seu desenvolvimento. O comércio não é, como irrefletidamente se crê, origem das rivalidades agressivas entre as nações. A lei predominante na existência delas é, cada dia mais intensamente, a cooperação – cooperação que nas relações comerciais tem o maior de seus fatores; e esse fator conduz, sensivelmente, rumo a uma sociedade internacional.

A guerra tem evidenciado que, seja qual for o poder e a grandeza de um Estado, circunscrito a seus próprios recursos, ele não poderá manter uma posição de autoridade no mundo, nem contar com sua própria segurança. Entregue, exclusivamente, a suas forças, cada um dos países aliados estaria perdido. Nenhum deles resistiria à portentosa concentração de energias organizadas que a Europa Central havia acumulado contra a Europa saxã, a Europa latina e a Europa eslava. A coassociação desses três elementos europeus foi a salvação de cada um deles e de todos, no choque gigantesco que, já faz dois anos, move o Velho Continente. De outro lado, tampouco, nenhuma das potências do grupo austro-germânico,

OUTRAS PARTICIPAÇÕES IMPORTANTES DE RUI NA POLÍTICA INTERNACIONAL

limitada a seus meios, arrostaria o conflito, a despeito das maravilhas da organização militar acumuladas em quase meio século de absorção de toda a vitalidade nacional na cultura da guerra.

Essas vantagens, amontoadas pelos Titãs da Força durante 45 anos de ininterrupta preparação guerreira, não levavam em conta um elemento moral, com o qual, em tais cálculos, não é costume contar: a opinião do mundo, isto é, a consciência da humanidade, que nunca, em toda a história do homem, se pronunciou com tal grandeza, com tal intensidade, com tal soberania.

A confiança absoluta na vitória pela excelência dos armamentos, pela incubação da guerra na paz, não teve o êxito esperado.

As hipóteses de Rui, nesse trecho expostas, integram a sua teoria das relações internacionais e mostram grande influência de Norman Angell.

O PRINCÍPIO DE UM MUNDO NOVO

Rui explora, dessa forma, sua visão de um possível cenário futuro das relações internacionais com base em ótica fortemente idealista "da regeneração da terra pelo entendimento do ideal cristão":

Essa imagem, ainda mal definida [...] seria a união das nações democratizadas, no seio de uma vasta federação, onde as soberanias convivam, renunciando unicamente os elementos essenciais à harmonia internacional. Para outros, é a constituição desse tribunal das potências que o senhor Roosevelt esboçava, há dois anos, com a base assentada no compromisso comum de sustentar, executivamente, as sentenças. Outros, ainda, preveem a inauguração de um sistema no qual os Estados soberanos se obriguem, por convenções praticamente garantidas, a não entregar seus litígios de qualquer natureza à decisão das armas, antes de os haver submetido ao exame de uma junta internacional. Outros, enfim, menos avançados na via das conjecturas, creem ver a barreira contra as inundações da violência militar na oposição dos neutros à exorbitação dos poderes beligerantes.

DEMOCRACIA E PAZ INTERNACIONAL

Rui frisa o papel fundamental desempenhado pelo que denomina de "governos democratizados", para o bom desenvolvimento de quaisquer das hipóteses de entendimento entre Estados anteriormente expostas. Em sua apreciação:

> Não são os governos democratizados os que perturbam a paz do mundo. Os povos amam o trabalho, anelam a justiça, confiam na palavra, têm no mais alto grau o instinto da moralidade, aborrecem as instituições opressivas, simpatizam com o direito dos fracos. A democracia e a liberdade são pacíficas e conservadoras. As castas, as ambições dinásticas, os regimes arbitrários são os que promovem a discórdia, a malevolência e a desarmonia entre os Estados. A guerra atual seria impossível se os povos, e não o direito divino das coroas, dominassem na política internacional.

FÉ NO DIREITO

Rui acredita que, com a vitória dos Aliados,

> a Europa há de ser restituída ao domínio de seu direito, os pequenos Estados hão de recuperar sua integridade, as nacionalidades cativas ressurgirão emancipadas, e o movimento dos povos libertos levantará muralhas insuperáveis ao espírito de conquista. Os povos já não se iludem com os famosos qualificativos de "resultado necessário", "imperativo histórico", ou "intervenção da providência", com os quais se embuçam, com um manto de santidade, as infernais hecatombes humanas.

Para contrapor o rompimento dos compromissos jurídicos e políticos internacionais, como os firmados em Haia em 1907, Rui Barbosa vê uma só atitude: a de não se desesperar do direito das gentes, pois não existe motivo para se perder a fé; pelo contrário, "o que nos cumpre é cavar-lhe mais fundo os alicerces". Ele, seguindo a percepção de autores

OUTRAS PARTICIPAÇÕES IMPORTANTES DE RUI NA POLÍTICA INTERNACIONAL

como Sir John MacDonell Phillipson, crê que as duras lições da guerra tocaram fundo na opinião pública, que, para se sentir segura, requer seja criada "uma legalidade internacional com suas sanções indispensáveis".

Apóstolo do direito, acima e apesar de tudo, Rui Barbosa renova sua fé na semente de justiça que não morre, mesmo submetida às maiores violências. Assim se manifesta:

> Diríeis que o mal aniquilara para sempre o bem; diríeis que, no vórtice dessa tormenta, desaparecera, expirara o direito das gentes. E, contudo, não pereceu esse direito. *E pur si muove.* Caiu nos campos de batalha, para erguer-se de novo na consciência humana, de onde há de vir a reinar, restaurado, e a reconstituir o mundo [...] será ele quem, depois desta guerra há de vir a julgar os vivos e os mortos, separando os mártires dos perversos, os heróis dos malfeitores; será ele quem presidirá aos congressos, onde se há de deliberar sobre a causa do mundo.

O EXAGERO ATUAL DAS IDEIAS DE INDEPENDÊNCIA E SOBERANIA

Como corolário de seus postulados idealistas e jurídicos das relações internacionais, que se assemelhariam às relações entre indivíduos na sociedade nacional, Rui Barbosa avança em importante tópico sobre nova noção de soberania, que deveria seguir a tendência do novo conceito de neutralidade. Nesse ponto, também, prossegue sua filiação a ideias expostas por Norman Angell.

Na perspectiva de Rui:

> A esse *desideratum* [do direito] salvador e necessário, a liga dos preconceitos e interesses opõe o exagero atual das ideias de independência e soberania. Mas essas noções, como a de neutralidade, têm de passar pela modificação irrecusável que o bom senso lhes dita. Os povos não são menos independentes, nem os Estados menos soberanos, por isso que renunciem ao direito insensato de se odiarem, de

A RAIZ DAS COISAS

se destruírem, de se acometerem e devorarem, submetendo seus litígios a uma justiça constituída por sua própria eleição, do mesmo modo que os indivíduos não são menos livres e *sui juris* por se lhes não reconhecer o direito bestial de se agredirem e trucidarem, de se entregarem à pilhagem e ao assassínio, sem que respondam aos tribunais estabelecidos pelas leis de cada nação. Pelo contrário: essas aparentes limitações da liberdade e da soberania são as condições essenciais e as garantias impreteríveis da soberania e da liberdade; porque sem elas a liberdade se perde nas convulsões da desordem, e a soberania se condena aos azares da guerra.

A VOCAÇÃO DA AMÉRICA

Rui destaca, a seguir, o papel reservado à América como "elemento ativo na criação de um mundo internacional mais bem organizado". Ressalta, a propósito, as afinidades morais, intelectuais, políticas dos continentes europeu e americano, mas faz clara diferenciação entre duas Europas, uma das "paixões e agonia da guerra" e outra que inspirou o direito e a liberdade tanto na América do Norte como na América do Sul.

Adverte para o perigo local da "bandeira do nacionalismo, do chauvinismo, do jingoísmo, desfraldada por certos patriotas — alguns dos quais, por certo, muito ilustrados, muito dignos e muito eloquentes" — que "é uma bandeira de egoísmo, desconfiança e retrocesso". Enfatiza os vínculos com um lado sadio da Europa em contraposição a supostas raízes autóctones:

> A América tem nas veias o sangue, a inteligência de seus antepassados, que não são os apaches, os guaranis, ou os africanos, mas os ingleses e os iberos, os saxões e os latinos, cuja substância viva, cujas tradições, cujas ideias, cujos cabedais nos geraram, nos criaram, nos educaram, nos enriqueceram, até sermos o que hoje somos.

Agrega, com relação ao continente europeu, que: "Se a distância e a diferença de meio nos alongam da Europa, abrigando-nos das paixões

OUTRAS PARTICIPAÇÕES IMPORTANTES DE RUI NA POLÍTICA INTERNACIONAL

e agonias da guerra, seria absurdo que isto servisse para nos contaminar das ideias às quais se deve a guerra."

Para a América,

> a vocação, pois, que se está delineando [...] não é nem a de retrair-se ante a pendência travada, além do oceano, entre a civilização e a militarização do mundo, nem a de absorver-se, também ela, no militarismo, que reduziu a Europa ao dilema de se arruinar sob a paz armada, ou buscar o termo de seus grandes armamentos no desastre de uma guerra por eles imposta. Essa vocação se orienta no sentido de tratar de assumir a iniciativa, e de contribuir de modo influente para a constituição do novo sistema de vida internacional, pela associação ou aproximação das nações, mediante um regime que substitua a lei da guerra pela justiça. Não se evita a guerra preparando a guerra. Não se obtém a paz senão preparando a paz. *Si vis pacem, para pacem.*

Rui aproveita esse impulso em sua oração para fustigar mais uma vez o realismo em política internacional, nos seguintes termos:

> O dogma do militarismo sequestra os povos para suplantá-los. Divide et impera. Os mandamentos do cristianismo unem as nações para dirigi-las:
>
> *Enzwei und gebiete! Tüchtig Wort.*
> *Verein und leite! Besser Hort.**
>
> Quem tem razão não é Maquiavel, é Goethe, a quem Nietzsche repudia.

Rui sublinha que o continente americano reúne-se sob a liderança dos Estados Unidos na cena internacional, pois:

> em seu direito e em sua liberdade é que a América do Sul pode encontrar modelos. Com essa liberdade e esse direito é que se oferece agora ao paladino exemplar da

---

* Em tradução livre: "Divide e reina – é um lema [*mot fin*]./ Une e guia – é um melhor conselho."

A RAIZ DAS COISAS

política americana a missão de atuar na política europeia, levando em torno de si as nações latino-americanas, sob a influência de sua atração jurídica e moral, como astros gravitando ao redor de um grande ideal, rumo às regiões da paz e da justiça.

Exemplifica essa posição, também, por meio de uma posição pioneira de Washington:

A América […] já tem no rumo deste oriente títulos de precursora. Antes das Conferências de Haia, em 1899 e 1907, antes da Declaração de Bruxelas de 1874, antes da Declaração de São Petersburgo, em 1868, antes da Convenção de Genebra, em 1864, já o governo dos Estados Unidos da América, em suas "Instruções para o Serviço dos Exércitos em Campanha", articulava as leis fundamentais da guerra moderna.

AS RIQUEZAS DA INIQUIDADE

Com olhos no horizonte pós-conflito bélico, Rui Barbosa prevê que a guerra atual vai terminar por uma reorganização que assentará o direito internacional, mais amplamente que nunca, em princípios de solidariedade entre as nações, senão todas, pelo menos as de um grupo, onde se destacarão as mais cultas, as mais poderosas, as mais interessadas na liberdade. Daí "tratarmos de ampliar o mais possível esse núcleo".

Rui reconhece que pode ser difícil a seus ouvintes aceitarem seu idealismo diante da barbárie em curso nas terras europeias. No entanto, como que ecoando o preceito bíblico de procurar riquezas na iniquidade, afirma que:

Mas é justamente do excesso do mal que me parece vir surgindo a esperança do remédio. Assim como há visitas da saúde, que precedem a última agonia, há agonias que se resolvem no regresso à saúde. A mais terrível das enfermidades morais sofrida, nos últimos séculos, por nossa espécie, foi a militarização do

OUTRAS PARTICIPAÇÕES IMPORTANTES DE RUI NA POLÍTICA INTERNACIONAL

mundo civilizado, a hipertrofia dos armamentos. Dessa doença mortal não era possível sair senão por uma crise quase mortal. Mas, felizmente, a consciência cristã não entrou em coma. Pelo contrário: as energias do bem vão-se reanimando, os sintomas de uma grande reação aumentam a olhos vistos. [...] Os horizontes ainda estão, singularmente, sombrios. [...] Mas já se sentem os primeiros indícios do cansaço na luta dos elementos enfurecidos, e uma corrente de ar, forte e puro como os grandes sopros destas planícies, começa a descondensar as trevas, limpando as regiões superiores do firmamento. É o instinto da conservação humana que desperta, o tino íntimo das coisas que se insinua no ânimo dos povos, e lhes restitui o sentido da vida.

Ou pôr freio à guerra, ou renunciar à civilização. É o que quase todos sentem.

"OS OLHOS DE TODOS SE VOLTAM PARA A AMÉRICA. À HUMANIDADE É QUE NOS DIRIGIMOS"

Ao concluir a conferência, Rui Barbosa utiliza recurso retórico para deixar marcada a mensagem básica que deseja gravar na audiência: o papel da América no conflito armado em curso na Europa. Afirma, inicialmente, sobre a guerra que "essa maldade organizada já não podia ser unicamente um anelo do pacifismo", [...] e que "um movimento espontâneo e instintivo, entre os próprios combatentes, fez que os olhos de todos se volvessem para este hemisfério distante". Assinala, com tom de sã provocação:

o Mundo Antigo, pois, não se enganou – deixai-me crer que não se enganou – ao volver seus olhos para o Novo Mundo, esperando que, do seio destas democracias, a opinião cristã dos povos surja e tome o lugar que lhes cabe na resistência à dominação da terra pela violência, no trabalho para a renovação da vida internacional pelo direito.

Coerente com o espírito de cruzada que deu aos seus argumentos contra a guerra e em prol da paz pela justiça, Rui Barbosa compara o presente confronto com uma verdadeira batalha entre paganismo e cristianismo. Em suas palavras:

A RAIZ DAS COISAS

Uma vez mais se joga a sorte do universo entre os falsos numes e o culto verdadeiro, entre os ídolos bárbaros e o símbolo cristão, entre o paganismo dos conquistadores, que dividiu os homens em senhores e cativos, e o espiritualismo dos mártires, que irmanou os homens na caridade, entre o Verbo da Força e o Verbo de Deus.

Rui encerra sua palestra com expressiva citação de Fichte, extraída de *Mensagens à nação alemã*, concluída com forte chamamento à unidade entre a América e a Europa:

Nas *Mensagens à nação alemã*, que escrevia entre as dolorosas vicissitudes de sua pátria, Fichte apelava do poder da força para o poder do espírito. É da força para o espírito que nós apelamos também; e não podemos fazê-lo em expressões mais verdadeiras, nem mais sentidas.

Não luteis, dizia ele, por conquistar com armas corpóreas; porém mantendo-vos firmes e eretos na dignidade do espírito diante de vossos inimigos. Vosso é o destino superior de fundar o império do espírito e da razão, destruindo aos rudes poderes da matéria seu domínio de reitores do mundo... Sim: em todas as nações há inteligências nas quais não penetrará jamais a crença de que as grandes promessas feitas à espécie humana, de um reino do Direito, da Razão e da Verdade, sejam vãs ilusões. Essas inteligências nutrem a convicção de que este regime de ferro é apenas uma transição para um Estado mais bem constituído. Em vós confiam esses e, com eles, as raças mais novas da humanidade. Soçobrando vós, convosco soçobraria, na humanidade, a esperança de uma regeneração futura.

Estas palavras, reiteradas agora, 108 anos depois, não devem senão variar de direção. Tinha razão o filósofo. O patriota não na tinha. As raças mais novas confiam em si mesmas. É em si mesma que a humanidade espera. A ela é que nos dirigimos. E, quando vier o reino do espírito, virá pelo enlace da liberdade europeia com a liberdade americana, numa comunhão hostil à guerra e armada contra ela de garantias inquebrantáveis.

OUTRAS PARTICIPAÇÕES IMPORTANTES DE RUI NA POLÍTICA INTERNACIONAL

COMENTÁRIOS SOBRE A CONFERÊNCIA DE BUENOS AIRES E SUA REPERCUSSÃO

Rui define-se, basicamente, em sua magistral conferência de Buenos Aires, como um idealista em sua visão da história, e defende a importância que as ideias desempenham na vida da cidade. Elas funcionam como divindades tutelares, ou como gênios do mal. O clima intelectual vigente em uma situação internacional importa tanto ou mais que os fatores econômicos, geográficos e históricos.

A pioneira conferência de Rui, de julho de 1916, em que sublinhou os deveres morais dos Estados e a inexistência de neutralidade entre o crime e a justiça – uma antecipação dos ideais da Liga das Nações e das Nações Unidas – teve inegável repercussão nos círculos políticos e diplomáticos estrangeiros, principalmente na França e nos Estados Unidos.

Na França, alguns dos grandes nomes de políticos e intelectuais, como Georges Clemenceau e Henri Bergson, assinaram expressivo convite a Rui Barbosa para que visitasse o país em guerra desesperada de defesa.

AS LEITURAS DE RUI BARBOSA PARA A CONFERÊNCIA

O professor Sérgio Pachá, em sua esmerada edição do texto dessa conferência proferida em Buenos Aires, levantou os principais autores e obras de que se serviu Rui na elaboração desse verdadeiro ensaio sobre o problema da neutralidade na política internacional contemporânea.

Vale a pena registrar a listagem da bibliografia ruiana para essa que foi de uma das suas mais importantes participações no exterior. (Ver Anexo IV.)

A RAIZ DAS COISAS

O "CASO RUI BARBOSA"

Considerando-se o conteúdo da conferência de Rui Barbosa em Buenos Aires e a ampla e atualizada bibliografia que o autor utilizou, pode-se concluir que ele preparou, cuidadosamente, e com grande anterioridade, esse verdadeiro ensaio sobre o esgotamento do conceito clássico de neutralidade e a crítica ao militarismo germânico. A ida à capital argentina para representar o Brasil no centenário da independência foi mera circunstância, obviamente não planejada por Rui, mas por ele utilizada para fazer seu histórico pronunciamento.

Desde 1914, Rui Barbosa estava dando atenção prioritária ao tema da guerra europeia que então se iniciara. Prova disso é o impressionante acervo hoje existente na Casa de Rui Barbosa de quase 1.700 títulos – livros, revistas, panfletos e folhetos – que à época reuniu sobre o conflito bélico. Esse volume de referências sobre um assunto, mesmo hoje, não se reúne em pouco tempo. Além do mais, verifica-se, no contato com tal acervo, que Rui, leitor ávido e disciplinado, tinha grande familiaridade com essa enorme quantidade de títulos sobre um só tema.

A conferência de Rui Barbosa em Buenos Aires teve ampla repercussão na Europa, por sua condenação à violação da neutralidade da Bélgica pela Alemanha, e no Brasil, pela defesa de um novo tipo de neutralidade vigilante e atuante. Caiu como uma verdadeira bomba por seu firme e denso conteúdo, e pela surpresa de tal pronunciamento logo após uma representação diplomática formal de Rui na capital argentina. De imediato, Rui recebeu apoios dos defensores dos Aliados e severas críticas dos germanófilos.

A chancelaria alemã expressou seu mal-estar pelo pronunciamento de Rui ao governo brasileiro. Exemplo disso é o telegrama número 155, de 17 de julho de 1916, sobre o "caso Rui Barbosa", expedido pela Secretaria de Estado à Legação em Berlim, vazado nos seguintes termos: "Caso

264

OUTRAS PARTICIPAÇÕES IMPORTANTES DE RUI NA POLÍTICA INTERNACIONAL

necessário, pode declarar esse governo opiniões emitidas embaixador Rui Barbosa foram seu nome e não governo brasileiro. O próprio embaixador teve o cuidado de declarar isso."

Sobre esse assunto é o ofício enviado à Legação em Berlim, de 9 de outubro de 1916, nos seguintes termos:

> Acuso recebimento do ofício reservado número 9 de agosto p.p., no qual essa legação confirma o meu telegrama número 155, juntando ao mesmo um recorte do "Berliner Tageblatt", que transcreve as declarações por mim feitas ao ministro alemão Paoli, a respeito do caso Rui Barbosa. L. M. de Souza Dantas.

DISCURSO DE RUI NO SENADO, EM 31 DE MAIO DE 1917. O PROTESTO SARAIVA. O BOMBARDEIO DE VALPARAÍSO E A REAÇÃO DO GOVERNO BRASILEIRO

Entre os pronunciamentos de Rui que se seguiram à conferência de Buenos Aires e à entrada do Brasil na guerra, merece destaque o discurso feito no Senado em 31 de maio de 1917. Nessa peça oratória, Rui demonstra, mais uma vez, seu conhecimento da história das relações exteriores do Brasil, e da importância que sempre atribuiu aos antecedentes para fundamentar uma posição em política externa, na melhor técnica profissional diplomática.

Assim sendo, em apoio às teses que defendeu, na capital portenha, invoca primeiro Clóvis Beviláqua e depois o conselheiro Saraiva. De Clóvis Beviláqua, destaca trecho do ilustre jurista, em seu livro *Direito internacional público*, convergente com a visão ruiana de neutralidade:

> "No interesse da paz", disse Clóvis Beviláqua, [...]
> e da sua própria tranquilidade, os Estados devem compreender a neutralidade não egoisticamente, como se a guerra fosse um invento sem consequência

A RAIZ DAS COISAS

para o destino da humanidade, e sim, altruisticamente, com o nobre intuito de restringir o campo da guerra, a sua duração, as suas naturais cruezas, as suas consequências e o travamento de seus interesses com os interesses que lhe devem ficar estranhos.

Na vida social dos Estados, a guerra é uma perturbação equivalente a uma enfermidade de caráter grave. Se o princípio da igualdade dos Estados não permite impedi-la, quando iminente ou declarada, o princípio da solidariedade autoriza tentar evitá-la sempre que for possível, e procurar torná-la menos prejudicial aos altos interesses comuns da humanidade.

Rui rebate, a seguir, as críticas que se levantaram contra ele, apontando que teria ido contra os princípios da neutralidade brasileira e alegando que teria agido "com uma imprudência não justificada", introduzindo "no torvelinho deste conflito, já tão cheio de questões e dificuldades insolúveis, um princípio novo de confusão, comprometendo o seu país com doutrinas com as quais a política brasileira não havia concordado".

A seus críticos Rui responde, agora, invocando o exemplo do conselheiro Saraiva, desta maneira:

Entretanto, a verdade histórica é exatamente oposta. Porque se havia um princípio firme, constante e solene na política brasileira, era o da sua simpatia com a causa dos oprimidos pela injustiça, era a intervenção do protesto em favor dos fracos avassalados pelos fortes.

Permita-me V. Excia., sr. presidente, dispensando outras circunstâncias, outros episódios, rememorar unicamente o procedimento do governo imperial diante do bombardeio de Valparaíso. Não somente o ato veemente do protesto, mas os termos memoráveis, de suprema eloquência, de absoluta decisão e intransigência, de coragem impretérita, em que o protesto foi redigido e enviado à Corte de Madri. Era entretanto o autor desse projeto o nestor da política brasileira, espírito eminentemente conservador, pela feição de sua índole, pela escola em que tinha se formado o seu espírito e pelo caráter constante dos seus atos em toda a sua longa carreira política – o sr. conselheiro Saraiva.

Permita-me V. Excia., sr. presidente, permitam-me os srs. senadores, a leitura deste documento que deve ficar nos *Anais* brasileiros recebendo uma notoriedade

OUTRAS PARTICIPAÇÕES IMPORTANTES DE RUI NA POLÍTICA INTERNACIONAL

que, infelizmente, até hoje não tem. É um dos documentos menos conhecidos da nossa política internacional e é um dos documentos com que essa política se deve julgar mais honrada.

[...] Eis, senhores, o protesto enviado pelo governo de Sua Majestade, o imperador, ao governo da Espanha, em maio de 1866. [Ver Anexo V.]

O DEBATE SOBRE A PRIMEIRA GUERRA MUNDIAL.
A LIGA BRASILEIRA PELOS ALIADOS

Como, muito argutamente, observou Evaristo de Moraes Filho, em seu prefácio ao volume XLIII, t. I, das *Obras completas de Rui Barbosa*, intitulado *Embaixada a Buenos Aires:* "Ainda falta um título próprio, na historiografia brasileira, sobre período de guerra (1914–1918) entre nós, com os debates parlamentares e pela imprensa, com as correntes de opinião, com o jogo dos grupos econômicos, e assim por diante."[2] Sem dúvida, nesse quadriênio, houve uma viva discussão do grande tema internacional do momento – o conflito bélico europeu –, que teve uma de suas vertentes na disputa entre duas correntes ideológico-culturais, a dos anglófilos e a dos germanófilos.

Conforme assinalou Evaristo de Moraes Filho, o tema é propício para uma outra monografia e demandaria pesquisa específica e detalhada nos debates parlamentares e nos jornais da época, tarefa a que o autor do presente trabalho pretende se dedicar, em futuro próximo. No entanto, cabe aqui, além do registro da relevância da questão, a indicação de algumas linhas dessa discussão.

Rui participou, ativamente, desse debate público defendendo as teses pró-Aliados, enquanto nomes como Carlos de Laet e Dunshee de Abranches eram alguns dos líderes da corrente germanófila. Note-se, a propósito, que, para o entendimento do ambiente dessa disputa ideológica, é preciso levar em consideração que, à época, a Alemanha gozava de

A RAIZ DAS COISAS

prestígio – ainda não deteriorado, como aconteceu na Segunda Guerra Mundial –, e a cultura germânica reunia, entre seus admiradores, nomes de grande expressão da inteligência brasileira, no final do século XIX e começo do século XX.

O GERMANISMO NA CULTURA BRASILEIRA

O Brasil acompanhou o interesse pela cultura alemã, notadamente a filosofia, graças ao movimento iniciado na França por Madame de Staël (1766–1817). O marco inicial seria o livro *De l'Allemagne*, de sua autoria, aparecido em 1810, que é considerado como tendo aberto o caminho ao romantismo francês e que, como se sabe, teve grande repercussão não apenas no seu país de origem.

Como comprovaria o professor Miguel Reale, houve entre nós uma primeira aproximação ao kantismo, mesmo antes da Independência, segundo se pode ver dos *Cadernos de filosofia*, de Diogo Antônio Feijó (1784–1843). Seguiu-se o interesse pelo pensamento de Krause (1781–1832), em especial na Faculdade de Direito de São Paulo.

De todo modo, somente se falaria diretamente em germanismo com a Escola do Recife, cuja atuação se desenvolveu dos anos 1870 à época da Primeira Guerra Mundial, englobando autores conhecidos como Tobias Barreto (1839–1889), Sílvio Romero (1851–1914) e Clóvis Beviláqua (1859–1944), entre outros. Na mesma fase, aparece o denominado germanismo pedagógico, estudado por Roque Spencer Maciel de Barros (1927–1999), que, mais tarde, nos anos 1920, contribuiria para despertar o interesse em nossa elite pelo tema da universidade. O germanismo da Escola do Recife era, exclusivamente, cultural. O aparecimento de uma corrente atribuindo-lhe caráter político e econômico é fenômeno posterior.

OUTRAS PARTICIPAÇÕES IMPORTANTES DE RUI NA POLÍTICA INTERNACIONAL

Tobias Barreto contrapôs frontalmente a cultura francesa à alemã, com o propósito de justificar a preferência por esta última. Parecia-lhe que a primeira tendo desembocado na filosofia positivista de Augusto Comte (1798–1857) e na proposta estética de Hippolyte Taine (1828–1893), ancorou em brutais simplificações, incapazes de dar conta da complexidade do real. Com a proclamação da República e a ascendência positivista no novo regime, seus seguidores ampliaram aquela crítica para condenar a política positivista, em particular, a defesa da ditadura republicana. Ao mesmo tempo, não nutriam, entretanto, quaisquer simpatias pela política alemã. Tobias Barreto teria ocasião de criticar, abertamente, o militarismo de Bismarck. Sílvio Romero acrescentaria a essa crítica a condenação à política colonial da Alemanha, no livro *O alemanismo no sul do Brasil: seus perigos e meios de os conjurar*.

Na mencionada obra, Sílvio Romero documenta, amplamente, o expansionismo alemão e aponta o seu desinteresse pela imigração direcionada àqueles países, como os Estados Unidos, onde os alemães acabam assimilados. Parecia-lhe que, no caso brasileiro, o empenho das colônias alemãs em preservar língua e costumes era parte da política oficial destinada a criar, oportunamente, condições para o desmembramento daquela parte do território nacional. Escreve: "os alemães do Brasil são, socialmente, completamente distintos e independentes dos nacionais. Têm outra língua, outra religião, outras tradições, outros anelos, outros gêneros e sistemas de trabalho, outros ideais".

Afirma que, quando a população alemã alcançar 800 mil ou um milhão de habitantes, abrangendo território contínuo do Rio Grande do Sul a Santa Catarina, inevitavelmente, tentarão separar-se do Brasil. Justifica assim o fato de não terem empreendido semelhante tentativa: "A separação não se fez já, com o auxílio e o protetorado da Alemanha, por causa das perturbações que isto acarretaria diante da previdente Doutrina Monroe, freio único que contém o Império, conforme os próprios alemães confessam e mostrarei linhas abaixo."

A RAIZ DAS COISAS

Nessa obra, Sílvio Romero apresenta uma proposta de reformulação da política emigratória nacional, inspirando-se, como diz, na experiência japonesa. Em síntese, a par de tornar obrigatório o ensino em língua nacional, do mesmo modo que o seu uso em público, parece-lhe imprescindível reforçar a presença militar na região, tornando-a ostensiva.

Um outro grande nome da cultura brasileira, Euclides da Cunha, igualmente tempera seu entusiasmo pela cultura alemã com severas observações críticas ao militarismo de Bismarck. Ouçamo-lo, por exemplo, neste trecho de seu discurso proferido no Centro Acadêmico Onze de Agosto em 1907, ao falar de "Castro Alves e seu tempo":

> O romantismo, no sentido superiormente filosófico, traduzindo as máximas temeridades dos espíritos no afeiçoarem o próprio mundo exterior a um vasto subjetivismo – nasceu na Alemanha. Ora, a Alemanha é hoje o modelo impecável de uma nação prática e fecunda, utilitária e mais que todas aparelhada de lúcido discernimento dos melhores recursos que nos oferece a ordem objetiva: o seu comércio bate nesta hora nos mares o primado tradicional do comércio inglês; e a sua indústria, desde a rude indústria das minas à indústria química e às maravilhas da eletricidade, abriu à força, arrombando-as, as portas de todos os mercados.
>
> Pois bem, esta Alemanha, que nos assusta mais com as suas usinas que com as casernas, nasceu de um sonho.
>
> Há na história um homem que reduz Bismarck: é Fichte.
>
> O rígido e ríspido chanceler, irrompendo, retardatário nestes dias; com o seu tremendo tradicionalismo feudal e suas fórmulas governamentais curtas, secas e rijas como pranchadas; e a sua irritante glorificação da força física; e a sua pasmosa curteza intelectual, tão restrita que nunca logrou resolver um só dos árduos problemas que se lhe antolharam sem o confiar à fortuna traiçoeira das batalhas – era diminuto demais para construir um povo.
>
> Acima da unidade política germânica, desenhada, a tira-linhas e a régua, nas cartas do Estado-Maior prussiano, existe uma coisa mais alta – a unidade moral da Alemanha. E esta, certo, não a encontrareis nas sangueiras de Sadowa e de Sedan. Vem de mais longe. Desponta toda ela de uma expressão dúbia, cheia de mistérios que se chamou "idealismo transcendente".

OUTRAS PARTICIPAÇÕES IMPORTANTES DE RUI NA POLÍTICA INTERNACIONAL

O empenho de transformar o apreço pela cultura alemã numa espécie de adesão à nação alemã em seu conjunto, enfatizando as vantagens que adviriam para o Brasil, na ampliação dos elos econômicos com aquele país, aparecera de modo claro no período da Primeira Guerra Mundial. Expressa-o, entre outros, Dunshee de Abranches na obra *A ilusão brasileira (justificação histórica de uma atitude)*, publicada em 1917 e sucessivamente reeditada.

Dunshee de Abranches (1867–1941) foi deputado pelo Maranhão em várias legislaturas. Tornou-se redator-chefe de *O País*, jornal muito influente na Primeira República, e redator do *Jornal do Brasil*, o que o consagraria como jornalista, em razão do que seria eleito presidente da Associação Brasileira de Imprensa (ABI), em 1910, cargo que exerceu até 1913. Como parlamentar, notabilizou-se pelo interesse demonstrado na formulação da política exterior. Quando publicou o referido livro, era, na Câmara dos Deputados, presidente da Comissão de Diplomacia e Tratados.

A ilusão brasileira se relaciona sobretudo a discurso pronunciado na Câmara, no qual defende a neutralidade do Brasil na guerra que então se travava na Europa, em nome do interesse comercial brasileiro. Pelo que transcreve, o discurso teria sido mal recebido pela imprensa nacional e estrangeira, com exclusão, naturalmente, da alemã.

Sua razão fundamental estriba-se na definição do caráter da guerra, apresentada nestes termos:

> a tremenda disputa […] [é] única e exclusivamente uma GUERRA COMERCIAL. Não era a primeira na história: não seria, decerto, a última. […] Já houvera a hispano-americana; vieram após a russo-japonesa e a ítalo-turca; e a atual ao que visava, acima de tudo, era a destruição da assombrosa prosperidade nacional da Alemanha e a sua incontestável supremacia no comércio internacional!

No capítulo IV, "Ação e reação", o autor pretende apresentar o seu posicionamento como um tributo à memória de Rio Branco, embora não

A RAIZ DAS COISAS

diga, claramente, que o adotaria, mas deste ponto de vista, tratava-se de "compromisso de honra, assumido com a memória de Rio Branco, que jamais receara a impopularidade, os insultos e as ameaças na defesa dos altos interesses da pátria". Move-o, também, "movimento de justiça" pelo que entende ser a "especial cordialidade e fidalguia" com que a Alemanha nos viria distinguindo, bem como aos colonos daquela origem, e, também ao fato de que "como país civilizado, não encontrava rival entre os coevos".

Nesse mesmo capítulo, procura mostrar que não se encontrava sozinho, evocando, em seu favor, o reconhecimento de seus feitos pelos nossos homens de ciência, e, também, pelos militares. Destaca sobretudo os comerciantes por manter "as mais sólidas ligações com Hamburgo". Não falta ao livro uma catilinária contra a Inglaterra (capítulo VIII, "A Inglaterra e os seus associados"). O prognóstico do autor, constante dos últimos capítulos, é francamente favorável à Alemanha.

O livro foi escrito e publicado antes da nossa declaração de guerra à Alemanha. Na "Nota final", lamenta-a, nestes termos: "O Brasil perdeu a oportunidade de conquistar sua libertação econômica. Oxalá não venha a comprometer, também, a sua liberdade política..."

Outro nome a ser lembrado, nesse âmbito, é o de Assis Chateaubriand, com seu livro *A Alemanha,* publicado em 1921 e, como assinala o autor no prefácio, resultado de uma viagem à Alemanha para "fazer um inquérito sobre as condições políticas, morais e materiais do país, depois da guerra".

Chateaubriand critica, particularmente, "o crime do Tratado de Versalhes". Lembra, também, sua posição ante as transgressões internacionais ocorridas, nos seguintes termos:

> No curso da guerra nunca fui neutro diante do crime, da violência e da força brutal e arrogante. A violação da Bélgica teve, no obscuro jornalista da província, um dos que mais veemente contra ela protestaram. Somente a minha voz era a de uma consciência impessoal e desinteressada, pronta a reconhecer que, qualquer dos beligerantes, França, Inglaterra ou Rússia, colocado na posição

OUTRAS PARTICIPAÇÕES IMPORTANTES DE RUI NA POLÍTICA INTERNACIONAL

da Alemanha, marchariam contra o inimigo pela mesma estrada que o conde Schlieffen abriu no Grande Estado-Maior à invasão das hostes germânicas, para o ataque fulminante do inimigo do outro lado do Reno.

Entre os textos que compõem o citado volume, merece registro o intitulado "A propaganda antigermânica", no qual Chateaubriand comenta, inicialmente, que:

> A Alemanha foi profundamente caluniada. Pintaram-se todos os seus homens de *élite* como celerados, partidários da guerra a todo transe; e, portanto, a cultura alemã como a única responsável pelo bloqueio e pela fome, que devastou o país, levando a inanição e a morte a centenas de milhares de inocentes.

O autor analisa as origens dessa percepção da Alemanha e assinala que: "Desde as primeiras semanas da grande crise de 1914, na América do Norte, na América do Sul, nos neutros da Europa, principiou a campanha hábil, inteligentemente conduzida, no intuito de desviar quaisquer simpatias pela causa dos Impérios Centrais." Vale citar a observação de Chateaubriand sobre essa "campanha hábil", com base no livro de Sir Campbell Stuart, *Secrets of Crewe House*, que trata do

> escritório que centraliza a campanha audaz e habilíssima de Lord Northcliffe, no meio dos adversários da Grande Aliança, entre suas tropas e populações civis, o "Departamento de Propaganda nos países inimigos". Nenhuma outra arma de guerra foi mais mortífera contra os Impérios Centrais do que o poderoso instrumento de que o Napoleão do jornalismo inglês possuía o segredo do emprego desmoralizante.

A seguir, Assis Chateaubriand fala da suposta ação propagandística aliada junto aos neutros, e parece ter por alvo, não declarado, Rui Barbosa, na conferência de Buenos Aires, com suas detalhadas citações de autores alemães:

A RAIZ DAS COISAS

Mas, até aqui, só é conhecida em detalhes a ação do departamento de Lord Northcliffe no seio dos países inimigos. E entre os neutros? Como agiu ele a fim de organizar uma mentalidade internacional, não só de repulsa, mas de horror à Alemanha? O livro que terá de narrar este outro capítulo, ainda secreto de Crewe House, está por escrever. Conhecem-se, todavia, alguns dos métodos da propaganda, concebida com tanto talento e realizada com tamanho engenho, pelo proprietário do *Times*.

Cortaram-se trechos isolados de livros militares. Traduziram-se páginas de Bernhardi, Treitschke, Moltke e Clausewitz. Esses papeluchos deram a volta ao mundo, graças a um sistema de capilaridade perfeita. A Alemanha era uma nação bastarda, materialista, de instinto entregue às ambições dos metalurgistas, dos generais e dos banqueiros, abalada por um frenesi devastador, fazendo o mal pela sádica alegria de perpetrá-lo... A contrapropaganda que fosse também à cata de folhas volantes, de pontos de vista individuais, demonstraria os mesmos propósitos agressivos na França, na Inglaterra, na América, como se verá nas páginas dos melhores escritores destes países.

A LIGA BRASILEIRA PELOS ALIADOS

Rui Barbosa – como observou ao autor o professor Sérgio Pachá nas *Obras completas* – estava bem municiado com esses opúsculos da propaganda aliada, além da bibliografia anteriormente mencionada. Atua, igualmente, como um dos organizadores da corrente anglófila no Brasil, e em 7 de março de 1915, ao fundar-se a Liga Brasileira pelos Aliados, é indicado para presidente da entidade.

A Liga Brasileira pelos Aliados promoverá conferências públicas, difundirá material e aglutinará personalidades nacionais, bem como fornecerá ampla informação sobre as hostilidades no campo de batalha, obviamente, com a visões pró-Inglaterra e da França.

OUTRAS PARTICIPAÇÕES IMPORTANTES DE RUI NA POLÍTICA INTERNACIONAL

UMA PESQUISA A SER FEITA

Registre-se que a imprensa da época, particularmente o *Jornal do Commercio*, acolhia contribuições tanto dos anglófilos quanto dos germanófilos. Exemplo disso é o artigo, publicado em 15 de junho de 1916, de autoria do embaixador alemão em Washington, barão Speck, sob o irônico título de "Perigo alemão". Ainda está por ser feita essa pesquisa nos jornais e nos debates parlamentares do período.

Caberia, também, pesquisar a atuação das duas centrais de propaganda de guerra, uma sediada em Londres, outra em Berlim, junto aos setores dirigentes brasileiros, aos intelectuais e à imprensa. Rui após a conferência de Buenos Aires: "chegou, para a democracia, a hora inevitável do seu triunfo". De regresso da capital argentina, Rui continuou sua pregação, mesmo depois da entrada do Brasil na guerra ao lado dos aliados. Há alguns de seus pronunciamentos, merecedores de nota, que ainda não foram publicados nas *Obras completas*.[3]

Em 18 de setembro de 1917, Rui pronuncia discurso no Teatro Lírico, no Rio de Janeiro, intitulado "Aos atiradores baianos", em que, entre outros pontos, trata das possíveis consequências que a guerra traria para uma "vitória da democracia" nos diferentes países. Rui, nessa peça oratória, expõe sua análise das novas linhas de força do quadro internacional e de suas prováveis repercussões no Brasil, bem como do papel da América na reestruturação, em curso, da política internacional:

> O mundo inteiro se está hoje reconstituindo para uma organização superior da justiça, da lei e da ordem, assim entre os Estados, como no seio de cada um deles. A força desencadeou a guerra, para engolir a civilização, e a civilização extraiu da própria guerra os meios de esmagar a força.
> Enganam-se, muito mal enganados, senhores, os que cuidam que a esse movimento de profunda e irresistível democratização, cujas ondas lavraram o Império moscovita, submergindo o despotismo russo, não obstante a eternidade aparente

A RAIZ DAS COISAS

dos seus alicerces, espraiaram além pelo Extremo Oriente, sacudindo a imobilidade asiática nos seus fundamentos, levaram as reivindicações populares até a China, paradoxalmente republicanizada, e então revolvendo o mundo todo nas suas mais íntimas profundezas, como se todo o sistema humano do globo entrasse em fusão nos moldes misteriosos da Providência, e deles estivéssemos para ver sair, totalmente reconstituído, o regime político do universo – muito enganados estarão, senhores, torno a dizer, os que acreditarem que a essa preamar universal da conquista dos governos pelos povos, escapará indene a América Latina e, com especialidade, o nosso Brasil.

Rui continua com sua visão idealista de um possível futuro radiante, a partir do choque da guerra, como um profeta de um novo mundo que está por surgir:

A HORA DA VITÓRIA DA DEMOCRACIA. O PAPEL DA AMÉRICA

Neste continente, como no outro, chegou, para a democracia, a hora inevitável do seu triunfo contra as antigas usurpações que a esbulharam. A história da nossa posição, como de outros Estados americanos, nesta guerra, é uma série de hesitações... Mas as circunstâncias hão de vencer, provavelmente, estas últimas oscilações, como venceram as outras; e não tocaremos o termo desta campanha, sem que as outras repúblicas americanas cheguem até onde chegaram os Estados Unidos. Por menos que elas compreendam os seus verdadeiros interesses, mais poderá do que tudo a necessidade soberana dos acontecimentos; e então as repúblicas latinas deste continente não se verão reduzidas a assistir de galeria ao Congresso da Paz, onde se liquidarão as contas da justiça nesta guerra, se traçará o futuro mapa do mundo, e se estabelecerão as situações, a que vai obedecer, daí em diante, a política internacional.

O orador faz, neste ponto, uma análise mais detalhada da realidade nacional nesse novo contexto mundial:

O BRASIL E O MOMENTO INTERNACIONAL

Qualquer, porém, que seja a altura, a que cheguemos, ou o atraso, a que nos condenemos na política internacional, o que, nesse terreno, lograrem os nossos governos, para evitar a solidariedade ativa com os beligerantes, não o lograrão,

OUTRAS PARTICIPAÇÕES IMPORTANTES DE RUI NA POLÍTICA INTERNACIONAL

para alcançar que nos apartemos incólumes do vértice deste ciclone, que dentre estas democracias rejuvenescidas e estas autocracias democratizadas, só o Brasil se retire com a impudente falsificação da sua democracia ilesa, com a sua república de oligarquias, mandões e caudilhos intacta, com o mesmo regime de cínica inconstitucionalidade, sem eleições populares, sem governos responsáveis, sem orçamentos reais, um órgão nenhum por onde respire a vida nacional, por onde a moralidade nacional se desagrave, por onde a vontade nacional se declare e execute.

Rui adverte, no entanto, que o processo de democratização que vê em andamento pode se realizar de forma turbulenta, mesmo não sendo essa a maneira que ele considera mais adequada. Age, em seu entender, como um analista da cena política interna que, naquele momento, é, segundo ele, fortemente influenciada pelas variáveis externas. Assim se expressa a respeito:

> Essas correntes de ar ozonado, que, renovadas pelas descargas elétricas da grande conflagração, percorrem hoje todos os paralelos e todos os meridianos do orbe terrestre, sem respeitar distâncias, mares, nem montanhas, carregando, como palhas que o vento leva, monarquias, impérios e cartas, constituições, Estados e nacionalidades, superstições, privilégios e tiranias, esses desabridos tufões que lufam de toda parte, varrem em todos os sentidos a atmosfera, também aqui penetraram, e daqui se não despedirão, sem ter exercido alguma influência, da que estão exercendo por toda a superfície da Terra; e, se nem as Sibérias tenebrosas, nem as masmorras russas, nem as muralhas chinesas lhes embargaram o curso; se os sólios fundidos em granitos e caldeados na imemorialidade do tempo se esfarelam, ao martelar dessas rajadas do carpinteiro do Destino, como a poeira sacudida dos vendavais – não seriam as nossas construções políticas de areia movediça as que tivessem rosto a esse embate, e lhe zombassem da violência desusada.

Interessante notar que, ao fazer agora suas "previsões sombrias" sobre o cenário político brasileiro, Rui mostra estar em dia com os acontecimentos na Rússia e se preocupa com a possibilidade de o Brasil "cair numa crise semelhante":

A RAIZ DAS COISAS

PREVISÕES SOMBRIAS

Não incito, senhores, não aconselho, não desejo. Bem ao contrário, por isso mesmo que não desejo, antes me inquieto, receio e temo, é que, antevendo, predigo, advirto. Não desejo, porque, num país onde não há ideias assimiladas, onde não há forças organizadas, onde não há superioridades acatadas, uma comoção revolucionária me inquietaria. Os exércitos do bem não estão constituídos. Mas as organizações do mal, os poderes sinistros da desordem estão alertas, para agarrar a ocasião pelos cabelos, para arrastar a multidão pelas suas paixões e pelos seus sofrimentos, pelas suas ignorâncias e pelas suas necessidades.

O EXEMPLO MOSCOVITA

Gabam-se os republicanos muito mais do que lhes cabe da sua vitória contra a monarquia. A monarquia morreu pelas suas próprias mãos, da impenitência do trono e da intransigência dos monarquistas com as reformas liberais. A República, também, poderia correr o risco de acabar do mesmo modo, não para lhe suceder a monarquia, o que nunca mais será exequível, mas para lhe suceder a anarquia, o que seria infinitamente pior. O exemplo da desorganização moscovita é a peste do oriente. Mas as Pestes morais circulam hoje o mundo com a rapidez da eletricidade. O povo brasileiro não teria as energias do povo russo para se salvar da crise, de que este talvez se vai salvando. Mas, para cair numa crise de caráter semelhante, sob o fluido poderoso que está convulsionando o mundo contemporâneo, não lhe minguam elementos explosivos, que a poderão determinar inesperadamente, se os nossos políticos não se resolverem a deixar de ser politiqueiros, e as nossas classes conservadoras não se decidirem a pesar com todo o seu peso nos destinos da nação.

MERO REGISTRO

Oh! Senhores, eu não sanciono, não subscrevo, não aplaudo: registro, cotejo, moralizo. Não sou eu quem quero o povo com armas ou pedras na mão.
Da lei desejo eu que nunca se arrede o povo, e só com a lei esteja armado. Porque debaixo da lei devem todos estar, e, sobre todos, sobre todos os poderes, aquele em que deve residir o soberano manancial, donde ela procede.

OUTRAS PARTICIPAÇÕES IMPORTANTES DE RUI NA POLÍTICA INTERNACIONAL

"PAZ... MAS QUE PAZ?"

Rui, apesar de debilitado fisicamente por enfermidade, continua acompanhando os novos lances na cena internacional. Exemplo disso são o artigo que publica em O *Imparcial* de 14 de outubro de 1918, intitulado "Paz... mas que paz?", e o discurso que profere no Senado, "Saudando os países nossos aliados", em 12 de novembro de 1918. Particularmente na matéria de imprensa, Rui se volta para advertir sobre a posição germânica no armistício, nestes termos: "Não participo, absolutamente, no entusiasmo, com que vejo receberem-se, em geral, as condições de paz delineada na proposta alemã e nas notícias da encenação com que o governo do *kaiser* procura dramatizá-la." No discurso no Senado, Rui, além de repetir os argumentos já expostos no pronunciamento "Aos atiradores baianos", enfatiza sua visão crítica do militarismo germânico, com seu projeto de "colonização esterilizadora e opressiva", que queria "a influência civilizadora da Grã-Bretanha". Considera que as condições do armistício são "as mais duras" que se impuseram a uma nação, "mas também nunca a nenhum vencido se impuseram condições mais justas, mais necessárias, mais inevitáveis".

RUI E A LIGA DAS NAÇÕES

Na extensa carta aberta que endereçou ao presidente eleito Rodrigues Alves, em 8 de dezembro de 1918, em resposta ao convite que o primeiro mandatário lhe havia feito, na semana anterior, para chefiar a delegação do Brasil na Conferência da Paz, Rui Barbosa expõe o seu pensamento sobre o tema e argui, também, as razões pelas quais declinava da honrosa convocatória.[4]

Inicia por ressaltar as circunstâncias que estavam cercando o convite, particularmente da "atmosfera hostil" e do "sarilho de intrigas e mal-

A RAIZ DAS COISAS

dades" em que se via envolvido, após a publicação de nota no *Jornal do Commercio* de 24 de novembro de 1918, a qual informava que, para a Conferência da Paz, "as embaixadas das nações beligerantes, compostas de diplomatas e políticos eminentes de cada uma delas, e chefiadas pelos seus ministros das Relações Exteriores". Para Rui, por trás dessa notícia estava o dedo do próprio ministro das Relações Exteriores, Domício da Gama, que desejaria para si a chefia da delegação brasileira. Rebate, a seguir, com fatos, a informação de que a chefia das delegações seria entregue aos respectivos titulares das pastas da diplomacia dos países beligerantes.

Rui indica um segundo argumento para rejeitar o convite de Rodrigues Alves, fala com franqueza e compara a presente indicação com a sua situação em Haia, em 1907. Expressa que não sente que teria

> no ilustre ministro de hoje o mesmo calor de simpatia, uma cooperação do mesmo fervor, o mesmo entusiasmo, digamos assim, que encontrei no grande ministro daquele tempo. Mas o barão do Rio Branco não pretendera a missão em Haia. A minha escolha não lhe contrariava aspiração alguma. Fora ele, pelo contrário, o que indicara o meu nome, e a boa sorte do seu eleito lhe era, deste modo, naturalmente cara.

Toca direto em ponto para ele crucial e apela para a "experiência dos homens e das coisas" de Rodrigues Alves:

> O emissário de um governo, em comissões de tão extraordinária monta e tão singular delicadeza, há de ter as costas bem guardadas, se não quiser viver inquieto; e, para tal, não vale muito contar com o chefe do Estado, em não contando com a máquina administrativa, elemento sobre todos sutil e poderoso, que está na mão dos ministros.

Passa para um terceiro argumento, que é o da tardança do convite. Lembra que, no caso de Haia, a missão lhe foi oferecida pelo presidente Afonso Pena, treze meses antes, enquanto "agora pouco falta para que ela [a Conferência de Versalhes] se abra". Destaca que:

OUTRAS PARTICIPAÇÕES IMPORTANTES DE RUI NA POLÍTICA INTERNACIONAL

De mais, uma excursão desta natureza não se compreende sem certa bagagem de elementos de estudo, livros, relatórios, estatísticas, atos oficiais, informações de toda ordem, de que de ordinário estão desprovidas, no estrangeiro, as nossas legações e consulados, e não melhor providas aqui as nossas secretarias.

Rui expõe, nesse ponto da correspondência a Rodrigues Alves, sua visão da Conferência da Paz de 1919. Trata-se de importante avaliação que faz do conclave a ser realizado e do papel que acredita deva o Brasil desempenhar. Rebate, inicialmente, afirmação que teria feito Domício da Gama, em entrevista a um jornal, segundo a qual "a fase do Congresso, na qual "têm de intervir os nossos representantes" é a que designa como seu "episódio final". Na opinião de Sua Excelência, "podemos dividir as negociações da paz em três episódios distintos".

O primeiro episódio seria de natureza militar e diria respeito, segundo a interpretação de Rui das declarações feitas por Domício da Gama, às nações que possuíam tropas nas linhas de batalha, e se concluiria com o armistício. Rui refuta tal assertiva e diz que:

> Parece esquecer o nobre ministro que, se o Brasil não possuía tropas nas linhas de batalha terrestre, possuía vasos de guerra nas linhas de batalha naval, e, reduzindo a condição de beligerância ao caso da posse de exércitos em campanha, com exclusão do da posse de esquadras em serviço de guerra, nos desinteressa internamente das questões militares, que, aos seus olhos, o armistício encerrou de todo e por vez; não reparando Sua Excelência na relação necessária entre algumas das questões militares, atuais ou possíveis no curso das negociações, e os problemas de natureza jurídica ou econômica submetidos ao Congresso vindouro.

O segundo episódio, prossegue Rui,

> tal qual o figura o nobre ministro, se compreende o acordo que parece dever ser *ad referendum* do congresso geral, sobre os principais objetivos da guerra, como, por exemplo, retificações de fronteiras, questões de nacionalidades, ou questões de colônias, assuntos continentais, continua Sua Excelência, que afetam quase unicamente os países da Europa.

A RAIZ DAS COISAS

Em sua crítica,

> pretender que eles [os assuntos] afetam quase exclusivamente os países da Europa seria não advertir nas relações íntimas desses assuntos com o problema da consolidação da paz e da organização da sociedade internacional que a deverá sustentar. [...] nenhuma região, na face do globo, será mais interessada que o continente americano, e neste continente nenhuma nação mais do que o Brasil, em que essas questões de fronteiras, nacionalidades e colônias se resolvam sob condições capazes de atalhar para sempre os surtos ao espírito de conquista, que se apossou da raça germânica, e pode renascer nela ou noutra, e não está de todo extinto com a derrota dos Impérios centrais.

Rui revela com vigor sua preocupação com lugar destinado ao Brasil na Conferência de Versalhes. Invoca sua experiência anterior em Haia e sublinha, com realismo, que na arena internacional há que se conquistar um lugar, e não esperar por reconhecimentos. Em suas palavras: "Entrei ali [Haia] obscuro e mal tolerado, representando um país mal tolerado e desconhecido. Saí benquisto, honrado pelos meus companheiros de assembleia e vendo a nação que eu representava elevada na consideração e simpatia de todos."

Ciente da importância da tradição na operação diplomática, Rui Barbosa sugere ainda:

> teríamos, de mais a mais, no episódio em que se discutissem as questões de nacionalidades e fronteiras, ocasião de mostrar pela causa dos povos fracos, pelas reivindicações e independência dos pequenos Estados, a simpatia ativa que constituiu o nosso principal título de merecimento na conferência de 1907. Não me consolarei de que, na deste ano, renunciemos a essa honrosa tradição, por chegarmos serodiamente, depois de encerrado "o episódio", como diz o nobre ministro, onde se debaterão as questões de fronteiras e nacionalidades.

Com forte percepção das duras realidades do sistema internacional, indaga e responde: "Será que a sorte desses Estados não afeta diretamente o

OUTRAS PARTICIPAÇÕES IMPORTANTES DE RUI NA POLÍTICA INTERNACIONAL

Brasil? A meu ver, pelo contrário, nos interessa diretamente, sob o ponto de vista jurídico e moral; porquanto o Brasil é um país fraco e um Estado pequeno em consolidação internacional."

O BRASIL NO MUNDO, E O MUNDO NO BRASIL

O texto da carta a Rodrigues Alves adquire, cada vez mais, um tom de *policy paper*, e Rui destaca agora que:

> Acabou-se a noção anacrônica em que cada uma das partes da terra se insulava nos seus limites continentais, debaixo de hegemonias poderosas, e à sombra de princípios exclusivistas. A América está na Europa, a Europa na América, e a América, com a Europa, na humanidade, em cujo seio os povos, como os homens, não se distinguem hoje senão pelo grau de inteligência, moralidade e cultura. [...] Deixemos, pois, de andar repetindo os estribilhos interessantes ou ridículos de que a Europa é dos europeus, e a América, dos americanos.

Enfatiza na linha de sua argumentação:

> Descartemo-nos do preconceito fútil, que põe o Brasil sob o signo exclusivo da América do Norte, e nos habitua a cuidar que precisamos dela mais que da França, ou da Grã-Bretanha, quando a verdade é que necessitamos por igual dessas três amizades. Acabemos, em suma, com o erro pernicioso de que a nossa política internacional se deva moldar na rotina das prevenções continentais, quando a divina lição desta guerra, desta vitória, e do papel com que numa e noutra se glorificaram os Estados Unidos, nos acaba de mostrar que o cristianismo, a justiça e a democracia obliteraram do mundo inteiro as antigas separações de continentes.

Rui insiste na referência de 1907, para indicar que, nos assuntos de fronteiras e nacionalidades:

283

A RAIZ DAS COISAS

O Brasil não se alheou de tais questões na Conferência de Haia. Creio que, com maioria de razão, não lhes poderia ser indiferente na Conferência de Paris. Esta era a ocasião de advogarmos, nas suas consequências, as ideias que ali nas suas premissas estabelecemos, de as advogarmos discretamente, ao menos com o voto consultivo, mas contribuindo, como expoente principal da América Latina, visto que a Argentina e o Chile estarão, creio eu, ausentes nessa fase do Congresso, para dar aos seus atos o cunho de atos de uma assembleia do gênero humano.

UM DOS ALVOS DA CARTA

Cabe registrar que Rui agiu de caso pensado nessa carta aberta a Rodrigues Alves, pois, como nela diz, "se tais ponderações aqui aduzo, não é senão com o intuito de mostrar a Vossa Excelência por quantos lados se equivoca o nobre ministro". E logrou pelo menos um efeito que pretendia. Como ressalta Luís Viana Filho:

Com duas penadas cheias de veneno, Rui destroçara o ministro do Exterior, matando ainda no ninho aquele desejo de representar o Brasil em Versalhes. A escolha recaiu, então, no senador Epitácio Pessoa, homem pequeno, autoritário e feliz, que a Fortuna brindava com esta dádiva inesperada.[5]

A respeito desse caso, e em defesa do ministro das Relações Exteriores, é útil citar o trabalho de Eugênio Vargas Garcia que, em seu livro O *Brasil e a Liga das Nações (1919–1926)*, revela, com base em pesquisa feita no Arquivo Histórico do Itamaraty:

Ainda em dezembro de 1918, Domício da Gama tentou fazer com que o Brasil fosse convidado a participar das conferências preliminares da paz, anteriores à conferência propriamente dita. Domício acreditava que a presença brasileira nas conferências preliminares teria um bom efeito na política interna,

OUTRAS PARTICIPAÇÕES IMPORTANTES DE RUI NA POLÍTICA INTERNACIONAL

pois, nas suas palavras, "isso ajudaria o governo perante a opinião pública, que nos está julgando descuidados". No entanto, apesar dos pedidos junto ao Departamento de Estado e ao Foreign Office, tal não foi possível devido à resistência das grandes potências europeias. Segundo Heitor Lira, a França e a Grã-Bretanha, "vale dizer, Clemenceau e Lloyd George", entendiam que a "participação do Brasil, tanto nas conferências preliminares como na conferência plenária, devia ser a mais limitada, de vez que nossa colaboração na guerra fora também modesta".

UM VETO DOS ESTADOS UNIDOS A RUI?

Júlio de Mesquita Filho, que fora convidado por Rui Barbosa para secretário da delegação, transmitiu-lhe comentário desabonador que ouvira do embaixador norte-americano, Edwin Morgan, nos seguintes termos: "O Rui é um velho, é o passado." Luís Viana Filho, que relata o fato, indaga: tal ponderação "significaria que Washington não o desejava?".

Ante a celeuma que cercou a indicação do delegado brasileiro à Conferência de Paris, que levou Rui até a afirmar ter sido vítima de "sórdida intriga internacional", há autores, como Moniz Bandeira,[6] que afirmam ter havido um veto estadunidense à presença de Rui na Conferência da Paz, devido à sua autonomia e por gerar incerteza quanto à posição brasileira junto ao governo norte-americano.

UMA OPINIÃO SOBRE A RECUSA DE RUI

Francisco Luiz Teixeira Vinhosa afirma:

> Rui Barbosa não foi à Conferência da Paz porque não quis, por uma questão de vaidade pessoal, por ter tido o seu orgulho ferido por não ter sido o seu o primeiro nome lembrado. Além disso, para ir a Paris, queria a substituição do

ministro das Relações Exteriores, o que não aconteceu. Não tendo também aceitado a missão por já terem sido nomeados para a delegação outros delegados que o ombreavam em autoridade.[7]

CONVITE DE EPITÁCIO PESSOA

Novo convite recebe Rui, dessa vez do presidente Epitácio Pessoa, em setembro de 1919, oferecendo-lhe a chefia da representação do Brasil no Conselho Executivo da Liga das Nações. Após quase quarenta dias de reflexão, em uma estação de águas para onde foi a conselho médico, Rui Barbosa comunica ao primeiro mandatário que aceitava, "em princípio", o convite.

A referida decisão "em princípio" iria se transformar em recusa por parte de Rui, no início de 1920, diante da intervenção federal na Bahia. Como lembra João Mangabeira:

> A 24 de fevereiro [de 1920], em carta a Epitácio Pessoa, Rui, ante a intervenção na Bahia, se declara incompatível para representar o Brasil na Liga das Nações, por considerar aquele ato uma retratação ao convite, pois aquele "inopinado arbítrio anula a eleição da Bahia, restabelece servidão de que ela já se podia considerar emancipada, inutiliza o trabalho meu, de meus amigos e dos meus conterrâneos, moralmente unânimes nesta esplêndida, incomparável e já triunfante reação".

O presidente Epitácio Pessoa, por sua vez, responde a Rui em 25 de fevereiro de 1920 e lamenta a decisão. Aproveita a oportunidade, mesmo não querendo discutir o assunto por ocioso, para pontualizar que:

> as razões de fato e de direito em que o governo federal, depois de esgotar junto aos dois partidos em luta na Bahia os mais persistentes esforços por uma conciliação, se fundou para isso na consciência de um dever insofismável, no parecer uniforme dos comentadores da Constituição, na jurisprudência dos tribunais, nos votos do Congresso, nos precedentes da administração e nas lições do direito comparado.

OUTRAS PARTICIPAÇÕES IMPORTANTES DE RUI NA POLÍTICA INTERNACIONAL

RUI NA CORTE PERMANENTE DE JUSTIÇA

Conforme assinala Afonso Arinos de Melo Franco, na obra *Um estadista da República,*

> por ocasião da escolha dos primeiros juízes integrantes da corte, em 1921, o Brasil, pelo nome de Rui Barbosa, conseguiu uma grande vitória. Quarenta e dois países tinham assinado o protocolo concernente ao estatuto do tribunal. Oitenta e nove candidatos, juristas de todo o mundo, foram apresentados à eleição. Entre eles se achavam Rui e Clóvis. Realizado o pleito, verificou-se que, de todos os candidatos eleitos, Rui fora o mais votado, obtendo 38 votos no total de 42. Como se sabe, o ilustre brasileiro nunca chegou a tomar assento no tribunal de Haia.

NOTAS

1. Rui Barbosa, Os *conceitos modernos do direito internacional,* Rio de Janeiro, Fundação Casa de Rui Barbosa, 1983.
2. Evaristo de Moraes Filho, "Prefácio", *in Obras completas de Rui Barbosa, v. XLIII, 1916, t. I, Embaixada de Buenos Aires,* Rio de Janeiro, Ministério da Educação e Cultura, Fundação Casa de Rui Barbosa, 1981.
3. Os textos aqui citados, o discurso de Rui intitulado "Aos atiradores baianos", pronunciado no dia 18 de setembro de 1917, o artigo de imprensa "Paz... mas que paz?", e o discurso no Senado "Saudando os países aliados", ainda não foram publicados nas *Obras completas, e* o serão no v. 45, 1918, t. *2, Jubileu cívico.*
4. Rui Barbosa, *Correspondência de Rui,* Rio de Janeiro, Fundação Casa de Rui Barbosa.
5. Luís Viana Filho, *A vida de Rui Barbosa,* Rio de Janeiro, José Olympio, 1977, Coleção Documentos Brasileiros.
6. Luiz Alberto Moniz Bandeira. *Presença dos Estados Unidos no Brasil,* Rio de Janeiro, Civilização Brasileira, 1973, p. 187–210.
7. Francisco Luiz Teixeira Vinhosa. *O Brasil e a Primeira Guerra Mundial,* Rio de Janeiro, Instituto Histórico e Geográfico Brasileiro, 1990.

RUI, O PRIMEIRO DEFENSOR DE DREYFUS

Não deixa de ser merecedor de registro o fato de que entre os primeiros artigos publicados em defesa de Dreyfus esteja um artigo da autoria de Rui Barbosa, publicado em 7 de janeiro de 1895, antes de Émile Zola, Bernard Lazare e Scheurer-Kestner. Encontra-se no volume *Cartas de Inglaterra*.

Conforme narra Batista Pereira, no opúsculo *O Brasil e o antissemitismo*, Dreyfus, após sua absolvição, "estava em 1907 na Suíça recuperando a saúde perdida no presídio. Conversando com diplomata português, representante de seu país na Conferência da Paz em Haia, disse-lhe que sabia que Rui Barbosa fora 'o seu primeiro defensor' e mostrou desejos de conhecê-lo". O diplomata português a que se refere Batista Pereira é Alberto d'Oliveira, que deixou registrado o episódio em seu livro de crônicas intitulado *Pombos-correios*. Nessa obra, o autor assim lembra a menção feita por Dreyfus a Rui durante o encontro: "Mostrou-me saber que Rui Barbosa fora um dos primeiros advogados da sua inocência."

O encontro entre Dreyfus e Rui não ocorreu, mas o testemunho do militar francês ficou para a biografia do estadista brasileiro.

Um dado importante nas credenciais de Rui, em Haia, está antes da Segunda Conferência, no caso Dreyfus. Rui foi uma das pioneiras vozes a se levantar, no cenário internacional, com crítica às arbitrariedades e aos preconceitos de que estava sendo vítima o militar francês. Rui já

A RAIZ DAS COISAS

tinha certa reputação antes de Haia. Essa nomeada se deve a seu artigo publicado no dia 3 de fevereiro de 1895, em defesa de Dreyfus. Como assinala William Stead, em matéria no *Courrier de la Conférence de La Paix* do dia 26 de julho de 1907, ao apresentar o delegado brasileiro à Segunda Conferência:

> *Mais ce que le public considère peut-être comme l'action la plus marquante et la plus caractéristique de sa vie* [Rui Barbosa], *c'est la part quíl a prise dans 1'affaire Dreyfus. Alfred Dreyfus a declaré récemment en public, que le premier a découvrir l'injustice de son jugement et à attaquer la sentence qui l'avait exilé vers Pile de Diable, ne fut ai un Juif, ni un Français, ni même un Européen, mais que ce fut un Brésilien. Cet Européen a été Rui Barbosa. Ce fait le distingue parmi tous les membres distingués de la deuxième Conference de La Haye.*

Dreyfus, na obra autobiográfica *Souvenirs et Correspondance,* publicada por seu filho em 1936, qualifica Rui Barbosa de "*le grand homme d'État brésilien*", dotado de "*un jugement remarquable et un grande liberté d'esprit*".

Alberto Dines na apresentação da obra "Rui Barbosa – O processo do Capitão Dreyfus" (*Cartas de Inglaterra),* assim se expressa:

> Entre os gigantes que se levantaram a favor de Dreyfus, antes mesmo da entra-da em cena de seu grande paladino, Émile Zola, está um brasileiro, o jurista, campeão abolicionista, constitucionalista, advogado de amotinados e jornalista – Rui Barbosa.
>
> Pode parecer um rasgo patrioteiro, etnocentrista, inspirado no próprio turbi-lhão de paixões *dreyfusards* e *anti-dreyfusards.* Rui Barbosa escreveu, no dia 7 de janeiro de 1895, sua correspondência para o *Jornal do Commercio,* do Rio, dois dias depois da horrível cena de degradação pública do capitão Dreyfus, quando lhe arrancaram as dragonas e partilharam-lhe a espada. "O processo do capitão Dreyfus", uma das *Cartas de Inglaterra,* saiu publicado em 3 de fevereiro, pouco antes da deportação do capitão para a Guiana.
>
> Um feito jornalístico, um rasgo de generosidade deste campeão liberal e libertário.

Dines sublinha a seguir:

OUTRAS PARTICIPAÇÕES IMPORTANTES DE RUI NA POLÍTICA INTERNACIONAL

Não é conhecida a repercussão desta primeira correspondência; uma investigação nos demais jornais do Rio e das capitais provinciais poderá oferecer aportes interessantes pela conotação "brasileira" que o articulista deu aos seus comentários sobre democracia e Estado de direito. Mas a verdade é que, não fosse essa primeira advertência de Rui, a onda de solidariedade que veio do Brasil, quando Émile Zola assumiu a campanha em favor de Dreyfus, não teria tido a dimensão que teve. A 19 de janeiro de 1898, poucos meses depois do primeiro texto jornalístico de Zola e apenas dias depois da publicação na primeira página do *L'Aurore* do seu celebérrimo "J'Accuse", começam a chegar ao famoso romancista e publicista inúmeras manifestações vindas do Brasil. Provocadas certamente pelo clima que Rui despertara em tão longínquas paragens.

Alberto Dines conclui a referida apresentação comentando as diferentes obras, biográficas, literárias e cinematográficas, dedicadas a Dreyfus e a Zola. Lamenta que

o nosso precursor de Zola, Rui Barbosa, não teve a mesma sorte. Nem foi contemplado pela recente onda biográfica. Coisas do Brasil. Coisas de um Brasil minimalizado, sem nobreza, incapaz de desenrolar existências pelo prazer de admirá-las, cultor de "causos" e anedotas, nostálgico e perplexo, desgarrado do mundo, sem disposição para nele se situar. E reparar nos exilados que produziu.

De acordo com Batista Pereira, em *O Brasil e o antissemitismo*, "Rui Barbosa execrava o antissemitismo. Atribuía-o, na quase totalidade dos casos, à inveja e à rivalidade, e, excepcionalmente, à paixão."

Para Luís Viana Filho, Rui, no artigo "O processo do capitão Dreyfus", identifica-se, também, com a violência sofrida pelo militar francês:

Que era Dreyfus, por exemplo? Apenas a vítima duma injustiça praticada em nome do conselho militar, que exigira um processo secreto, donde emanara a sentença desumana. E ele [Rui]? Não era fugitivo das execuções sumárias praticadas durante o período Floriano? Não custava compreender a semelhança.

RUI E O REARMAMENTO NAVAL

O exílio em Londres, de 1894 a 1895, foi para Rui Barbosa uma dura provação, pois, como escreveu ao cunhado: "No desterro, meu bom irmão, até o contentamento é triste." Reanima-se, na capital britânica, ao receber convite do *Jornal do Commercio* para colaborar como articulista. Publica, de janeiro a junho de 1895, cinco longos textos, verdadeiros ensaios, intitulados "O processo Dreyfus", "As bases da fé", "Lição do Extremo Oriente", "Duas glórias da humanidade" e "O Congresso e a justiça no regime federal", que depois serão editados no volume *Cartas de Inglaterra*.

A série de quatro artigos acerca das vitórias da esquadra nipônica contra a China serve de pretexto para Rui expor suas ideias a respeito da relevância do poder naval e retirar, do conflito bélico no Extremo Oriente, lições para o Brasil. Esses quatro extensos artigos foram reproduzidos pela *Revista Marítima Brasileira*, em maio de 1895, precedidos de nota onde se destaca a familiaridade do autor com os "mais abalizados autores da especialidade". Obviamente, Rui utiliza o bombardeio japonês a Wei-Hai-Wei para, com habilidade, sublinhar o papel da marinha, que se enfrentara a Floriano Peixoto, e para postular a reintegração dos oficiais rebeldes.

Um dos propósitos de Rui com a série de artigos "Lição do Extremo Oriente" era mostrar que um país como o Brasil, de grande faixa litorânea, necessita contar com uma esquadra bem equipada para sua defesa,

A RAIZ DAS COISAS

porque o exército, por melhor que fosse, seria insuficiente para sozinho cumprir com as tarefas da segurança nacional.

No primeiro artigo, Rui procura demonstrar que a China somente poderia se contrapor ao Japão se tivesse uma frota de idêntico poderio e que, do confronto naval, dependeria a sorte do conflito terrestre. Enfatiza a importância, para nações como o Brasil, de superarem "a enfatuação, o nativismo, a resignação do destino, o culto da incapacidade indígena" e fazerem como os ingleses, que "não se envergonham de confessar que essa guerra abunda em instrução aproveitável para eles".

No segundo texto da série, o autor faz um balanço histórico do papel saliente da marinha nos conflitos bélicos, com impressionante bibliografia, e destaca casos como o da Dinamarca e da Guerra de Secessão nos Estados Unidos da América. Lembra que "todos Estados orlados pelo mar necessitam ser fortes, ou, aliás, estarão arriscados aos perigos mais sérios, às perdas mais inestimáveis, às mais irreparáveis calamidades", e termina com a indagação: "Poderemos esquecer a aplicação dessas lições no Brasil?"

A seguir, Rui Barbosa, no terceiro artigo, esclarece que sua preocupação com a temática naval nada tem de militarismo. Em um misto de idealismo e realismo, afirma que:

> Ninguém se sente mais estreme dos instintos bélicos que o autor dessas linhas. Ninguém tem mais longe do espírito a contemplação de um conflito particular com qualquer dos Estados americanos, quanto mais dos europeus. Mas eu me lembro de que Cobden, o maior amigo da paz e da economia, o apóstolo da Escola de Manchester, o fundador, por assim dizer, da política mais incompatível com a guerra e mais sistematicamente hostil a ela, disse, na Câmara dos Comuns, e repetiu aos seus constituintes de Rochdale, que, se a França persistisse nos seus desígnios de nivelar a sua marinha com a inglesa, ele não duvidaria em votar cem milhões de esterlinos para atalhar o intento.

Merece ser assinalada, neste terceiro texto da série, passagem que expressa com nitidez a faceta realista de Rui Barbosa, do homem de Estado que

OUTRAS PARTICIPAÇÕES IMPORTANTES DE RUI NA POLÍTICA INTERNACIONAL

conhece as regras da *realpolitik e* que não se deixa iludir com o "feiticismo idealista". Assim se manifesta:

> Se as declarações constitucionais não garantem os direitos declarados aos membros de uma nação, onde imperam, muito menos poderão influir sobre as relações com estranhos. Preconizações abstratas da paz em uma Constituição não esconjuram a guerra. Provam apenas o feiticismo idealista, ou a puerilidade acadêmica, essa espécie de construtores de Estados. [...] A existência do conflito é o fato mais elementar da vida nacional. [...] A defesa de um Estado é o mais importante dos seus problemas. E nesse problema, dos dois elementos que ele envolve, o mais imperioso é a defesa marítima.

No último artigo do conjunto "Lição do Extremo Oriente", Rui Barbosa insiste na atenção e na sabedoria que os estadistas devem possuir para acompanhar "as correntes imperceptíveis da atmosfera internacional", prognosticar "o tempo de longe". Ressalta:

> bem sei que estamos rodeados de nações pacíficas, que não é menos pacífico o ânimo da nossa, e que a paz é a cláusula essencial do nosso progresso. Mas, neste seio de Abraão, não esqueçamos que a primeira condição da paz é a respeitabilidade, e a da respeitabilidade, a força. A fragilidade dos meios de resistência de um povo acorda nos vizinhos mais belicosos veleidades inopinadas, converte contra ele os desinteressados em ambiciosos, os fracos em fortes, os mansos em agressivos.

"QUERER A PAZ É PREVENIR A GUERRA"

Rui Barbosa resume sua argumentação nos quatro textos ao dizer que, no bombardeio a Wei-Hai-Wei, "a esquadra japonesa representava a diferença entre os dois povos. E esta diferença fez tudo: varreu a China do oceano, e, varrendo-a do oceano, pulverizou-a em terra". Na visão ruiana,

A RAIZ DAS COISAS

os povos sãos e fortes, as nações másculas e livres amam nas suas esquadras a imagem da própria existência. As raças decadentes e sem futuro vão-nas esquecendo, e deixam-se entorpecer à beira do oceano, sonolentas e indefesas. Há um paralelismo eloquente entre a história das deslocações da supremacia marítima e a das culminações do progresso.

De regresso do exílio ao Brasil, Rui Barbosa não abandona o tema do poder naval. Em duas oportunidades volta a escrever artigos para a imprensa, vertendo conceitos já expostos na série "Lição do Extremo Oriente", nos textos "A lição das esquadras", em 1898, e "O aumento das esquadras", em 1900. Em carta de 7 de maio de 1908 ao presidente Afonso Pena, governo que fez as encomendas de três encouraçados, Rui relembra que

voltando ao Brasil, quando fundei *A Imprensa*, sob o governo Campos Sales, tornei à minha ideia fixa, aproveitando todas as ocasiões de mostrar a urgência de medidas que reconstituíssem a nossa marinha e aparelhassem o nosso exército em organização, educação e aptidão com os nossos vizinhos mais poderosos.

O MELHOR TRABALHO DE RUI
EM POLÍTICA INTERNACIONAL

O renomado internacionalista brasileiro professor Vicente Marota Rangel considera um dos momentos mais altos da elaboração teórica de Rui Barbosa sobre as relações internacionais a obra resultante de sua defesa do direito do Estado do Amazonas ao Acre Setentrional. Trata-se de apurado trabalho sobre os conceitos-chave do Estado, como território, modalidades de aquisição e manutenção do território, teoria e história do *uti possidetis*, soberania, exercício da soberania etc., que foi publicado pela Casa de Rui Barbosa, em três alentados volumes das *Obras completas*.[1]

Marotta Rangel avalia que a melhor e mais sólida contribuição acadêmica de Rui Barbosa ao pensamento brasileiro em política internacional não está nem na sua participação em Haia nem na sua conferência sobre a neutralidade em Buenos Aires, mas, sim, "nesses dois formidáveis volumes, consagrados à defesa do direito do Amazonas", nas palavras de Clóvis Beviláqua. Ernesto Leme aduz a respeito que

> pela cópia dos argumentos reunidos nesse arrazoado, a erudição que o autor neles revela, são, com efeito, dois volumes monumentais. Não conheço, em nossa literatura jurídica, algo que lhes possa ser comparado, como trabalho de advogado. Em sua longa carreira profissional, Rui teve nessa causa o seu grande momento.

No primeiro volume, Rui Barbosa trata de duas preliminares, uma que diz respeito à competência do Supremo Tribunal para julgar o caso, e

A RAIZ DAS COISAS

a outra, relativa à pendência legislativa, uma vez que havia no Congresso dois projetos de lei referentes à questão. No segundo volume, concentrado à parte substantiva da causa, Rui estuda, como assinala Ernesto Leme,

> a evolução histórica do problema do Acre, seu povoamento, suas lutas, o Tratado de Ayacucho, de 1867, a prova testemunhal e a documental sobre o direito do Amazonas, a questão dos atos legislativos existentes, a opinião nacional sobre o caso, para terminar abordando a questão em face do Tratado de Petrópolis, com o seu caráter declaratório, as cláusulas transitivas, as transações e os direitos arbitrais, o *uti possidetis*.

Como assinala Sílvio Augusto de Bastos Meira, no prefácio de *O direito do Amazonas ao Acre Setentrional*,

> cessada, porém, a demanda no campo internacional, haveria de surgir uma outra, de caráter interno, de sentido tipicamente jurídico, entre o Estado do Amazonas, que se julgava com direito às terras acrianas setentrionais e a União, que as incorporava ao seu patrimônio, criando o Território do Acre, através do Decreto nº 5.188, de 7 de abril de 1904. Numerosas e variadas questões jurídicas haveriam de aflorar do incidente, graças à fecunda inteligência do advogado constituído pelo estado do Amazonas, Rui Barbosa.

Aduz Sílvio Meira que:

> Rui, provocado ou estimulado, crescia em brilho e intensidade na luta, se agigantava, de um pequeno incidente ou argumento, conduzia a luta para uma vasta batalha de erudição, usando as armas de que dispunha, entre elas o conhecimento do direito americano e inglês, além de outras fontes europeias de erudição. Começara com um pequeno libelo e acabara com verdadeiro tratado, em que as questões surgem aos borbotões e são examinadas, uma a uma, à luz das melhores doutrinas nacional e estrangeira e da jurisprudência.

OUTRAS PARTICIPAÇÕES IMPORTANTES DE RUI NA POLÍTICA INTERNACIONAL

O ROTEIRO DA DEFESA DE RUI

É útil conhecer os sumários dos três volumes em que estão as razões expostas por Rui em defesa do Amazonas (ver Anexo VI). A leitura desses sumários revela a amplitude e profundidade da argumentação ruiana, que em muito extravasa o escopo específico do caso para transformar-se em texto de referência nas bibliografias brasileiras tanto de direito público como de direito internacional.

Três tomos do volume XXXVII das *Obras completas de Rui Barbosa* contêm todas as peças do caso jurídico entre o Amazonas e a União com relação ao Acre Setentrional, distribuídos, conforme os assuntos tratados pelo advogado do governo de Manaus.

Do conteúdo desses três volumes, cabe ressaltar as partes próprias da temática internacional, nas quais Rui, como em nenhum outro de seus trabalhos, elabora seu pensamento sobre as questões das relações exteriores de um Estado, destacando as especifidades da trajetória histórica do Brasil nesse campo.

Assim sendo, seriam os seguintes os tópicos que são interessantes para a compreensão da visão ruiana do cenário internacional: 1) a história do caso do território do Acre e a presença brasileira; 2) o papel e as atribuições específicos, estabelecidos na Constituição, da União na vida internacional; 3) o *uti possidetis*. Desses três assuntos, o último é o mais elaborado em termos de direito internacional, e, assim, merece ser enfocado em detalhe.

O *UTI POSSIDETIS*

Rui Barbosa dedica um capítulo de sua peça jurídica em defesa do direito do Amazonas ao Acre Setentrional à exposição sobre o princípio do *uti*

A RAIZ DAS COISAS

possidetis. Faz um histórico dessa instituição, que vem do direito romano e se constituiu, em seu entender, no "princípio diretor" da diplomacia brasileira no Império e no início da República.

O *uti possidetis*, como lembra o embaixador Rubens Ferreira de Mello, foi:

> [o] princípio usado pelos países latino-americanos para resolverem suas questões de fronteira. Trata-se de uma regra do direito romano (*uti possidetis, ita possideatis* – como possuís, seguireis possuindo – Digesto XLIII, XVII, 1., e Cod. VIII, VI, 1), destinada a salvaguardar a posse contra perturbações de terceiros. Ao transplantar-se, por analogia, para o direito internacional, sua esfera de ação ampliou-se, passando a consagrar, além da posse, a soberania.

Rui Barbosa faz um extenso estudo sobre a evolução histórica da aplicação do *uti possidetis* nas pendências diplomáticas brasileiras, no século XIX. Para demonstrar a relevância desse fundamento da diplomacia nacional, Rui, inicialmente, evoca o testemunho de destacados homens de Estado e juristas. Lembra a posição do conselheiro Paranhos, assim expressa na memória que preparou, em 1867, para o governo imperial na questão de limites com a Argentina:

> Os limites entre o Império do Brasil e as repúblicas que com ele confinam não podem ser regulados pelos tratados [celebrados] entre Portugal e a Espanha, suas antigas metrópoles, salvo se [ambas as] partes contratantes quiserem adotá-los como base para a demarcação de suas respectivas fronteiras.
>
> As convenções com que as duas Coroas de Portugal e Espanha procuraram dividir entre si as terras ainda não descobertas, ou conquistadas na América, e estremar suas possessões já estabelecidas no mesmo continente, nunca surtiram o desejado efeito.
>
> As dúvidas e incertezas de tais estipulações, os embaraços emergentes de uma e outra parte, e, por fim, a guerra, sucessivamente inutilizaram todos os ajustes e consagram o direito do *uti possidetis* como o único título e a única barreira contra as usurpações de uma e outra nação, e de suas colônias na América meridional.

OUTRAS PARTICIPAÇÕES IMPORTANTES DE RUI NA POLÍTICA INTERNACIONAL

O governo de Sua Majestade o imperador do Brasil, reconhecendo a falta de direito escrito para a demarcação de suas raias com os Estados vizinhos, tem adotado e proposto as únicas bases razoáveis e equitativas que podem ser invocadas: o *uti possidetis*, onde este existe, e as estipulações do Tratado de 1777, onde elas se conformam ou não vão de encontro às possessões atuais de uma ou outra parte contratante.

Esses princípios têm por si o assenso da razão e da justiça, e estão consagrados no direito público universal. Rejeitados eles, o único princípio regulador seria a conveniência e a força de cada nação.

Rui Barbosa, neste e em outros capítulos de sua defesa do direito do Amazonas ao Acre Setentrional, usa, na melhor técnica de argumentação diplomática, o recurso dos antecedentes históricos com precisão e abundância de informações. Revela, no tópico particular do *uti possidetis*, familiaridade com obras como *Apontamentos para o direito internacional ou Coleção completa dos tratados celebrados pelo Brasil com diferentes nações estrangeiras*, de Antônio Pereira Pinto, com documentos contidos nos "Relatórios dos ministros das Relações Exteriores", além da bibliografia corrente de direito internacional de autores estrangeiros.

Dedica ao assunto do *uti possidetis* um expressivo volume de páginas de argumentação, por ser este um ponto vital na promoção dos interesses do Estado do Amazonas na disputa jurídica pelo Acre Setentrional.

Seu peculiar estilo de procurar esgotar o assunto da causa jurídica que estava defendendo revela-se, em plenitude, nos volumes que compõem a defesa do direito do Amazonas ao Acre Setentrional. Não seria exagerado afirmar que suas diferentes partes formam um verdadeiro manual de direito internacional público, talvez o melhor de sua época dos títulos escritos por autores brasileiros.

Rui relata a aplicação do *uti possidetis* pelo Brasil em várias situações no século XIX, como, por exemplo, nos tratados de limites com o Uruguai (1851), com o Peru (1851), com o Paraguai (1856) e com a Bolívia (1867). Evoca os trabalhos e testemunhos sobre a matéria de nomes

A RAIZ DAS COISAS

da diplomacia brasileira e estrangeira, como Pereira Pinto, conselheiro Nascentes de Azambuja, barão de Cotegipe, conselheiro Miguel Nunes Lisboa, Andrés Bello e barão de Humboldt.

Para Rui Barbosa, "mercê da nossa iniciativa, do nosso impulso e da nossa tenacidade nessa ideia, a lei do *uti possidetis* constituiu, daí avante, a chave de todas as questões de limites entre o Brasil e as nações confinantes". Recorda, ainda, a propósito, a definição oficial do governo Brasileiro do *uti possidetis*, em 1870, que precisou o entendimento do princípio, particularmente na discussão sobre o *uti possidetis* legal, nos seguintes termos:

> Muito se tem discutido sobre o ponto de partida para a final solução das questões de domínio entre os diferentes Estados americanos, e desta discussão tem resultado aplicar-se o *uti possidetis*, não o que alguns governos denominam legal, derivando-o de cédulas reais ou dos tratados celebrados entre Portugal e Espanha; mas, como entendem todos os publicistas, a posse real e efetiva que tinha cada país ao tempo de sua emancipação política.
>
> [...] para a demarcação da fronteira entre os dois países [Brasil e Colômbia] não havia outro ponto de partida senão o *uti possidetis* da época da emancipação política da América do Sul, dando-lhe a esta frase latina o único sentido que poderia ter segundo o direito romano, sentido que tinha o apoio da autoridade de d. Andrés Bello e dos precedentes diplomáticos que ofereciam os tratados celebrados pelo Brasil com a maior parte dos Estados limítrofes.

Rui prossegue, em sua análise do *uti possidetis*, para destacar: "consagrado nos litígios sobre fronteiras entre nações, aplicar-se-á essa regra, igualmente, em uma questão de fronteiras interiores, como a do Acre, ora pendente entre o Amazonas e a União". Em longa exposição salienta, também, o caso específico da aplicação da regra do *uti possidetis* à disputa entre o Brasil e a Bolívia sobre o Acre Setentrional, ressaltando que nele se verifica a presença brasileira "num estado de longa e tranquila posse", concluindo que "a história do *uti possidetis* no Acre Setentrional, têmo-

OUTRAS PARTICIPAÇÕES IMPORTANTES DE RUI NA POLÍTICA INTERNACIONAL

-la em duas palavras. Nenhuma posse houveram jamais desse território os bolivianos".

Para arredondar sua argumentação, Rui Barbosa assinala:

> Em conclusão, logo, por onde quer que se encare, e seja qual for o meio de verificação, o título, o princípio, o sistema, por onde se afira, inexpugnável se mostra, na sua antiguidade e solidez, o direito do Brasil ao Acre Setentrional: de tal modo se harmonizam entrelaçam nele o imemorial da origem, o seguro do título, o efetivo da posse, o contínuo da atividade, o exclusivo da apropriação, o pacífico do gozo, o absoluto do império que nos caracterizava ali a situação territorial. Aquela região era fisicamente, politicamente, juridicamente, necessária e irredutivelmente brasileira.
>
> Mas, não podendo achar-se no Brasil, sem jazer num dos seus Estados, orça é que demore naquele, onde a coloca a geografia do país, a sua história, a sua organização política: o Amazonas, de quem foi sempre tido e havido como pertença, administrado, policiado, tributado, governado.

NOTA

1. Rui Barbosa, "O direito do Amazonas ao Acre Setentrional", *in Obras completas de Rui Barbosa, v. XXXVII, t. V, VI e VII*, Rio de Janeiro, Fundação Casa de Rui Barbosa, 1983.

CAPÍTULO 6

Atualidade de Rui para a política externa e política internacional do Brasil

Uma avaliação geral do desempenho, em mais de cem anos, da diplomacia da República demonstra, entre outros aspectos, a existência de uma ideologia básica da política externa calcada, fundamentalmente, nas aspirações da sociedade brasileira, por progresso contínuo e maior igualdade. O gráfico que mostra a evolução do PIB real de 1900 a 2000 é um retrato-síntese de uma das principais linhas de força da nação brasileira, e indica que, apesar de todas as vicissitudes ocorridas no século XX, o país tem logrado impressionante nível de crescimento econômico. A média de crescimento do PIB do Brasil no século XX foi de praticamente 5%, a mais alta do mundo.

Angus Maddison[1] indica que o Brasil, em termos de crescimento do PIB *per capita,* no período 1900–1989, ficou em quarto lugar, com uma taxa média de 2,2%, acima da média dos dezesseis países capitalistas mais avançados, que foi de 2,1%; da dos países de renda média, de 2,0%; e da média das nações latino-americanas, que foi de 1,6%.

Os dois valores – progresso contínuo e maior igualdade – foram temas prioritários na teorização e na ação políticas de Rui Barbosa, como primeiro ministro da Fazenda, delegado do Brasil na Segunda Conferência da Paz de Haia, nos artigos sobre política externa e política internacional que escreveu para jornais e revistas, na famosa conferência *Os conceitos modernos do direito internacional,* que proferiu em Buenos Aires em 1916, e nos discursos que pronunciou no Senado Federal ao longo de sua vida pública.

Rui Barbosa foi um teórico político com forte e marcante incidência nas realidades brasileiras. Poucos o foram na história do Brasil. Em uma vista panorâmica do cenário político dos séculos XIX e XX, pode-se verificar que houve parlamentares destacados, governantes influentes, qualificados, mas é limitado o número daqueles que teorizaram e deixaram sua marca nas instituições do país. Nessa reduzida lista estão nomes como José Bonifácio de Andrada e Silva, Diogo Feijó, visconde de Uruguai, Joaquim Nabuco, Oliveira Vianna, Assis Brasil e, sem dúvida, Rui Barbosa.

Rui destaca-se, no panorama das ideias no Brasil, também, por sua forte vocação pragmática. Tinha a preocupação de concluir em ações reais sua intensa elaboração mental.

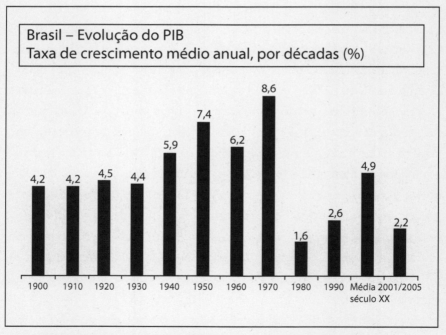

Gráfico elaborado pelo professor Antônio Correa de Lacerda (PUC-SP).

ATUALIDADE DE RUI PARA A POLÍTICA EXTERNA...

Não seria exagerado se afirmar que, apesar das suas contribuições concretas e moldadoras da República na Constituição de 1891, foi, talvez, no campo externo, com as teses da igualdade das nações, em Haia, e do novo conceito de neutralidade, em Buenos Aires, que Rui obteve um reconhecimento mais amplo e duradouro. Oswald de Andrade no interessante artigo "Rui e a árvore da liberdade", dizia, ao avaliar a trajetória de Rui, na vida política nacional: "Hoje sabemos que mais do que seu vernáculo, do que seu purismo, o que fica de Rui é a capacidade de sacrifício. Ele soube sempre perder."[2]

"A cena política é acanhada, e ocupa um plano inferior comparada com outras alturas do nosso destino. O homem que não possuir dentro d'alma um campo de ideias mais amplo do que ela não pode governar beneficamente." Nessa afirmação de Rui, está a indicação de que tanto o homem público quanto o próprio Estado só se completam com a ampliação de seus horizontes, de seu campo conceitual. Esse indispensável alargamento de perspectivas é a política exterior e a política internacional.

Rui, como verdadeiro construtor de um novo Estado, vai não somente por motivos intelectuais para a temática da política internacional e externa, mas quase por necessidade vital para cumprir, integralmente, com seu ideário. Na defesa das teses da igualdade da soberania dos Estados e da neutralidade vigilante e ativa, Rui finaliza o projeto de implantação do seu modelo republicano, diferente do positivista e do parlamentarista, com que havia disputado, principalmente na Constituinte de 1891. É um modelo de república da democracia liberal, em sua essência, mas um modelo que valoriza e prioriza a ideologia do progresso, do desenvolvimento econômico e da participação ativa no cenário internacional.

A RAIZ DAS COISAS

SAN TIAGO DANTAS, LEITOR E ESTUDIOSO DE RUI BARBOSA

O ex-chanceler San Tiago Dantas tinha obra e vida de Rui Barbosa como um de seus temas de reflexão, e mesmo de inspiração. É significativo, em favor dessa hipótese, o fato de San Tiago, uma das grandes figuras da cultura política brasileira contemporânea, ter deixado, entre os poucos escritos que publicou, dois dedicados especificamente a Rui Barbosa. São eles os seguintes ensaios: "Rui e a renovação da sociedade" e *Rui Barbosa e o Código Civil*.

San Tiago procurou, nos dois trabalhos mencionados e em citações e referências em outros textos, sublinhar a atualidade de Rui Barbosa para a cena política, econômica e social brasileira contemporânea. Merece particular atenção, entre outras, a menção que fez a Rui, quando de sua visita à Argentina em novembro de 1961, ao discursar na Academia Nacional de Direito de Buenos Aires.[3] Dantas, logo de início, recorda com destaque a conferência de Rui, na capital argentina, em 1916, *Os conceitos modernos do direito internacional*, nos seguintes termos:

> Não me podia ser oferecida tribuna mais honrosa para levar à nação argentina a mensagem fraterna dos brasileiros do que esta, em que evoco a presença de Rui Barbosa em Buenos Aires e seu grandioso discurso, aqui pronunciado, sobre a neutralidade. Já naquele instante unia os nossos países, numa situação internacional, que aos contemporâneos parecia tão grave quanto a de hoje, o sentimento de fidelidade aos princípios da democracia, da supremacia da lei e da justiça. Ontem, como hoje, os nossos povos se achavam unidos, em defesa dos valores morais e políticos da civilização ocidental e cristã, a que pertencemos, e dentro de cujos quadros institucionais esperamos encontrar solução para os problemas econômicos e sociais do nosso tempo, assegurando aos nossos países a inteira emancipação econômica, e às nossas populações os níveis mais elevados de trabalho, saúde, educação, liberdade e bem-estar.

Registre-se o expressivo paralelismo com os conceitos ruianos vertidos 45 anos atrás do pronunciamento de San Tiago. A política externa e a diplomacia de um país, como é consagrado, necessitam de antecedentes sobre os quais se possa operar no presente e se projetar no futuro – ante-

ATUALIDADE DE RUI PARA A POLÍTICA EXTERNA...

cedentes que lhe deem coerência e credibilidade na atualidade, que são os requisitos básicos para sua continuidade e seu aperfeiçoamento. Rui é um desses antecedentes sólidos para a política exterior do Brasil, como o bem pontualizou San Tiago Dantas, ao assinalar a convergência de visões entre ambos, separados por quase meio século de distância temporal.

San Tiago ainda chama a nossa atenção para outro e relevante aspecto da atualidade de Rui:

> quando refletimos na perenidade de sua presença entre nós, vemos que a lição de Rui Barbosa não reside apenas nas ideias que propagou em seus livros e discursos, nem nas atitudes que assumiu em fidelidade aos valores com que compôs o seu credo doutrinário. Reside, também, nessa confiança que ele depositou nas forças vivas do nosso povo, na capacidade que elas teriam de construir uma sociedade nova, vencendo a estagnação, o compromisso e o privilégio da sociedade antiga, fadada a desaparecer.

Neste ponto reside, sem dúvida, uma das melhores contribuições de Rui, como corretamente captou San Tiago. Esse chamado à confiança no Brasil, confiança serena e firme, confiança madura e corajosa, aqui e, principalmente, fora de nossa terra, continua, e continuará a ser, uma constante advertência aos brasileiros, mesmo os mais preparados, tão proclives aos exageros do pessimismo trágico e do otimismo desvairado, e da tendência a se apequenarem no contato com o estrangeiro.

Nesse particular, é útil citar, em reforço das teses de Rui e de San Tiago, testemunhos qualificados de estrangeiros ilustres que nos visitam, como o fez, recentemente, o professor Anthony Giddens, diretor da London School of Economics and Political Science, a famosa LSE, e um dos mais respeitados intelectuais do presente. Giddens, em sua palestra na Universidade de Brasília (UnB), em 1º de julho de 2000, disse à audiência que "os brasileiros deveriam ser mais confiantes em si mesmos e abandonar uma cultura dependentista, pois o Brasil é uma nação que ocupa um lugar próprio no cenário mundial".

RUI BARBOSA: DEMOCRATIZAÇÃO DAS RELAÇÕES INTERNACIONAIS; SEGURANÇA COLETIVA E PARTICIPAÇÃO DA SOCIEDADE NA DISCUSSÃO E FORMULAÇÃO DA POLÍTICA EXTERNA BRASILEIRA

Na atualidade, há dois grandes temas na agenda mundial: a construção de um sistema de segurança coletiva e a democratização crescente das relações internacionais, com os consequentes papéis que essas duas forças desempenham no logro de uma situação de paz possível e estável.

Verifica-se que, apesar da existência de duras realidades hobbesianas, hoje as chances reais da paz aumentaram, como em nenhuma outra época, devido ao aumento do número de países democráticos, ao crescimento do comércio exterior e à difusão científico-tecnológica. Assim sendo, o ideário pioneiro de Rui Barbosa adquire renovado valor e importância, ressaltando sua contribuição ao que pode ser denominado da teoria da paz de nosso tempo.

A construção da paz em todas suas dimensões, a teorização e a práxis da paz entre as nações, e a defesa da democracia nas relações internacionais, constituem, em verdade, as realidades mais profundas e duradouras do ideário de Rui Barbosa.

O DEBATE SOBRE A DEMOCRATIZAÇÃO DAS RELAÇÕES INTERNACIONAIS

A democratização das relações internacionais passa, necessariamente, pela crítica racional das diferentes realidades irracionais de nosso tempo. Rui Barbosa, nas diferentes e principais análises que teve oportunidade de realizar da cena mundial de sua época, procurou, por meio de um estilo original, denunciar o absurdo de certas práticas consagradas como

ATUALIDADE DE RUI PARA A POLÍTICA EXTERNA...

a superioridade moral dos Estados mais fortes, a desigualdade de soberanias – nações mais soberanas do que outras – a valorização da guerra como meio de solução de conflitos, entre outras. Registre-se, a propósito, que Rui sempre preparava seus trabalhos dentro de um estilo profissional diplomático, colhendo e utilizando antecedentes para fundamentar suas posições e procurando estar atualizado com a bibliografia disponível e com a documentação corrente sobre a matéria a ser tratada.

A sua temática guarda enorme atualidade e tem sido apontada como uma das fontes de inspiração de nomes contemporâneos da diplomacia brasileira, como San Tiago Dantas e Araújo Castro.

Além da convergência com San Tiago Dantas, já bem assinalada ao longo deste trabalho, caberia dizer algo do paralelismo entre o representante brasileiro em Haia e o ex-chanceler Araújo Castro, que tanto militou na linha da democratização das relações internacionais pela via da análise racional de crítica, como Rui, da "Idade de Ferro do poder".

Araújo Castro, entre outras teses, discutiu a problemática do que denominou "congelamento do poder", das contradições de "uma estranha e bárbara teoria de soberanias limitadas", e denunciou a existência de uma "filosofia baseada exclusivamente no Poder [que] afirma-se agora em toda a parte e, o que é mais grave, nunca o Poder e a violência desfrutaram de grau tão alto de respeitabilidade, na medida em que novas teorias e doutrinas se enunciam para justificá-los".[4]

É evidente que Rui Barbosa e Araújo Castro estão trabalhando o idêntico quadro de valores e que também se aproximam pela sensibilidade ética dos mesmos problemas. Não é somente aos fatos violentos que dirigem sua censura, mas principalmente às doutrinas e ideologias que o justificam, e que são, por isso, mais ameaçadoras que os fatos em si, porque continuam a justificar e motivar mais transgressões. Ambos atuam no campo da crítica aos conceitos que estão por trás das realidades.

A RAIZ DAS COISAS

Observe-se como são próximos das ideias de Rui comentários como estes de Araújo Castro, ao falar do Tratado de Não Proliferação de Armas Nucleares:

> A premissa fundamental desse documento é que, contrariamente à experiência histórica, o Poder gera a moderação e o Poder traz consigo a responsabilidade. Uma filosofia de sucesso, baseada no poder e suas realizações, transpõe agora a esfera dos indivíduos para afirmar-se no âmbito dos povos e das nações. [...] O Poder é sem dúvida a mais persistente e duradoura das paixões humanas. Se isso é verdadeiro para os indivíduos, é ainda mais verdadeiro para as sociedades, nações e Estados. Deve ainda ser notado que os limites da ética nacional são, consideravelmente, mais flexíveis e mais elásticos do que os limites da ética individual. A "razão de Estado" tem sido, frequentemente, invocada para justificar crimes e agressões.

Como Rui, Araújo Castro tratou dos grandes temas como paz, segurança internacional, desarmamento e desenvolvimento. Ambos evitavam o particularismo nacional, xenófobo e estreito, e o internacionalismo fácil que leva à alienação e a disfarça.

O TEMA DA SEGURANÇA COLETIVA

Linneu de Albuquerque Mello, no livro *Gênese e evolução da neutralidade,* em que faz cuidadoso estudo sobre o desenvolvimento histórico da teoria e da prática da neutralidade, para depois concluir com a sua transição ao conceito de segurança coletiva, assim destaca o papel de Rui Barbosa nesse processo:

> Há na guerra de 1914–1918 um episódio que merece especial referência, quando se estuda a orientação do Brasil no tocante à neutralidade: é a famosa conferência proferida por Rui Barbosa, em 14 de julho de 1916, na Faculdade de Direito de Buenos Aires. Combateu o grande jurista a passividade que mantinham os países

ATUALIDADE DE RUI PARA A POLÍTICA EXTERNA...

neutros em face da luta e, ainda, mais, diante das violações constantes, praticadas pela Alemanha e pela Áustria-Hungria, do direito e da moral internacionais. Partindo da verdade de que não há duas morais, uma teórica e outra prática, mas uma única, "ditada pela consciência humana que discerne sem hesitação o direito da força", Rui Barbosa mostrou que a indiferença dos neutros deveria cessar, ao menos, diante das violações dos seus próprios direitos, porque atos dessa natureza constituíam a negação da neutralidade mesma. Em tal sentido, era necessário estabelecer, o quanto antes, normas para regular o *dever dos neutros*. Rui Barbosa enfileirou-se, desse modo, entre os precursores da moderna orientação em matéria de neutralidade.[5]

O pioneirismo de Rui Barbosa é reforçado pela argumentação que Albuquerque Mello desenvolve. Fica evidente como a visão ruiana do esgotamento do conceito de neutralidade foi antecipadora de realidades que já existiam, mas que estavam pouco reconhecidas e analisadas. Essa atuação diplomática heterodoxa de Rui, à época geradora de polêmica e sérios aborrecimentos para seu autor, demonstrou-se benéfica para a trajetória da política externa brasileira no século XX. Tem razão Afonso Arinos de Melo Franco em falar de Rui como um dos formuladores de uma nova "doutrina brasileira da neutralidade".

Para avaliar a relevância dessa contribuição de Rui, é útil conhecer a exposição de Linneu de Albuquerque Mello, que mostra como a crítica ruiana ao velho conceito de neutralidade colaborou para abrir caminho para a elaboração da noção contemporânea de segurança coletiva:

> A guerra de 1914, com a sua extensão e o desrespeito contínuo aos direitos dos países que se mantinham afastados da luta, "vibrou na neutralidade um golpe mortal".
> O lento trabalho anterior de elaboração de um direito que regulasse as relações entre neutros e beligerantes, as convenções de Haia, a Declaração de Londres e outros esforços tendentes a assegurar a boa ordem internacional em tempo de guerra mostraram-se insuficientes, inúteis e até prejudiciais. Viu-se quanto de artificial havia na construção de um sistema que não encontrava, com efeito, correspondência na realidade da vida dos Estados e nas exigências da verdadeira

A RAIZ DAS COISAS

justiça. Tinha-se procurado vestir a violência e a imoralidade internacionais de civilização e direito. A primeira grande guerra logo demonstrou a fraqueza e a urgência de uma revisão completa do conceito de neutralidade.

A análise de Albuquerque Mello, feita em 1943, após vinte anos da morte de Rui, deixa claro como, na Conferência de Buenos Aires, de 1916, o estadista brasileiro teve a correta intuição e a coragem para apontar o fim de uma época, além de indicar os horizontes conceituais de uma nova fase das relações internacionais. Assim prossegue o ilustre internacionalista:

> Mas, o traço característico, o elemento fundamental das novas doutrinas foi o de que a guerra havia deixado de ser um fato isolado, para interessar a "todos os membros da sociedade dos Estados". Como consequência dessa premissa, viu-se que a ação internacional para evitar a guerra teria de ser coletiva e solidária. Proscrevia-se a guerra, como prejudicial à humanidade, e, para evitá-la, exigia-se, logicamente, a cooperação de todos os Estados.
> Em face de semelhante orientação, teriam de caducar as noções de neutralidade, pelo menos como haviam sido admitidas até então. Não era no reforço ou na simples manutenção do conceito de neutro que se iria encontrar a paz, mas na luta direta contra a própria guerra. Luta para evitá-la, antes da irrupção do grande mal, luta para extingui-la, quando o conflito já tenha começado.
> Dois fatores preponderantes concorreram para a organização de um sistema de "segurança coletiva": a ideia de democracia, tendendo cada vez mais para a solidariedade humana, e o abandono do conceito de soberania absoluta e ilimitada dos Estados na ordem internacional.

Verifica-se, igualmente, que Rui não se acomodou com as conquistas de Haia, pelo contrário, critica-as, aponta suas insuficiências. Inspirado nos mesmos valores de 1907, no entanto, demonstra, em 1916, uma visão atenta para as linhas de força que estão moldando e moldarão as realidades do pós-guerra.

Rui, ao assim proceder, e na sua crítica ao velho conceito de neutralidade, parece estar consciente da advertência de Renan sobre o caminho de certas grandes ideias, expresso como:

ATUALIDADE DE RUI PARA A POLÍTICA EXTERNA...

a tendência constante dos homens para atribuir uma virtude sobrenatural a certas ideias. Há nisto, sem dúvida, um manancial fecundo de força criadora. Mais dia menos dia, porém, chega o momento em que a fé diminui, até que sobrevém a sua extinção. A força produtora do princípio erigido em dogma debilita-se, então, pouco a pouco, e finalmente desaparece.

É interessante notar, também, como o acadêmico de alto nível Linneu de Albuquerque Mello e o estadista de peso Rui Barbosa chegam à mesma conclusão, embora por caminhos diferentes. Albuquerque Mello, pela análise metódica e lúcida feita com a perspectiva que o passar do tempo lhe dava, e Rui, pela intuição, pela visão antecipadora do verdadeiro e grande político, com "P maiúsculo", como dizia Nabuco.

A conclusão do desatacado professor de direito internacional público caberia no discurso de Rui, se este estivesse vivo em 1943:

> A neutralidade, em sua longa história, que acompanhamos nas linhas principais – desde os tempos em que surgiu como simples fato, a que o direito positivo tentou mais tarde imprimir caráter jurídico, até o período seguinte à guerra de 1914–1918, de declínio e abandono, em face das tentativas de estabelecimento de um sistema de segurança coletiva – mostra de maneira convincente a sua inadaptabilidade a uma verdadeira organização internacional.
>
> Reconhecemos que talvez não seja possível obter desde logo, na prática, uma forma universal de solidariedade e que a solução do grande problema tenha de ser alcançada pela prévia organização dos interesses e questões continentais, para chegar-se depois à ordem geral, ao "equilíbrio dos continentes". De um modo ou de outro, o indispensável é um grande esforço ideológico e prático.

Para esse "indispensável grande esforço ideológico e prático", Rui deu sua contribuição. Tem inspirado nomes da política externa e da diplomacia brasileiras, como o próprio Linneu de Albuquerque Mello, e é hoje fonte de inspiração na tarefa muito bem apontada pelo ilustre internacionalista.

A RAIZ DAS COISAS

O ATUAL DEBATE SOBRE A "PAZ DEMOCRÁTICA" E RUI BARBOSA

A reflexão sobre as possibilidades e os requisitos para a superação do "estado de natureza", em sentido hobbesiano, nas relações internacionais, tem integrado o ideário de grandes nomes da Filosofia, nos tempos modernos, a começar por Immanuel Kant, com seu pioneiro e atual texto intitulado *À paz perpétua. Um projeto filosófico (Zum ewigen Frieden. Ein philosophischer Entwurf)*, publicado em 1795.

A construção da paz internacional preocupou, igualmente, destacados nomes da literatura e da política, como Victor Hugo, Giuseppe Garibaldi, Liev Tolstói e Woodrow Wilson, tendo, na segunda metade do século XIX e nas duas primeiras décadas do século XX, motivado o surgimento de entidades como a Liga Internacional pela Paz e Liberdade (1867) e a realização de vários congressos, como o Primeiro Congresso Obreiro pela Paz, que se celebrou em Haia em 1922.

Nesse contexto, incluem-se as duas Conferências da Paz de Haia (1899 e 1907), convocadas pelo czar Nicolau II, da Rússia, embora a segunda tenha sido promovida por iniciativa do presidente dos Estados Unidos da América, Theodore Roosevelt. Após a Primeira Guerra Mundial, a preservação da paz foi a tarefa prioritária da Liga das Nações e, em nossos tempos, a paz mundial é o objetivo maior da Organização das Nações Unidas.

Desde a década de oitenta do século XX, registra-se nos meios acadêmicos norte-americano e europeu notável interesse pelas pesquisas e pelo debate em torno do tema da "Paz Democrática". Ou seja, a discussão da principal hipótese de Kant, segundo a qual países democráticos não empreendem guerras entre si, e da possibilidade de a expansão do comércio internacional gerar um clima de recíprocos interesses que contribuiria para diminuir a ocorrência de conflitos bélicos.

ATUALIDADE DE RUI PARA A POLÍTICA EXTERNA...

Exemplos desse renovado interesse pela discussão da hipótese kantiana da "Paz Perpétua" são o livro de Norberto Bobbio publicado em 1981, intitulado *Il problema della guerra e le vie della pace,* e as coletâneas editadas pela MIT Press *Debating the Democratic Peace,* organizada por Michael E. Brown, Sean M. Lynn-Jones e Steven E. Miller, de 1996, e *Paths to Peace – Is Democracy the Answer?,* organizada por Miriam Fendius Elman, de 1997. Nesse contexto, merece menção, igualmente, a publicação, em 1997, do título organizado por Valério Rohden, *Kant e a Instituição da Paz,* pela Editora UFRGS, reunindo os trabalhos apresentados no Segundo Encontro de Filosofia Brasil–Argentina–Alemanha, comemorativo ao bicentenário do texto de Kant *À paz perpétua. Um projeto filosófico,* realizado em 1995, em Porto Alegre.

Assim sendo, a paz é, sem dúvida, um dos grandes temas do pensamento e da ação das épocas moderna e contemporânea. É um tema-síntese de todos os demais, em torno do qual, nesses dois séculos, tem-se construído uma teoria própria e para o qual existe um aporte brasileiro feito por nomes como Rui Barbosa, San Tiago Dantas e Araújo Castro.

Em um debate como o internacional timbrado pela limitada e egoísta ótica da ideologia da "Razão de Estado", já apontada por Karl Deutsch como pouco ou nada racional, Rui soube trazer uma marca crítica de "intelectualidade e de cultura", como bem observou Joaquim Nabuco.

A PARTICIPAÇÃO DA SOCIEDADE NA DISCUSSÃO E NA FORMULAÇÃO DA POLÍTICA EXTERNA BRASILEIRA

Rui pode ser denominado como um construtor, por excelência, do espaço público. Toda sua atividade – teoria e práxis – tinha somente um endereço, qual seja, fazer que o país fosse cada vez mais governado por leis do que

A RAIZ DAS COISAS

pelo arbítrio de homens, e que os assuntos públicos fossem sistematicamente tratados de forma pública, e em público – tarefas, aparentemente, óbvias, mas que guardam em si a essência da democracia.

Rui, nesse sentido, foi sempre, e acima de tudo, um publicista, aquele homem público, aquele intelectual, aquele dirigente preocupado com o debate e o esclarecimento dos temas políticos junto à opinião pública. Essa figura do publicista, tão presente no Império, com personalidades como Evaristo da Veiga, José de Alencar e Joaquim Nabuco, e no início da República, com nomes como o de Euclides da Cunha, Eduardo Prado, Alberto Sales, Gilberto Amado, foi gradativamente desaparecendo de nosso meio político, empobrecendo-o.

Como observou Oliveira Vianna,

> nossos pró-homens republicanos estão dando, cada vez mais à expressão "atividade política" uma lamentável interpretação: a de uma atividade meramente partidária, exercida e consumida estritamente dentro do pequeno círculo do seu grupo, do seu clã, da sua facção, do seu diretório local.[6]

Assinala, ainda:

> nomes nacionais de larga popularidade no país, exercendo sobre ele uma poderosa ascendência moral, pelo seu passado, pelos seus talentos, pelas tradições de seu caráter; figuras, em suma, de maior visibilidade nacional, para os quais todo o país pode, num dado momento, volver os olhos, pronto a ouvi-las nas suas palavras de sabedoria e experiência; da sua boca, entretanto, não sai uma palavra esclarecedora, um pensamento guiador, uma sugestão de prudência ou conselho. Vivem entre nós como se fossem estrangeiros; cautelosamente afastados das discussões políticas – e parecendo até alheios aos nossos destinos.

Vivia-se, assim, como lembra Oliveira Vianna, "uma democracia singular", em que:

ATUALIDADE DE RUI PARA A POLÍTICA EXTERNA...

um grande cidadão, com o valor e os deveres de uma figura representativa, somente se dirige ao país quando ambiciona para si um posto qualquer no governo. Se nada quer e a nada aspira, retrai-se, isola-se, silencia-se, obscurece-se e nenhum de nós lhe ouve mais a voz, nem o conselho.

Rui Barbosa, um construtor do espaço público na república brasileira, interveio, constantemente, no debate das questões internas e externas. Não se retraiu, nem se omitiu, como as elites o faziam, na correta avaliação de Oliveira Vianna. Sempre teve presente que a política é, também, e principalmente, uma obra de cultura, que implica a participação qualificada dos cidadãos, o que se logra por meio da educação, da difusão das ideias, da elevação do nível da discussão, do esclarecimento sobre os grandes temas nacionais. Ressoam nesse ideário ruiano as célebres palavras de Péricles, na oração fúnebre da Guerra do Peloponeso – verdadeira certidão de batismo da democracia –, em que o líder ateniense, ao explicar os traços definidores da democracia grega, sublinhava que "decidimos por nós mesmos todos os assuntos sobre os quais fazemos antes um estudo exato; não acreditamos que o discurso entrave a ação; o que nos parece prejudicial é que as questões não se esclareçam, antecipadamente, pela discussão".

Muitos são os exemplos da contribuição de Rui Barbosa por meio de discursos no Parlamento, conferências e artigos de imprensa para a colocação da política externa e da política internacional na agenda pública brasileira. Entre as principais intervenções e participações de Rui sobre temas internacionais, destacam-se as seguintes: a obra *Cartas de Inglaterra,* composta de artigos para jornal, os textos que escreveu sobre a Conferência de Haia de 1907, e, principalmente, sua ativa e forte atuação sobre o papel do Brasil na Primeira Guerra Mundial. Registre-se, ainda, que Rui conseguia mobilizar a opinião pública para a temática da política externa, como atestam as várias manifestações públicas de que foi alvo, como em seu retorno de Haia e de Buenos Aires. Veja-se, por exemplo,

A RAIZ DAS COISAS

a reportagem fotográfica publicada na revista *Fon-Fon,* de 5 de agosto de 1916, intitulada "A chegada de Rui Barbosa", que mostra a concentração popular na praça Mauá para recebê-lo após seu retorno da Argentina.

Na atualidade brasileira, há um geral reconhecimento da relevância do aumento da sensibilidade da cidadania quanto à temática internacional. O país tem progredido nessa direção, mas ainda falta muito para se lograr uma certa rotinização do debate e da participação nas questões de política externa.

Rui é um bom exemplo a ser invocado nessa conjuntura, como o fez João Neves da Fontoura, ao lembrar, no prefácio da obra *A Conferência de Haia,* palavras que Rui proferiu "no regresso [de Haia], ao agradecer, em Paris, a homenagem com que os brasileiros ali residentes anteciparam o louvor da Pátria":

> Hoje, mais do que nunca, a vida – assim moral como econômica das nações – é cada vez mais internacional. Mais do que nunca, em nossos dias os povos subsistem da sua reputação no exterior. Sobretudo os povos em elaboração como o nosso, como todos os do nosso continente. As correntes, de que se vê atualmente sulcada em todos os sentidos a superfície do globo, já não permitem as civilizações isoladas, nacionais, de outros tempos.

A homenagem a Rui ocorreu no dia 31 de outubro de 1907, no Hotel Continental, em Paris. Na ocasião, a colônia brasileira lhe ofereceu um bronze de Ernest Barrias, *A glória coroando o Gênio,* e a saudação ao homenageado coube ao ministro do Brasil na capital francesa, Gabriel de Toledo Piza e Almeida.

Rui falou das "impressões mais vivas" que trazia da Segunda Conferência, e, nesse contexto, fez a seguinte observação:

> Quando os nossos estadistas se convencerem de que no conceito exterior do Brasil, na sua boa nomeada entre as nações, está o mais seguro critério dos seus interesses, a influência dessa preocupação terá sobre o nosso desenvolvimento efeitos incomparáveis. Ela nos temperará as paixões, nos abonançará as lutas, nos civilizará os costumes, nos facilitará os problemas, dará outro tom, outra direção, outro movi-

ATUALIDADE DE RUI PARA A POLÍTICA EXTERNA...

mento, outra energia, outra fecundidade às nossas instituições, às nossas aspirações, às nossas deliberações. Será, para a nossa política, uma era nova, determinada pelo nosso contato, pela nossa cooperação, pela nossa intimidade com as grandes nações de um e outro hemisfério, das quais nos aproximaremos no valor, aproximando-nos nas relações. Bem menores ainda somos do que nos presume o patriotismo fátuo; mas somos maiores do que nos figura o patriotismo cético, pessimista ou negligente.

A MAIOR VITÓRIA DE RUI

Rui foi um grande militante das causas públicas, um trabalhador intelectual incansável. No entanto, apesar da sua dedicação e seriedade, foram poucos os resultados que logrou na política interna. Foi um grande perdedor nas maiores disputas nacionais: duas vezes derrotado nas eleições presidenciais.

Rui tinha a consciência plena do seu triunfo de Haia em 1907. Reconheceu, assumiu e celebrou essa vitória em vida. Orgulhava-se, com razão, desse notável feito. Na campanha presidencial de 1910, Rui se refere à posição que "tão assinaladamente conquist[ou] no estrangeiro [em Haia]", nos seguintes termos: "as atas daquela assembleia, a estima dos seus membros, a história dos seus trabalhos recordam o meu nome e a minha 'influência', na frase Brown Scott, não só como delegado brasileiro, mas ainda como 'representante da América Latina'".

Rui tinha a percepção clara que expressou não somente suas convicções em Haia, mas sua personalidade foi acrescida pela da nacionalidade:

> Ali o corpo se me fatigou; mas o espírito me adquiriu uma saúde nova. Vi todas as nações do mundo reunidas, e aprendi a não me envergonhar da minha. Medindo de perto os grandes e os fortes, achei-os menores e mais fracos do que a justiça e o direito – compreendi que, se nos desprezavam, é porque nos não conheciam, e que para nos conhecerem, bastava um governo patriótico, um agente capaz e um público interessado.

Foi na política internacional que colheu sua grande e única vitória em vida.

NOTAS

1. Angus Maddison, *Historia del desarrollo capitalista. Sus fuerzas dinâmicas. Una visión comparada a largo plazo,* Barcelona, Ariel, 1991, p. 26.
2. Oswald de Andrade, "Rui e a árvore da liberdade", *in Rui Barbosa, escritos e discursos seletos,* Rio de Janeiro, Nova Aguilar/Edições Casa de Rui Barbosa, 1995, p. 36.
3. San Tiago Dantas, *Política externa independente,* Rio de Janeiro, Civilização Brasileira, 1962.
4. J. A. de Araújo Castro, "Fundamentos da paz internacional: Balança de poder ou segurança coletiva", *in Documentação e atualidade política,* n. 2, Brasília, janeiro/março, 1977.
5. Linneu de Albuquerque Mello, *Gênese e evolução da neutralidade,* Rio de Janeiro, Imprenta, 1943.
6. F. J. Oliveira Vianna, *Pequenos estudos de psycologia social,* São Paulo, Monteiro Lobato & C. Editores, 1921.

ANEXOS

I. A LUTA PELO PRINCÍPIO DA IGUALDADE ENTRE AS NAÇÕES*
Rio Branco e Rui Barbosa na Conferência da Paz de Haia de 1907

> "Você logrou colocar em evidência seu país e tornar aceitável o princípio da igualdade entre os Estados, que inicialmente nos parecia revolucionário, ridículo."
>
> (Comentário de Paul-Henri-Benjamin d'Estournelles de Constant sobre Rui Barbosa, no telegrama 89, de 5 de setembro de 1907, de Rui Barbosa a Rio Branco)
>
> "O passado não é o que passou. É o que ficou do que passou."
>
> (Alceu Amoroso Lima)

Política exterior é história, inovação, prudência e coerência. Parte de princípios, define objetivos e estabelece o papel do país no mundo.

Assim sendo, a preservação da memória e sua recuperação oportuna podem ser considerados os primeiros requisitos para a diplomacia nacional. A batalha pelo passado não é fácil. Há que se ter noção do que deve ficar, e não somente do que passou, como lembra o intelectual e pensador Alceu Amoroso Lima, também conhecido como Tristão de Ataíde. Implica decisão política, conhecimento especializado e recursos financeiros.

---

* Uma versão deste texto foi publicada em *II Conferência da Paz de Haia: A correspondência telegráfica entre o barão do Rio Branco e Rui Barbosa*, Brasília, Fundação Alexandre de Gusmão, 2014, p. 11–29.

A RAIZ DAS COISAS

A publicação da série de telegramas entre Rio Branco e Rui Barbosa durante a Segunda Conferência da Paz de Haia, de 1907, pelo Ministério das Relações Exteriores, na gestão do embaixador Luis Alberto Figueiredo, pela Fundação Alexandre de Gusmão e seu Centro de História e Documentação Diplomática, dirigidos pelos embaixadores Sérgio E. Moreira Lima e Maurício E. Cortes Costa, constitui alto serviço à política externa brasileira e à cultura nacional.

A bibliografia sobre a Segunda Conferência da Paz de Haia é razoável, mas carece de uma reflexão a partir dos documentos fundamentais. Eu mesmo, como autor desta obra, *A raiz das coisas*, expresso a dificuldade que tive em consultar a série completa de telegramas, que não consegui, por não estar disponível, até hoje, em publicação, sob a forma de livro, como é comum para este tipo de fontes primárias básicas.

Uma neta de Tolstói disse, certa vez, que, na Rússia, o passado, e não o futuro, é que é imprevisível. Tal observação pode se aplicar ao Brasil, quando se verifica, como no caso presente, que já decorreu mais de um século do evento que hoje pode ser recuperado plenamente pela edição dos telegramas dos dois principais atores brasileiros.

A Segunda Conferência da Paz de Haia de 1907 teve como principal assunto o debate de proposta-surpresa dos Estados Unidos, com o apoio da Alemanha e do Reino Unido, de criar uma Corte Internacional de Justiça composta por juízes permanentes nomeados por oito a nove potências (Estados Unidos e países europeus) e, os restantes sete ou oito postos, pelas demais nações, em caráter rotativo. Contra tal iniciativa, o Brasil e os demais países da América Latina, acompanhados por alguns Estados europeus e asiáticos, se insurgiram. Foram surpreendidos. Tiveram de montar suas reações, respostas e propostas, no calor da luta do dia a dia da conferência. São cenas de diplomacia em direto, ao vivo, sem montagens prévias nem preparadas conforme manuais.

ANEXOS

Os trechos dos telegramas que estão em suas mãos, caro leitor, não são documentos solenes e estáticos, mas sim um conjunto de cenas, quadro a quadro, de um verdadeiro filme de ação, que poderia ser intitulado "A estreia do Brasil no mundo", ou "Igualdade se conquista", ou "As duas águias de Haia". A seleção dos temas e dos trechos de telegramas serve como indicação da importância do material, a ser explorado pelo leitor conforme seus interesses.

De acordo com recomendação de Louis Renault: "Os jurisconsultos e os diplomatas deverão estudar com muita atenção as discussões de 1907 – debates animados, acalorados, mas sempre cordiais; entenderão, assim, a natureza das dificuldades a vencer e poderão encontrar as soluções adequadas".[1]

A Segunda Conferência da Paz de Haia foi um marco na história internacional por ter sido o primeiro conclave em que estiveram presentes todos os Estados soberanos à época, em um total de 44 países: 21 da Europa (incluindo neste número a Turquia), 19 das Américas (incluindo os Estados Unidos) e quatro da Ásia.

Enviaram representantes os seguintes Estados: Alemanha, Argentina, Áustria-Hungria, Bélgica, Bolívia, Brasil, Bulgária, Chile, China, Colômbia, Cuba, Dinamarca, Equador, Espanha, Estados Unidos da América, França, Grécia, Guatemala, Haiti, Itália, Japão, Luxemburgo, México, Montenegro, Nicarágua, Noruega, Países Baixos, Panamá, Paraguai, Peru, Pérsia, Portugal, Reino Unido, República Dominicana, Romênia, Rússia, Salvador, Sérvia, Sião, Suécia, Suíça, Turgia, Uruguai e Venezuela.

ESTREIA DO BRASIL NA POLÍTICA INTERNACIONAL

O telegrama 94 de Rui, de 7 de setembro, informa a sugestão do jornalista William Stead para o título do suplemento, dedicado ao Brasil, da edição de outubro de 1907 da *Review of Reviews*, por ele dirigida: "Debut Brazil Parliament World."

O título escolhido pelo experiente editor exprime bem o fato marcante da presença brasileira no conclave mundial, após a recusa ocorrida em 1899, quando da Primeira Conferência da Paz de Haia.

RIO BRANCO DÁ O TOM A RUI

O telegrama 55 de Rio Branco, do dia 5 de agosto, traz importante recomendação do chanceler brasileiro ao chefe da delegação em Haia, vazada nos seguintes termos:

> Vocência deve procurar proceder de modo a que nenhum outro país do nosso ou de outro continente nos preceda nas declarações que a nossa dignidade de nação nos impõe e que apresente logo a proposta substitutiva de acordo com as nossas ideias reunidas no meu telegrama a Gurgel do Amaral e na segunda parte do seu 34.

A novidade que a publicação da série de telegramas entre Rio Branco e Rui Barbosa apresenta nesse caso é tornar acessível ao público uma instrução do próprio ministro das Relações Exteriores, que expõe de forma precisa o tom que deve ter o desempenho do delegado: tomar a dianteira, construir uma liderança serena, coerente com "nossa dignidade de nação".

Entre outros, o telegrama de Rui Barbosa, número 59, de 20 de agosto, informa, nessa linha, a respeito da discussão da proposta norte-americana: "já estou inscrito primeiro lugar debate esta tarde".

Rui Barbosa tinha todas as condições para essa *performance*. Apesar de certos temores iniciais, proclamou, com todos os méritos, após o término da conferência, ecoando a recomendação de Rio Branco: "Vi todas as nações do mundo reunidas, e aprendi a não me envergonhar da minha."

ANEXOS

A AMÉRICA DO SUL FOI UMA REVELAÇÃO PARA TODOS NÓS

O telegrama 94 de Rui Barbosa, do dia 7 de setembro, informa a observação de Nellidoff acerca da atuação dos países sul-americanos na Segunda Conferência, resumindo numa frase a grande novidade do conclave internacional: "A América do Sul foi uma revelação para todos nós."

D'Estournelles de Constant, chefe da delegação francesa, assim se manifestou, na edição do *Courrier de la Conférence de la Paix* do dia 20 de outubro:

> A América do Sul fez brilhantemente sua estreia na sociedade oficial dos Estados, e se revelou à nossa ignorância como uma poderosa associação moral e intelectual. Saudamos com reconhecimento as intervenções sempre discretas, mas eficazes, eloquentes e regularmente decisivas de cada uma de suas delegações.[2]

A respeito, se expressou James Brown Scott, delegado norte-americano, para quem a Segunda Conferência da Paz de Haia representou "o advento da América do Sul nos destinos do mundo".

Essas três importantes manifestações evidenciam que não somente o Brasil destacou-se na assembleia da Haia de 1907, mas, igualmente, os países sul-americanos fizeram uma estreia internacional de peso. Para se ter ideia do nível da região, vale lembrar que, por exemplo, a delegação da Argentina era chefiada pelo ex-presidente Sáenz Peña.

Neste contexto, merece menção o telegrama 103 de Rui Barbosa, do dia 11 de setembro, que registra encontro com dos delegados sul-americanos: "Acabam sair daqui Machain e Medina. Este disse-me *'Usted es el nuestro portabandera, lo que he escribido mi gobierno e voy escribirlo de nuevo: Usted ha tomado sus manos nuestra causa y ha defendido todos nosotros que lo hemos seguido entusiasmo'*".

Euclides da Cunha, indicado por Rio Branco para saudar Rui Barbosa em nome do Itamaraty, no seu regresso, sublinhou ter sido o chefe da delegação do Brasil "o deputado continente".

A RAIZ DAS COISAS

Os telegramas trocados entre Rio Branco e Rui Barbosa igualmente mostram os diferentes apoios das nações sul-americanas à posição brasileira no debate sobre a constituição da nova corte.

A GRANDE BATALHA: BRASIL E ESTADOS UNIDOS

Em seus telegramas 55 e 59, Rui Barbosa denominou "A grande batalha: Brasil e Estados Unidos" todo o processo de discussão e rechaço da proposta norte-americana de criação da nova corte de justiça arbitral, diferente da estabelecida na Primeira Conferência da Paz de Haia de 1899.

A leitura dos telegramas a seguir evidencia a contribuição de Rio Branco e de Rui Barbosa para a construção do molde de relacionamento do Brasil com os Estados Unidos: duas soberanias que se encontram e se respeitam, uma histórica e sólida amizade, com sinceras e pontuais divergências tratadas com cuidado e responsabilidade.

A seleção dos trechos de telegramas dá ideia geral das idas e vindas do projeto, intervenções norte-americanas, brasileiras, dos países europeus e das nações latino-americanas, até o desfecho do tema:

Telegrama 30, de Rui, 1º de agosto:

> Hoje primeira comissão organização Tribunal Arbitral americanos falaram hora e meia. Discurso Choate lido sucessivamente duas línguas. [...] Vários Estados irritados pretensões limitar liberdade escolha árbitros. [...] Creio falarei então sobre assunto nosso ponto de vista. Inglaterra e Alemanha declararam aceitar cordialmente projeto americano.

Telegrama 50, de Rio Branco, 1º de agosto:

> é portanto inadmissível e compreende-se que Estados zelosos sua soberania se mostrem irritados contra semelhante indicação.

332

ANEXOS

Telegrama 32, de Rui, 3 de agosto:

Acabo ter notícia grave americanos guardam segredo absoluto sobre organização corte permanente. Mas por amigo comum tive confidência completa tribunal terá dezessete membros base população. França, Inglaterra, Alemanha, Áustria, Itália, Rússia, Estados Unidos, Japão, Holanda, cada uma um membro. Os mais por grupos seguinte modo: Espanha e Portugal; Bélgica, Suíça, Luxemburgo; Turquia e Pérsia; China e Sião; Suécia, Noruega e Dinamarca; Bálcãs. Nosso continente: México e América Central um; América do Sul um. Vocência verá se por meio Washington nos poupam tamanha e amarga humilhação. Verificada ela não compreendo Brasil possa dignamente continuar conferência.

Telegrama 34, de Rui, 4 de agosto:

certas circunstâncias muito custo consegui descobrir considero essencial se for apresentada proposta americana declarar imediatamente que não poderemos formar convenção arbitramento.

Telegrama 52, de Rio Branco, do mesmo dia:

telegrafei nestes termos à nossa embaixada Washington [...] secretário Estado* no seu memorável discurso 31 julho 1906, Conferência Pan-Americana Rio de Janeiro disse: 'we deem the independence and equal rights of the smallest and weakest member of the family of nations entitled to as much respect as those of the greatest Empire'. [...] Para tratar países latino-americanos como o quer fazer delegação Estados Unidos, se é certa notícia que nos foi dada, era melhor não os convidar para Haia.

Telegrama 35, de Rui, 5 de agosto:

meu informante foi delegação portuguesa dando-me nota escrita distribuição grupos e admirando-se americanos não nos tivessem informado.

---

* O secretário de Estado, a que se refere Rio Branco, é Elihu Root (1845–1937), que ocupou a pasta de 1905 a 1909. Prêmio Nobel da Paz 1912.

A RAIZ DAS COISAS

Telegrama 55, de Rio Branco, na mesma data:

nenhum outro país do nosso ou de outro continente nos preceda.

Telegrama 38, de Rui, 6 de agosto:

Segundo comitê americanos anunciaram largo projeto organização corte acordo outras potências que são Alemanha e parece Inglaterra ou Áustria. [...] Palestra Choate revelou-me cordialidade eles Alemanha assunto corte.

Telegrama 39, de Rui, 7 de agosto:

Suponho igualmente inaceitável este sistema.

Telegrama 63, de Rio Branco, 7 no mesmo dia:

Gurgel do Amaral regressando de Clinton, onde conferenciou secretário Estado, informa Root "Pensa não há descortesia proposta formação grupos nações, entendendo porém Brasil tenha sua representação própria".

Telegrama 40, de Rui, 8 de agosto:

Courrier ontem publica plano americano organizado segundo princípios Scott. Aí a América do Sul dividida dois grupos. [...] Brasil agrupado Portugal título Panportugal. Admirável.

Telegrama 65, de Rio Branco, 9 de agosto:

faz esperar delegação americana modifique proposta [...] sistema rotação dando Estados conforme população maior ou menor [...]. Pensamos como Vocência princípio preferível é o da convenção 1899.

ANEXOS

Telegrama 42, de Rui, 10 de agosto:

consignávamos uma vez por todas que votando qualquer fórmula arbitramento obrigatório reservávamos sempre expressa ou implicitamente: primeiro, faculdade recorrer bons ofícios mediação; segundo, dever de não submetermos arbitramento questões pendentes nossos tribunais ou decididas por suas sentenças.

Telegrama 44, de Rui, 11 de agosto:

procurou-me ontem Battle Ordoñez [...] quanto organização corte permanente.

Telegrama 71, de Rio Branco, 12 de agosto:

Completando número 70, direi questão tribunal presas não tem para nós mesma importância que questão tribunal arbitramento.

Telegrama 75, de Rio Branco, 13 de agosto:

A questão importante para nós é, como Vocência diz, a da organização do tribunal permanente de arbitramento. A solução deste negócio é que há de verdadeiramente interessar a opinião aqui.

Telegrama 78, de Rio Branco, 14 de agosto:

Dirigi nossa Embaixada Washington seguinte despacho: "No sábado trata-se na Haia da organização do Tribunal Arbitral. Convém falar ao Department of State para que telegrafe a mr. Root e ao presidente [Theodore Roosevelt] ver se concordam em telegrafar à sua delegação, que só se entende com as grandes potências europeias e com elas combina tudo. O plano que nos parece melhor é o indicado no meu telegrama de 4 de agosto. Entretanto, como transação, poderia ser adotado seguinte: o tribunal teria 21 membros, em vez de 17. [...] Expedi esse despacho para ganhar tempo tendo-me dito Vocência final seu 48 que depreendeu sistema seria análogo adotado para tribunal presas.

335

A RAIZ DAS COISAS

Telegrama 79, de Rio Branco, 15 de agosto:

Receamos escolha membros tribunal por eleição nos seja desfavorável. [...] exclusão Brasil ou posição inferior lhe coubesse produziria aqui enorme decepção e seria explorada contra Vocência e governo. [...] É muito tribunal. [...] A conferência da paz e da concórdia entre as nações afirmaria com estas novas criações a supremacia das potências militares e a da força material.

Telegrama 84, de Rio Branco, 16 de agosto:

Eis telegrama recebido Gurgel Amaral: "[...] causa greve telegrafistas é incerto Root e presidente recebam telegrama. [...] Ficou isto combinado e também ele telegrafou Choate por indicação minha [...] *Brazilian government wishes make know to President and Secretary its views regarding organization tribunal to be created by conference."*

Telegrama 85, de Rio Branco, 16 de agosto:

Volto do despacho. Presidente entende que se Brasil não tiver lugar permanente no projetado tribunal não deve assinar essa convenção particular e que pouco antes encerramento devemos fazer declaração manifestando nosso pesar não poder concordar com as ideias que prevaleceram quanto à constituição desse tribunal e a esperança de que na seguinte conferência possamos ser mais felizes.

Telegrama 53, de Rui, 17 de agosto:

Respondendo último onde Vocência deseja meu parecer nossa atitude questão corte permanente opino. [...] Vocência engana-se atribuindo culpa principal desta invenção Estados europeus. Responsabilidade capital pertence americanos seguidos Alemanha empenhada coonestar assim sua atitude reacionária contra princípios obrigação arbitramento.

ANEXOS

Telegrama 89, de Rio Branco, 18 de agosto:

Presidente examinou comigo telegrama Vocência 54 [...] "Parágrafo segundo: [...] Os países da América Latina foram tratados em geral com evidente injustiça. É possível que renunciando à igualdade de tratamento que todos Estados soberanos têm tido até hoje nos congressos e conferências alguns se resignem a assinar convenções em que sejam declarados e se confessem nações de 3., 4. ou 5. ordem. O Brasil não pode ser desse número. Parágrafo terceiro: parece conveniente mostremos em primeiro lugar a inutilidade do novo tribunal permanente de arbitragem, quando já existe aí a Corte Permanente de Arbitragem. [...] Como coexistirem dois tribunais de arbitramento na Haia? Com que denominação distinguir um do outro? [...] Parágrafo nono: esgotamos meio de que podíamos lançar mão aqui e em Washington para que o governo dos Estados Unidos de cuja amizade não duvidamos procurasse aconselhar e dirigir a sua delegação no sentido de serem modificadas as bases de que Vocência tivera notícia. Infelizmente, presidente Roosevelt estava e está longe da capital e secretário de Estado anda viajando interior. Não pode assim esse governo tomar iniciativas que desejávamos tomasse no seu próprio interesse e no dos demais países americanos. Agora que não podemos ocultar a nossa divergência com a delegação americana, cumpre-nos tomar aí francamente a defesa do nosso direito e das demais nações americanas. Estamos certos de que Vocência o há de fazer com firmeza e moderação e brilho, atraindo para o nosso país as simpatias dos povos fracos e o respeito dos fortes."

Telegrama 95, de Rui, 7 de setembro:

Hoje no comitê dos sete, chamado agora por Stead em editorial "os sete sábios da conferência" chegou-se aos seguintes resultados: primeiro, eliminação definitiva do projeto americano, chamado agora por batismo dos seus próprios autores "projeto anônimo". Disse o barão Marschall von Bieberstein: *Avant tout, il faut mettre hors de combat proposition anonyme.*" Segundo, foi decidido considerar inviolável o princípio da igualdade dos Estados. Terceiro, condenar absolutamente sob qualquer forma possível o sistema de *roulement* ou rotação. Essas três resoluções constituem três grandes vitórias nossas.

A RAIZ DAS COISAS

Telegrama 147, de Rio Branco, 9 de setembro:

Produziu aqui excelente impressão a repulsa do plano de classificação de países para a organização e funcionamento do projetado tribunal de arbitragem e o reconhecimento do princípio de igualdade dos Estados reivindicado pelo Brasil. Dou parabéns a Vocência. [...] A solução que propusemos para o caso do novo tribunal seria a única verdadeiramente satisfatória. [...] deixar de abrir campo para rivalidades pessoais e nacionais, para intrigas e cabalas e para escolhas injustas e desacertadas [...] entendendo Vocência que é conveniente transigir, confirmo o que disse no meu telegrama confidencial de ontem.

Telegrama 111, de Rui, 19 de setembro:

Proposta [de Sir Edward] Fry confiar Estados organização nova corte quando governos concordem sistema composição. Foi aprovada [...] Choate lamentando suas duas colaboradas – Alemanha e Inglaterra – o abandonassem. [...] Quando porém prevaleça não diminuirá alcance nossa vitória estrondosa. Situação americana *pitoyable*.

Telegrama 112, de Rui, 21 de setembro:

Peço não insistir renovação nosso projeto comissão. Para que passarmos de vencedores a vencidos? Nossos apoiadores tiravam unicamente salvar igualdade Estados agora vencedora. [...] Impressão geral é ideia nova corte ainda imatura. Espíritos fatigados sôfregos termo conferência receiam qualquer renovação debates capaz retardar conclusão.

INSTRUÇÃO FINAL DE RIO BRANCO

Telegrama 163, de Rio Branco, 8 de outubro:

fica autorizado pelo presidente a proceder amanhã como lhe parecer melhor, rejeitando ou aceitando a transação, mas afirmando neste caso que não aceitamos

ANEXOS

sistema que são seja o adotado em 1899, pelo reconhecimento da igualdade dos Estados soberanos, que não aceitaremos o sistema de juízes escolhidos por eleitores estrangeiros.

Telegrama 126, de Rui, 9 de outubro:

Acabo chegar sessão primeira comissão começada quatro horas. Aceitei voto Fry falando cerca uma hora. Foi o meu trabalho mais importante e meu melhor dia nessa conferência. Expliquei nossa posição durante ela defendi nossa atitude corte permanente corte presas respondi acusações pretendermos sujeitar grandes Estados julgamentos pequenos defendi estes imputação terem causado naufrágio conferência mostrei responsabilidade não solução questões cabe exclusivamente grandes Estados. Historiei importância papel internacional Brasil evidenciei consequências fatais insistir-se erro convencer Estados ser força militar único critério distinção entre nações. Fiz ver rápido crescimento países americanos acidentalidade classificação entre grandes pequenos Estados discuti pretensão substituírem-se conferências por congressos grandes potências sustentei conquista conferência hoje irrevogável e inevitabilidade conferência futura. Dizem nenhum discurso feito foi aqui ainda ouvido tanta atenção manifestações recebidas foram gerais e extraordinárias. [O telegrama 129 de Rui, de 10/10, traz o texto integral deste discurso.]

Telegrama 134, de Rui, 15 de outubro:

Tribune Londres do dia onze diz seguinte "*[...] a brilliant speech by senhor Barbosa which culminates the triumph of Latin America [...] a magnificent vindication of Latin America in general and of Brazil in particular*".

Telegrama 171, de Rio Branco, 17 de outubro:

Jornal do Commercio publicou ontem íntegra discurso Vocência. Apesar haverem escapado como sempre vários erros a impressão no mundo político e no público em geral é excelente. Receba Vocência as minhas mais calorosas felicitações por tão belo discurso e pelo brilho com que levou a feliz termo a sua trabalhosa e difícil missão. Ninguém deixará de reconhecer aqui e estrangeiro que graças à admirável competência jurídica de Vocência coube ao Brasil o primeiro lugar nesta conferência. Orgulho-me de haver tido a honra de propor ao presidente o nome Vocência logo aceito por ele com o maior prazer. Afetuosas saudações RIOBRANCO.

Telegrama 136, de Rui, 17 de outubro:

Acabo receber 170 e 171, último dos quais me trouxe grande prazer dissipando tristeza que me causara longo silêncio Vocência tão pronto e amável sempre suas repostas. Agradeço sumamente Vocência benevolência sua apreciação meus serviços felicitando-me por ver acabar modo tão cordial esta longa colaboração numa tarefa na qual cabe Vocência tamanha parte. Nunca poderíamos chegar resultado obtido se eu não contasse aí firmeza apoio Vocência e concurso suas luzes zelo e patriotismo rui.

Esses dois últimos telegramas coroam as 390 mensagens telegráficas trocadas entre Rio Branco (213) e Rui Barbosa (177), nos mais de 120 dias de sessões e negociações, entre 15 de junho e 20 de outubro de 1907, na Segunda Conferência da Paz de Haia.

A PARCERIA DE RIO BRANCO COM RUI BARBOSA

A presente série de telegramas traz valiosas contribuições para um melhor conhecimento da parceria, forjada no calor da luta diplomática, entre o chanceler e o chefe da delegação brasileira na Haia.

Como assinala Levi Carneiro, em palestra proferida em 1944, no Museu Imperial: "Talvez pela primeira vez, Rui Barbosa teria tido um colaborador. Rio Branco soube sê-lo."[3]

A relação entre o delegado brasileiro e o ministro das Relações Exteriores não estava isenta de momentos de tensão e mesmo de discordância,

ANEXOS

compreensíveis em face da natureza da temática em discussão, do volume de trabalho e da própria distância.

Os telegramas 52, de 16 de agosto, de Rui Barbosa, e 86, de 17 de agosto, de Rio Branco, bem expressam a dificuldade de entendimento e a superação do episódio:

Telegrama 52:

> Censuras mencionadas telegrama Vocência só me fazem lamentar mais uma vez aceitasse missão para qual sempre proclamei minha incompetência e não haver insistido ultimamente minha exoneração pedida. Tenho dito Vocência bastante para julgar realidade nossa posição aqui quase isolados entre Estados americanos e impotentes contra predomínio absoluto três ou quatro potências na conferência. Mas vejo apesar tudo Vocência continua erro supor dispormos força, influência nesta assembleia quando verdade é só valer nela arbítrio nações preponderantes". [...] Exausto trabalho extenuante responsabilidades e ingratidão censuras, acho-me tensão física moral insuportável. Renovo suplicante meu pedido exoneração prevendo última fase missão colocar-me-á invencíveis dificuldades para satisfazer imaginação nossos compatriotas. [...] Ilusão distância leva Vocência supor alcançável alteração coisas aqui passadas, julgadas. Assim Vocência impugna coexistência nova corte com atual. Concordo inteiramente, mas opinião unânime aqui e declarações categóricas potências tal respeito não admitem debate.

Telegrama 86:

> Recebido 52. Conheço perfeitamente as dificuldades nossa situação aí. [...] Para a gente sensata e imparcial, a grande e merecida nomeada do representante do Brasil na Haia nada perderá se não conseguir tudo quanto desejamos. O governo e a nação fazem plena justiça aos esforços de Vocência. Há mesmo em todo o país um movimento geral de satisfação e entusiasmo pelo brilho que Vocência tem dado à nossa terra nessa conferência.

A RAIZ DAS COISAS

Rio Branco logrou levantar o ânimo de Rui, que agradeceu os elogios e abandonou a intenção de renunciar.

Exemplo do grau de entendimento entre Rio Branco e Rui Barbosa é a troca de telegramas a respeito da indicação de Georges Scelle pelo chanceler para ser secretário do delegado brasileiro.

Telegrama 12, de Rui, 15 de julho:

> Secretário francês considero inteiramente inútil; dele nunca me utilizei. Concordando Vocência poderia determinar Leoni o despedisse substituindo-o por um taquígrafo-datilógrafo que me poderia ser de utilidade.

Telegrama 27, de Rui, 29 de julho:

> Secretário francês sobre cuja inutilidade já telegrafei Vocência veio hoje falar-me pagamento seus honorários.

Telegrama 49, de Rio Branco, 29 de julho:

> Para não desagradar esse estrangeiro que decano Faculdade Direito Paris recomendou e poderia ficar desafeto nosso país talvez seja melhor passá-lo a Lisboa, dando-lhe este algum trabalho, como por exemplo escrever um relatório ou crônica da conferência.

Telegrama 28, de Rui, 30 de julho:

> Pleno acordo Vocência sobre secretário francês.

A série de telegramas revela, em vários momentos, a impressionante dedicação de Rio Branco e de Rui Barbosa. Além disso, fica patente o entrosamento e respeito recíproco entre os dois homens públicos, fato incomum na vida política nacional.

ANEXOS

Entre outros, os trechos indicados a seguir são exemplos deste empenho.

Telegrama 55, de Rui, 18 de agosto:

Falta-me tempo tudo. Só madrugada ontem pude escrever minuciosa exposição lida comitê; sairá ata.

Telegrama 90, de Rio Branco, 19 de agosto:

recebo interessantes telegramas 56 e 57. Responderei com mais vagar à noite porque preciso agora descansar um pouco tendo passado em claro toda noite.

Telegrama 96, de Rui, 7 de setembro:

Não comuniquei por insignificante como tantos outros que omito para não exagerar mais nossa já imensa correspondência telegráfica e às vezes faltar-me materialmente tempo absorvido desde cinco madrugada até meia noite, uma hora por desempenho contínuo deveres.

Vale ler também os telegramas de Rui, inicialmente avesso aos rituais da vida diplomática, que, após instrução de Rio Branco e o envio de recursos, começou a oferecer jantares e atender a convites de outras delegações. A seguir, trechos dos telegramas de Rui:

Telegrama 31, 2 de agosto:

Terrível peso agora banquetes quase diários.

Telegrama 41, 9 de agosto:

Indescritível efeito ontem todo mundo nosso jantar. [...] Estimei termos mostrado não estarmos aquém europeus matéria gosto/educação.

Telegrama 43, 10 de agosto:

Courrier Conference hoje diz *"Le dinner brésilien offert [...] un des plus superbs banquets"*.

Telegrama 46, 12 de agosto:

Nosso jantar ontem não menos feliz que anterior. Pareciam ter cessado todas prevenções tanta era alegria cordialidade nossos hóspedes que só nos deixaram meia-noite.

FELICÍSSIMO INCIDENTE: BRASIL E RÚSSIA

Em seu telegrama 10, do dia 12 de julho, Rui destaca fato que ficou conhecido como o "incidente Martens", nos seguintes termos:

Suscitou-se incidente animado entre mim presidente Martens obrigando-me a falar de novo longamente. Finda sessão Martens veio *buffet* presença todos desfazer-se comigo explicações completas amabilíssimas considero felicíssimo incidente pelo qual fui felicitado.

Em outros dois telegramas – 16, de 19 de julho, e 99, de 9 de setembro – Rui relata dois encontros com Martens.

No primeiro, registra:

Fui surpreendido esta manhã bilhete Martens pedindo-me conferência. Veio amabilíssimo conversar sobre ordem trabalhos hoje.

ANEXOS

No segundo, informa:

> inversão completa sentimentos Martens para comigo [...] *chère excellence* [...] *suis heureux avoir trouvé votre excellence si sympatique*.

A relevância dos telegramas 10, 16 e 99 de Rui reside na avaliação original feita pelo próprio delegado brasileiro de sua relação com Martens, um dos maiores juristas russos, até hoje tido como referência no mundo jurídico internacional e em seu país.

Lembre-se, ainda, que Brasil e Rússia possuem raízes comuns do direito romano, em contraste com os países anglo-saxões inspirados pela Commom Law. Este ponto poderia, ainda hoje, ser mais bem aproveitado em nossas relações bilaterais, inclusive no âmbito dos Brics. O episódio Martens, em Haia, realmente, acabou sendo, como disse Rui Barbosa, um "felicíssimo incidente".

Ainda no tocante às relações Brasil-Rússia, os telegramas 113 e 114 de Rui Barbosa trazem elementos interessantes acerca da identidade de posições entre Rio de Janeiro e Moscou.

Telegrama 113, 21 de setembro:

> Em seguida adotou-se voto recomendado potências reunião terceira conferência período análogo ao decorrido entre primeiras. [...] Beldiman aventou homenagem czar envolvendo indicação manter-lhe papel de convocador. Apoiado sucessivamente todas potências inclusive Estados Unidos declarei Brasil aderia ato reconhecimento e justiça pronunciando-se então todas outras delegações mesmo sentido. Este fora objeto longa visita recebi ontem Prozor a quem manifestei nossa satisfação podermos corresponder destarte finezas Rússia para conosco. Além seu concurso nossa posição começo conferência temos recebido muitas manifestações simpatia parte Nelidow, Prozor e Tcharykow. Este há poucos dias dando jantar comemorativo seu casamento doze passado além oito russos convidou holandês sueco grego e a mim distinguido lugar honra.

345

A RAIZ DAS COISAS

Telegrama 114, 23 de setembro:

> Americanos despertados homenagem Rússia última sessão plena procuraram amesquinhar importância destarte ausência Prozor arranjaram entregar redação ata a um secretário americano que reduziu série declarações fundamentais diferentes delegações a simples lista nomes excluindo desta vários entre os quais Brasil cuja declaração escrita por mim depois de proferida fora levada à mesa *séance tenante* por Batista Pereira. Prozor indignado andou entendendo-se diferentes delegações e procurou-me ontem jantar chileno pedir-me nota minhas palavras que enviei-lhe hoje assim: *délégation Brésil s'empresse a adherer cet acte gratitude et justice d'autant plus volontiers que de notre part il répond en même temps d'être especial notre pays envers souverain auquel il a du honneur être invité première conférence paix.*

A LUTA PELA IGUALDADE

A participação do Brasil na Segunda Conferência da Paz de Haia pode ser definida e resumida em duas palavras: seriedade e luta por princípios.

Rio Branco e Rui Barbosa, homens públicos virtuosos, abridores de caminhos, com total dedicação ao Estado, antíteses da improvisação, combinaram *virtù* e fortuna na defesa forte e pacífica do princípio da igualdade.

Provaram a importância de valores, princípios e coerência na diplomacia, e construíram um dos paradigmas da política externa brasileira – a igualdade entre os Estados – hoje inscrito na Constituição, em seu artigo quarto.

ANEXOS

NOTAS

1. Louis Renault, *L'Oeuvre de La Haye em 1899 et em 1907 – conférence faite a l'Institut Nobel a Kristiania le 18 mai 1908*, Estocolmo, Imprimerie Royale, P. A. Norstedt & Fils, 1908. p. 117.
2. *Courrier de La Conference de la Paix*, n.º 109, Haia, 20 out. 1907. Este foi o último número do jornal da conferência.
3. Levi Carneiro, "Rio Branco e a sempre tão limpa política internacional do Brasil", *Anuário do Museu Imperial*, Petrópolis, 1944.

II. NOTA DO GOVERNO RUSSO ÀS MISSÕES ESTRANGEIRAS ACREDITADAS EM SÃO PETERSBURGO

Primeira circular:

A manutenção da paz geral, e uma redução possível dos armamentos excessivos que pesam sobre todas as nações, se apresenta na situação atual do mundo inteiro como o ideal para o qual devem convergir os esforços de todos os governos.

A isso se dirigem inteiramente os intuitos humanitários e magnânimos de Sua Majestade o imperador, meu augusto amo.

Convencido de que este elevado fim corresponde aos mais essenciais interesses e aos legítimos votos de todas as potências, o governo imperial acredita que o momento atual seria mui favorável ao exame, em discussão internacional, dos meios mais eficazes de garantir a todos os povos os benefícios de uma paz real e duradoura, e de pôr, antes de tudo, um termo ao desenvolvimento progressivo dos atuais armamentos.

Durante o curso dos últimos vinte anos, o vivo desejo de um apaziguamento geral se tem, particularmente, afirmado na consciência das nações civilizadas. A conservação da paz foi indicada como fim da política internacional; é em seu nome que os grandes Estados têm concluído entre si poderosas alianças; é para melhor garantir a paz que eles têm desenvolvido, em proporção desconhecida até agora, suas forças militares, e que continuam ainda a aumentá-las sem recuar diante de nenhum sacrifício.

Entretanto, todos esses esforços ainda não poderão conduzir aos resultados benéficos da pacificação desejada.

Seguindo em marcha ascendente, os encargos financeiros atingem a prosperidade pública em sua própria fonte, as forças intelectuais e físicas dos povos,

A RAIZ DAS COISAS

o trabalho e o capital, são na maior parte desviados da sua natural aplicação e consumidos improdutivamente. Centenas de milhões são empregados na compra de terríveis máquinas de destruição, que consideradas hoje como a última palavra da ciência estão destinadas a perder amanhã todo o valor, em consequência de novas descobertas desta espécie. A cultura nacional, o progresso econômico, a produção das riquezas, acham-se paralisadas ou falseadas no seu desenvolvimento.

Por isso, os armamentos de cada potência, quanto mais aumentam, menos correspondem ao fim que os governos tinham em vista. As crises econômicas, devidas em grande parte ao regime dos armamentos excessivos, e perigo contínuo que se oculta neste amontoamento do material de guerra, transformam a paz armada de nossos dias em um fardo esmagador, que os povos têm, cada vez mais, dificuldade em suportar. E, pois, parece evidente que, se esta situação se prolongue, fatalmente se chegará ao próprio cataclisma que se tem em vista evitar, e cujos horrores fazem estremecer, desde já, todo pensamento humano.

Pôr termo a esses incessantes armamentos, e procurar os meios de prevenir as calamidades que ameaçam o mundo inteiro – tal é o dever supremo que hoje se impõe a todos os Estados.

Compenetrado deste sentimento, Sua Majestade o imperador dignou-se de ordenar-me que propusesse a todos os governos, cujos representantes estão acreditados na corte imperial, a reunião de uma conferência para ocupar-se deste grave problema.

Esta conferência seria, com ajuda de Deus, um presságio feliz para o século que vai começar. Reuniria, em poderosa liga, os esforços de todos os Estados que buscam, sinceramente, o triunfo da grande concepção da paz universal contra os elementos de perturbação e de discórdia. Cimentaria, ao mesmo tempo, o seu acordo para a consagração solidária dos princípios de equidade e de direito sobre que repousam a segurança dos Estados e o bem-estar dos povos.

São Petersburgo, 12 de agosto de 1898

Conde Mouravieff

ANEXOS

Segunda circular (extraída do *Journal de S. Petersbourg*):

Quando, no mês de agosto último, o meu augusto amo me ordenou que propusesse aos governos, cujos representantes se acham acreditados em São Petersburgo, a reunião de uma conferência destinada a achar os meios mais eficazes de assegurar a todos os povos os benefícios de uma paz real e duradoura, de pôr, antes de tudo, termo ao desenvolvimento progressivo dos atuais armamentos, – nada parecia opor-se à realização, mais ou menos próxima, desse projeto humanitário. O acolhimento pressuroso, dispensado à ação do governo imperial por quase todas as potências, só podia justificar aquela expectativa. Apreciando, altamente, os termos simpáticos em que foi concebida a adesão da maior parte dos governos, o gabinete imperial pôde recolher ao mesmo tempo, com viva, satisfação, os testemunhos do mais caloroso assentimento que lhe eram dirigidos, e não cessam de lhe chegar da parte de todas as classes da sociedade dos diferentes pontos do globo terrestre.

Apesar da grande corrente de opinião produzida em favor das ideias de pacificação geral, o horizonte político mudou, sensivelmente, de aspecto, em último lugar. Várias potências fizeram novos armamentos, esforçando-se, ainda, para aumentar suas forças militares e, em presença desta situação incerta, poderíamos ser levados a indagar se as potências julgam oportuno o momento atual para a discussão internacional das ideias emitidas na circular de 12 de agosto.

Todavia, esperando que os elementos de perturbação, que agitam as esferas políticas, darão, dentro em pouco, o lugar a disposições mais calmas, e de modo a favorecer o sucesso da projetada conferência, o governo imperial é de opinião, por sua parte, que seria possível, desde já, fazer uma troca de ideias, preliminar, entre as potências, com o fim:

a) de achar, sem demora, os meios de pôr termo ao aumento progressivo dos armamentos de mar e terra, questão cuja solução se torna cada vez mais urgente à vista da nova extensão dada a esses armamentos; e

b) de preparar os elementos para a discussão das questões relativas à possibilidade de prevenir os conflitos armados pelos meios pacíficos de que pode dispor a diplomacia internacional.

No caso em que as Potências julguem o momento atual favorável à reunião de uma conferência sobre essas bases, seria, certamente, útil o estabelecimento de um acordo entre os gabinetes a respeito do programa dos seus trabalhos.

Em traços gerais, os temas a submeter à discussão internacional, no seio da conferência, poderiam ser resumidos como em seguida:

A RAIZ DAS COISAS

1. Acordo estipulando o não aumento, por um prazo a fixar, dos efetivos atuais das forças armadas de mar e terra, assim como dos orçamentos de guerra respectivos; estudo prévio dos elementos com os quais se poderia mesmo realizar no futuro uma redução dos efetivos e dos orçamentos acima mencionados;
2. Proibição de pôr em uso, nos exércitos e nas armadas, novas e quaisquer armas de fogo, e novos explosivos, assim como pólvoras mais poderosas do que as adotadas, atualmente, tanto para espingardas como para canhões;
3. Limitação do emprego, nas guerras de campanha, dos explosivos de potência formidável, já existentes, e proibição do lançamento de projéteis ou de quaisquer explosivos, do alto de balões ou por meios análogos;
4. Proibição do emprego, nas guerras navais, de barcos torpedeiros submarinos ou submersíveis, ou de outras máquinas de destruição da mesma natureza; compromisso de não construir, para o futuro, navios de guerra com esporão;
5. Adaptação, nas guerras marítimas, das estipulações da Convenção de Genebra de 1864, sobre a base dos artigos adicionais de 1868;
6. Neutralização, sob o mesmo título, dos navios ou chalupas encarregadas da salvação dos náufragos durante ou depois dos combates navais;
7. Revisão da declaração concernente às leis e costumes de guerra, elaborada em 1874 pela Conferência de Bruxelas e não ratificada até hoje;
8. Aceitação, em princípio, do uso de bons ofícios de mediação e do arbitramento facultativo, para os casos que a isso se prestarem, com o fim de evitarem-se conflitos armados entre as nações, acordo a respeito do seu modo de aplicação, e estabelecimento de uma regra uniforme no seu emprego.

Fica bem entendido que todas as questões concernentes às relações políticas entre os Estados e à ordem de coisas estabelecida pelos tratados, como, em geral, todas as questões que não entrarem, diretamente, no programa adotado pelos gabinetes, deverão ser, absolutamente, excluídas das deliberações da conferência.

Dirigindo-vos, senhor, o pedido de terdes a bondade de receber, sobre o assunto da minha comunicação, as ordens do vosso governo, vos rogo ao mesmo tempo que leveis ao seu conhecimento, no interesse da grande causa que, tão particularmente, preocupa meu augusto amo, que Sua Majestade imperial pensa ser conveniente que a conferência não tenha sede na capital de alguma das grandes

ANEXOS

potências, onde se concentrem tantos interesses políticos, que, talvez, possam reagir sobre a realização de um empreendimento no qual estão interessados, por igual, todos os países do Universo.

S. Petersburgo, 30 de dezembro de 1898.

C. Mouravieff[1]

NOTA

1. Relatório apresentado ao presidente da República dos Estados Unidos do Brasil pelo ministro de Estado das Relações Exteriores dr. Olinto de Magalhães em 23 de maio de 1890, *Imprensa Nacional*, Rio de Janeiro, 1899.

III. ARTIGO INTITULADO "BRASIL E ARGENTINA", DE AUTORIA DE RIO BRANCO, PUBLICADO NO *JORNAL DO COMMERCIO* DE 26 DE SETEMBRO DE 1908, SOB PSEUDÔNIMO

BRASIL E ARGENTINA

Há um esforço na República Argentina para que a campanha, que há muito tempo se faz contra o Brasil, se transforme em agitação. Para isto um homem político se arroga o papel de representativo de uma velha sobrevivência, como é o preconceito dos ódios castelhanos e portugueses transportados para a América do Sul, e espalha o pânico da pátria em perigo. Não sabemos até que ponto as suas palavras são acreditadas pela maioria dos seus compatriotas, mas os seus adeptos, por diminutos que sejam, formam ainda assim a minoria que se move irrequieta por entre a massa da população argentina, criando sobretudo uma situação interna que é tempo de acabar.

Um povo é como uma criança, não pode permanecer sob a impressão de um espantalho. O desvairo sobrevém fatalmente.

Em toda esta comédia, que um pouco mais de loucura pode mudar em tragédia, é singular a disposição dos espíritos brasileiros, calmos, indiferentes, quase risonhos, ante tanta fúria belicosa. Aqui não há atmosfera de guerra. Há uma grande limpidez nos sentimentos, reina um ideal de paz e alegria no povo despertado de um longo e tenebroso pessimismo; e mesmo dos instintos profundos da raça não sobem emanações doentias que se transformam em movimentos de impulsão agressiva. Se de improviso nos viesse uma guerra, certamente que a nossa repulsa seria enérgica e tanto mais firme porque não estamos atordoados pela paixão do ódio; seria nessa guerra de defesa a fria resistência ao agressor. No estado de

A RAIZ DAS COISAS

cultura a que chegamos, a nossa atividade guerreira se limita conscientemente a esse imorredouro instinto de repulsa. Jamais seremos nós os agressores. E os pregoeiros argentinos, que sabem disso, enganam os ânimos crédulos de seu país, fundando a fantasia de um perigo brasileiro no fato de estarmos reorganizando a esquadra e transformando o exército.

A República Argentina executou há muito tempo essas reformas necessárias do seu serviço de defesa nacional, e isso nos foi indiferente. E com a mesma tranquilidade veremos o aumento de sua marinha e de seus armamentos. Não há ideal mais alevantado que liberte uma nação das contingências de sua própria existência. Um Estado deve ser o que foi o Estado romano, um egoísmo organizado, egoísmo que seja um conjunto de forças morais e materiais, disciplinadas, capazes de preparar o máximo de progresso a que deve aspirar uma sociedade política. No meio das nações armadas, o problema da organização militar é uma expressão desse egoísmo fundamental, e um fato que interessa notavelmente à ordem interna brasileira. Somos geograficamente um país em que a marinha tem o principal papel de defesa do território. O nosso primeiro cuidado, portanto, deve ser o de possuirmos uma esquadra moderna, que pelo menos em qualidade possa competir com as mais adiantadas e onde o gênio marítimo da população encontre o mais perfeito ambiente para a plena satisfação de seus persistentes instintos. A nossa esquadra organizada sossegadamente, livremente, sem a menor preocupação de equivalência para a defesa de nossas costas, serve para a proteção de nossos portos. Não preparamos uma esquadra de agressão contra os povos do Prata, digamos com todo o desassombro; se um dia, pelas circunstâncias da política internacional tivermos de prestar à nação argentina mais uma vez os serviços de aliados, a que nos habituamos, passaríamos pelo constrangimento de não poderem os nossos melhores navios operar no Prata, em defesa da magnífica Buenos Aires. E, no entanto, o problema naval argentino, com seus imensos encouraçados inservíveis para o estuário do Prata e para a proteção dos seus portos comerciais, traduz o espírito de agressão com que foi concebido. Se essas intenções vingarem, só nos cabe assinalar o lamentável antagonismo do pensamento político dos dois povos vizinhos.

A reorganização do exército, inspirada ainda pelo sentimento de defesa, veio também resolver um problema íntimo da nossa cultura nacional. Tínhamos praticado em excesso as qualidades de nosso temperamento e tínhamos chegado ao defeito dessas qualidades. À tolerância substituíramos a relaxação; à liberdade dos instintos, a indisciplina; à intelectualidade, o diletantismo e o ceticismo; ao desinteresse nobre, o desdém e a apatia. Era tempo de vir o remédio e uma

ANEXOS

reação de energia de um povo, apenas desfalecido, explodiu em todo o organismo da nação. A necessidade de uma educação militar das novas gerações apareceu como uma medida de disciplina e seleção, fruto de psicologia interna, e não cálculo suspicaz de política exterior.

Não é com esse exército em elaboração e aquela remota marinha que podemos estar em uma atmosfera de guerra. A organização desses elementos de defesa e estabilidade nos devem afastar para sempre do perigo desmoralizador da América do Sul, que é o caudilhismo. Com um exército disciplinado e inteligente, que seja a seleção das forças intelectuais e morais do país, pode-se dizer afastado aquele perigo. E é por isso que o espetáculo dessa agitação argentina nos espanta, porque o seu exército é hoje o expoente da própria civilização nacional, e esta é muito adiantada para não suportar mais a praga dos caudilhos militares e civis. No entanto, esse alvoroço belicoso, esse despertar de velhos ódios castelhanos contra portugueses, só se explicam como uma sobrevivência do caudilhismo hispano--americano, para o qual pelejar era viver. A reminiscência desses sentimentos, transplantados para a América do Sul e que encheram de esterilidade a vida colonial da região, é estranha em um país formado de imigrantes alheios àqueles ódios. Que tem milhões de italianos, alemães e homens do norte europeu no seu labor pacífico nestas terras prometidas do mundo com os velhos preconceitos de bisonhos espanhóis e lusitanos de outros longínquos tempos?

Se o caudilhismo está extinto e a guerra não obedece mais ao impulso racial, e seria antes uma guerra de povos modernos, uma guerra política e voluntária, que levaria a República Argentina a provocá-la? A miragem da supremacia? Nada mais frágil entre os povos fracos. Os países deste continente não têm uma organização bastante forte, uma estabilidade de instituições que possa lhes manter as posições adquiridas, ainda à custa do esforço de uma guerra. A existência internacional de muitas das nações sul-americanas é precária. Estão inermes e desarticuladas diante de grandes unidades nacionais, a cujo embate não resistirão e terão de soçobrar se no dia do encontro fatal não estiverem amparadas por um sistema de defesa, que são as amizades e as alianças com algumas dessas mesmas unidades tremendas e devastadoras.

Nós vivemos fora da realidade da política internacional de hoje, em plena ilusão, a que o passado nos habituou. Longo tempo a América do Sul esteve entregue a si mesma, fez e desfez nacionalidade, ergueu e matou a liberdade, armou e extinguiu despotismo, estabeleceu preponderâncias e supremacias, perfeitamente independente em matéria internacional. Foi por essa época que o Brasil, chamado pelos partidos políticos em luta, interveio no Prata; entrou naquelas terras para

357

A RAIZ DAS COISAS

dirimir pelas armas e pela diplomacia desavenças sanguinárias no período difícil da gestação dos Estados; foi agente de paz e de liberdade, e à sombra da aliança com o Brasil realizou Mitre o seu grande feito político, que é a unidade nacional da República Argentina. Quando se acabou a sua missão no Prata, o Brasil deixou ali nações organizadas, e o nosso território não foi aumentado pela fácil incorporação de províncias desgovernadas. Estávamos expurgados para sempre do tenebroso espírito de conquista.

Há muito a nossa intervenção no Prata está terminada. O Brasil nada mais tem que fazer na vida interna das nações vizinhas; está certo de que a liberdade e a independência internacional não sofrerão ali um desequilíbrio violento. O seu interesse político está em outra parte. É para um ciclo maior que ele é atraído. Desinteressando-se das rivalidades estéreis dos países sul-americanos, entretendo com esses Estados uma cordial simpatia, o Brasil entrou resolutamente na esfera das grandes amizades internacionais, a que tem direito pela aspiração de sua cultura, pelo prestígio de sua grandeza territorial e pela força de sua população. Deve ser esse também o impulso da política argentina. Emancipar-se da "Sul América" no que esta expressão traduz de desairoso. Para isso extinga a nação platina os últimos fumos do caudilhismo, não sonhe com supremacias instantâneas nesta débil América do Sul, desamparada agora do dogma político de Canning, do princípio da intangibilidade dos pequenos povos, e que a própria Inglaterra sepultou nos campos de batalha do Transvaal. Lembrem-se os agitadores que uma vez a guerra entre dois povos sul-americanos esteve nas mãos dessa mesma Inglaterra, que lhes ditou a paz. Tal é a dolorosa contingência dos povos fracos... Por maior que seja a irritação do amor-próprio deles, louvemos essa restrição benéfica, porque uma guerra seria a maior calamidade que se desencadearia neste continente. Fosse qual fosse o vencedor, a difícil e custosa vitória não teria frutos, a existência dos Estados sul americanos estaria envenenada pelo sentimento de vendeta, e a desforra passaria a ser para eles o novo princípio político.

É por isso que ao bom senso brasileiro repugna a guerra. Nada separa o Brasil da Argentina, ligados abstratamente por um destino comum de civilização e cultura, de que são os maiores representantes na América Latina. As nossas questões só podem ser resolvidas pela regra constitucional do nosso país, e que consignamos no tratado de arbitramento elaborado aqui na boa-fé da amizade. Cultivemos tranquilamente as nossas relações de vizinhança, troquemos com toda a liberdade, sem pactos forçados, os produtos do nosso trabalho e da nossa inteligência. O campo de irradiação para nossas energias jovens não pode ser guerra à civilização, antes deve ser aquela conquista do deserto, prevista e iniciada

358

ANEXOS

profeticamente pelos melhores estadistas argentinos. A assombrosa fertilidade dos nossos territórios nos dá uma grave responsabilidade histórica. São eles o refúgio de milhões de homens que os fecundam e transformam. Acima dos preconceitos de infundadas rivalidades de sul-americanos, paira sobre essas terras, que se chamam Brasil e Argentina, um imenso interesse humano. Este solo não pode ser devastado pela guerra. Pelo seu destino ele é sagrado e intangível.

IV. A QUESTÃO DO ACRE

As cartas entre Rio Branco e Rui Barbosa

Ao assumir o Ministério das Relações Exteriores, em 1902, Rio Branco priorizou a solução da questão acriana, para qual só via um caminho: tornar nacional, por aquisição, o território já habitado pelos brasileiros, considerando a situação de fato, e a impossibilidade de lograr laudo favorável em arbitragem, tendo em vista o Tratado de 1867, cuja interpretação dada pelo Brasil tinha sido benéfica para a Bolívia.

Conforme narra A. G. de Araújo Jorge no importante ensaio introdutório às *Obras completas de Rio Branco*:

> Em 17 de outubro de 1903, isto é, um mês antes da assinatura do tratado, o senador Rui Barbosa, que, desde julho deste ano, vinha colaborando com o prestígio e a autoridade de seu nome nas negociações como um dos plenipotenciários brasileiros, conjuntamente, com Rio Branco e Assis Brasil, julgou dever solicitar dispensa dessa comissão. Repugnava-lhe compartir a responsabilidade de conclusão de um acordo em que as concessões do Brasil à Bolívia se lhe afiguravam, extremamente, onerosas e, ao mesmo tempo, não desejava, por escrúpulos não compartilhados pelos companheiros de missão, ser obstáculo à coroação pacífica de um litígio que ameaçava eternizar-se com perigo iminente da ordem interna e, quiçá, da paz americana. E, honradamente, preferiu exonerar-se da alta função a que emprestara o brilho incomparável de seu talento.

Araújo Jorge transcreve, na obra citada, duas cartas trocadas entre Rio Branco e Rui Barbosa sobre a questão acriana, que bem explicam esse episódio como também revelam o grau da amizade, e recíproca admiração,

A RAIZ DAS COISAS

que unia os dois homens públicos. Vale a pena reproduzi-las aqui tendo em vista não somente a pendência Brasil–Bolívia sobre o Acre, mas também por serem documentos que revelam dois estilos distintos, mas não antagônicos, de tratar um tema internacional. O de Rio Branco marcado pela paciência, e certo grau de otimismo; o de Rui, pelo tom dramático e carregado de hipóteses pessimistas. Ambos, porém, com um ponto em comum: o patriotismo e a sinceridade na defesa do interesse público.

Na primeira correspondência, Rio Branco assim se expressa:

Petrópolis, 20 de outubro de 1903.

Exmo. amigo e sr. senador Rui Barbosa.

Pelo telégrafo já pedi desculpas a V. Exa. da demora em responder a sua carta de 17. Eu a recebi na Secretaria, às 11 horas da manhã desse dia, quando esperava a honra e o prazer de sua visita, não só para que juntos examinássemos na Carta Geral da nossa fronteira com a Bolívia as pequenas retificações que o sr. Assis Brasil e eu estaríamos dispostos a conceder, mas também para me abrir inteiramente com V. Exa., como o faria se estivesse tratando com o nosso saudoso amigo Rodolfo Dantas. Eu queria repetir nessa ocasião a V. Exa. o que já lhe havia dito rapidamente há dias na presença do sr. Assis Brasil, isto é, que se V. Exa. tivesse alguma hesitação, não se devia constranger por motivo de delicadeza pessoal e tomar perante o país a responsabilidade de uma solução que lhe não pareça a melhor ou que, segundo previsões próprias e de amigos seus, possa irritar uma parte da opinião.

V. Exa. sabe quanto o prezo e quanto prezava mesmo antes de ter tido a honra de o conhecer pessoalmente. Deve também compreender quanto penhoraram a minha gratidão as provas de benevolência que me tem dado em escritos seus desde outubro de 1899 e particularmente nos seus belíssimos artigos de 2 e 4 dezembro de 1900. O que valho hoje no conceito dos nossos concidadãos devo-o principalmente a V. Exa., que, com o grande prestígio do seu nome, tanto encareceu os meus serviços no estrangeiro. Não foi para diminuir as minhas responsabilidades que pedi a V. Exa. a sua valiosa colaboração no arranjo das dificuldades do Acre: foi com o único pensamento de lhe dar um pequeno

ANEXOS

testemunho de minha gratidão. Convencido, como estava, de que uma solução que pusesse termo às complicações exteriores em que andamos envolvidos desde 1899 e, ao mesmo tempo, dilatasse as fronteiras do Brasil, não poderia deixar de merecer a aprovação do país inteiro, desejei que V. Exa. contribuísse para esses resultados e acreditei que lhe pudesse ser agradável concorrer para uma importante aquisição territorial, a primeira que fazemos após a independência. V. Exa. não concorda em tudo conosco: considera muito pesados os sacrifícios que o acordo direto nos imporá e acredita que, no estado atual do espírito público, com as influências desorganizadoras que atuam sobre a opinião, haveria perigo na solução que nos parece de mais vantagem para o Brasil. Não seria, pois, razoável pedir-lhe eu que tomasse parte nas responsabilidades que o acordo direto acarreta. V. Exa. é estadista acatado por toda a nação e eu teria grande sentimento se, involuntariamente, querendo dar-lhe uma prova de apreço e de reconhecimento, abalasse de qualquer modo a sua situação política, que desejo ver cada vez mais firme e fortalecida. Inclino-me, portanto, diante da resolução que me anuncia em sua carta, lamentando ver-me privado da grande honra de o ter por companheiro nesta missão. Peço, entretanto, licença para submeter ao exame de V. Exa. a minuta do tratado, logo que estiverem bem assentadas as suas cláusulas. É possível que obtenhamos ainda algumas modificações que satisfaçam a V. Exa.

Sei bem que os sacrifícios pecuniários que a nação terá que fazer, se o tratado for aprovado pelo Congresso, serão grandes, mas também são muito grandes as dificuldades que vamos remover, e urge removê-las para que possamos, quanto antes, conter as invasões peruanas na zona em litígio. Se comprássemos dois grandes encouraçados gastaríamos improdutivamente tanto quanto queremos gastar com esta aquisição de um vastíssimo e rico território, já povoado por milhares de brasileiros que assim libertaremos do domínio estrangeiro.

Pelo arbitramento no terreno do tratado de 1867, começaríamos abandonando e sacrificando os brasileiros que de boa-fé se estabeleceram ao sul do paralelo 10°20', por onde corre a principal parte do rio Acre, e é minha convicção que mesmo os que vivem entre esse paralelo e a linha oblíqua Javari–Beni ficariam sacrificados. Não creio que um árbitro nos pudesse dar ganho de causa depois de 36 anos de inteligência contrária à que só começou a ser dada pelo governo do Brasil em princípios deste ano. O nosso amigo senador Azeredo lembrou há dias ao presidente da República que os Estados Unidos da América pagaram à Espanha quatro milhões de libras pelas Filipinas, cuja superfície e população são muito mais consideráveis que as do Acre. É certo,

A RAIZ DAS COISAS

mas deve-se ter em conta que esse preço foi imposto ao vencido pelo vence-dor, o qual, para poder ditar a sua vontade, despendeu antes, com a guerra, somas avultadíssimas.

É porque entendo que o arbitramento seria a derrota que eu prefiro o acordo direto, embora oneroso. Este resolve as dificuldades presentes, o outro deixa-as de pé e provavelmente daria lugar a que os territórios ocupados por brasileiros ao sul da linha oblíqua fossem repartidos entre a Bolívia e o Peru. Estou convencido de que os seus habitantes não poderiam lutar com vantagem contra a Bolívia e menos ainda contra esta e o Peru aliados. Por outro lado, estou muito certo de que os agitadores e os adversários do governo, também, atacariam o recurso do arbitramento. É este o expediente que desejavam, e desejam ainda hoje, os plenipotenciários bolivianos.

Não posso prever o acolhimento que encontrará nos dois Congressos o tratado. Pelo esforço que aqui fazemos para defender pequenos trechos do território, alagadiços e inaproveitáveis, podemos conjeturar da oposição que na Bolívia vai encontrar a perda de 160 ou 170 mil km^2. Se o nosso Congresso rejeitar o acordo direto, nas condições em que o tivermos podido realizar, a responsabili-dade ficará sendo sua. Eu assumirei inteira a do acordo, e penso que a posição do presidente não ficará comprometida por isso.

Até aqui, como V. Exa. sabe, só temos tido com os plenipotenciários bolivianos conversações para achar o terreno em que nos poderíamos entender. Agora é que vamos ter conferências formais para precisar as cláusulas do Tratado e dar-lhes forma. Era sobretudo nessas conferências que esperávamos o valioso concurso das luzes de V. Exa., se tivéssemos eu e o Assis Brasil, a fortuna de estar de acordo com V. Exa. Antes, era impossível pedir-lhe que se desse ao incômodo de vir a Petrópolis, deixando a sua cadeira de senador e a sua banca de advogado, para tomar parte nas numerosas palestras de exploração do terreno que temos tido desde julho, mas informamos sempre V. Exa. do que se ia passando e seguimos sempre os seus conselhos.

Agradeço muito a V. Exa. as expressões tão benévolas do final da sua carta e subscrevo-me, com a mais alta e afetuosa estima, de V. Exa. admirador e amigo muito e muito grato.

Rio Branco.

ANEXOS

A carta em resposta de Rui Barbosa foi a seguinte:

Rio, 22 de outubro de 1903.

Exmo. amigo e sr. barão do Rio Branco.

Releve-me V. Exa. se só hoje venho responder à sua carta de anteontem que me chegou às mãos ontem pelas 11 da manhã. Fez-me V. Exa. o favor, pelo qual lhe sou muito grato, de aceitar a minha exoneração, que na missiva anterior deixara ao seu arbítrio, para que V. Exa. dela dispusesse como mais conveniente fosse; o que não me inibe de continuar, de acordo com o desejo que V. Exa. exprime, à suas ordens, para o que for de seu agrado e serviço. Muito reconhecido fico, outrossim, a V. Exa. pelas expressões de sincera amizade, em que abunda para comigo. Eu retribuo, com a mesma lhaneza e a mesma fidelidade, esse sentimento, de que me honro. Pode V. Exa. estar certo que o deixo com íntimo pesar, e que, em qualquer parte, qualquer tempo, em quaisquer circunstâncias, o nome do barão do Rio Branco não terá testemunha mais leal da sua nobreza, da sua capacidade e do seu patriotismo. De longe mesmo, antes de o conhecer em pessoa, tive para V. Exa. sempre a atração de uma simpatia, que só lamento não se me deparasse ocasião de estreitar com alguma coisa dessa intimidade, em que teve a fortuna de lograr as suas relações esse nosso comum amigo, tão delicadamente lembrado por V. Exa. nas primeiras linhas de sua carta. Entre as finezas de que a encheu, aprouve-lhe falar em serviços, que figura dever-me. Mas não há tal. Não constituem dívidas as homenagens impostas pela justiça. Rendendo-lhas, apenas me desempenhei de minhas obrigações de cidadão e jornalista. Deu-me Deus, talvez em grau não comum, a faculdade de admirar; e o prazer de exercê-la, celebrando o merecimento, é um dos mais gratos que o meu coração conhece. Já vê que não podia deixar de calar-me nele como uma grande satisfação e uma grande honra a ver-me, por iniciativa de V. Exa., a seu lado no empenho de resolver uma complicada questão internacional. Não me esquecia, pois, esse aspecto da minha situação, quando, obrigado a responder aos que me encareciam a missão do Acre como um posto vantajoso, falei nos seus ônus e na sua responsabilidade. Esta, consideradas as minhas antecedências no assunto, devia ser especialmente sensível a mim, desde que me submetia a tratar no terreno de uma transação, um litígio, em que eu fora o advogado mais caloroso da indisputabilidade absoluta do nosso direito. Não

365

A RAIZ DAS COISAS

hesitei, porém, ante as consequências dessa atitude, enquanto me parecesse defensável e vantajosa ao país. Foi neste que tive sempre os olhos, nos seus sentimentos e nos seus interesses, sem me importar jamais que, com os benefícios a ele granjeados, se "abalasse de qualquer modo a minha situação política". Esta nunca se achou firme, nem forte. Nenhum homem público, no Brasil, a tem mais precária, mais combalida, mais abalada. E isso justamente porque das suas conveniências nunca fiz caso, porque nunca alimentei pretensões políticas. Repugna-me ao meu temperamento cortejar a popularidade, e, na República, tenho vivido a contrariar-lhe as correntes dominantes. Graças a essa independência, cheguei a ser apontado como o maior inimigo do regime, e, ainda hoje, entre as forças que dispõem da sua sorte, não estou em cheiro de santidade. Ora, não haveria caso, em que eu mais devesse ter os olhos nas considerações superiores do dever, e fugir às de utilidade pessoal. Assim o compreendi e assim o pratiquei. As questões de território, como as de honra, são as que mais exaltam o melindre nacional. É de acordo com o sentimento nacional, portanto, que os homens de Estado têm de resolvê-las, se as quiserem deixar com efeito resolvidas, e medirem o mal das agitações alimentadas por uma impressão popular de ofensa à integridade do país. Por isso me opus em absoluto à cessão da margem direita do Madeira, que felizmente não vingou. Por isso, ainda, entendia que, neste gênero de concessões, deveríamos caminhar sempre como através de outros tantos perigos. Ao princípio alguma coisa, bem que mui parcamente, era razoável se fizesse nesse sentido; visto que a Bolívia parecia julgar-se ferida e intransigente ao contato do nosso dinheiro, alegando que o território, como a honra, não tem preço, e não era justo que com o milhão esterlino, insinuado entre as nossas ofertas, a houvéssemos por compensada inteiramente da extensão territorial que nos cedia. Mas, desde que os negociadores bolivianos puseram de parte esses escrúpulos e entraram francamente no terreno dos ajustes pecuniários, pedindo se elevasse aquela quantia ao dobro, por que não ultimarmos nessa espécie de compensações o nosso ajuste de contas? Acrescentando a essa vantagem a construção da estrada, creio que lhe não teríamos medido escassamente o valor do Acre. Juntar-lhe ainda a cessão de um porto já seria, talvez, muito. Contudo, até aí se poderia ir, suponho eu. Mas, somar a todas essas verbas 5.973 km de território brasileiro é o que me parece uma generosidade, cuja largueza excede, a meu ver, o limite dos nossos poderes. Não quero dizer que o Brasil perdesse na troca. Isso não. Mas dava mais do que vale, para a Bolívia, o que ela nos cede. E essa consideração não se havia de perder jamais de vista numa operação desta natureza. Em nossas mãos o Acre pesa bastante. Nas da nossa vizinha,

ANEXOS

o Acre não era nada. O valor desse território era, portanto, uma quantidade relativa, que praticamente só adquiria realidade com a nossa aquisição dele, com a sua transferência ao nosso senhorio. A estimação desse valor relativo devia manter-se, pois, entre os dois extremos, num meio-termo razoável. Ora esse estava preenchido com a via férrea, antiga aspiração daquele país, e os dois milhões esterlinos, que para eles representam quase quatro anos de sua receita. Não estaria ele por isso? Então era aceitarmos-lhe a outra alternativa, por ele posta: o arbitramento. Entende V. Exa. que é o que os bolivianos queriam. Eu entendo o contrário. E peço licença a V. Exa. para lhe recordar que esta é também a opinião, insuspeita, do dr. Assis Brasil. Ainda na última conferência nossa ele se manifestou assim, confirmando o assento, que neste sentido, eu acabava de fazer. Os bolivianos não querem o arbitramento, nunca o quiseram, a não ser que ele tivesse por objeto a troca de territórios, inovação combatida por mim na minha penúltima carta. Nem o podiam querer; visto que o juízo dos árbitros, já porque se teria de circunscrever ao Acre litigioso, já porque, em relação a esse mesmo, seria rejeitado pelos acrianos, se nos fosse contrário, não resolvia a pendência armada entre aquela população e o governo de La Paz. O receio de intervenção do Peru nessa pendência não passa de uma hipótese, cuja verificabilidade nada até agora autoriza. Ora, entregue a si a Bolívia naquelas paragens, não conta ela com o triunfo. Ainda, financeiramente, grande vantagem lhe levaria a população acriana. Note V. Exa. que, no memorândum recentemente endereçado aos plenipotenciários brasileiros pelos bolivianos, se eleva a 10.900 contos de réis o rendimento ânuo dos impostos de importação e exportação no Acre. Ora, essa é, mais ou menos, anualmente, a receita total da Bolívia, como V. Exa. me informou, em seis milhões de bolivianos. E com isso tem ela de acudir a todas as necessidades nacionais, ao passo que o governo do Acre, reduzido exclusivamente às de sua defesa, com ela poderia gastar, sem desvio, todos esses recursos. Já experimentados nas dificuldades da luta, o interesse e o pensamento dos bolivianos era evitá-la. Ora, a ela teriam de voltar, se vencessem no arbitramento. Logo, não era possível que o desejassem. Como, porém, pressentissem que nós, contra o que era de cuidar, também o temíamos, manobraram habilmente, simulando ambicioná-lo para, à sombra dos nossos injustificados receios, exigirem o que exigem, quando é minha convicção que, se encarássemos desassombrados o espantalho, eles é que recuariam, submetendo-se às nossas condições. Este, ao menos, o meu juízo. Pode ser, aliás, que esteja em erro. Onde, porém, tenho a certeza de que não estará, é na afirmativa de que a opinião pública receberá muito mal as cessões territoriais propostas, e de que, ousando-as,

A RAIZ DAS COISAS

o governo cometerá uma temeridade. Não são essas somente as "previsões minhas e de amigos meus". Parece-me esse é o sentimento geral, até onde tenho podido sondar. Dado isso, bem compreende V. Exa. o grande perigo das "influências desorganizadoras": e que contra elas fiquem desarmadas as influências benfazejas e ordeiras. Mas deus inspire a V. Exa., aos seus colegas, e a mim, se vejo mal, me esclareça melhor, permitindo que, de outra vez, consiga servir mais acertadamente ao país e a V. Exa. O admirador e amigo obrigadíssimo

Rui Barbosa

O desenlace da questão acriana demonstrou o acerto da estratégia de Rio Branco e a não realização das hipóteses pessimistas de Rui Barbosa.

V. A ORGANIZAÇÃO DA CONFERÊNCIA DA PAZ DE HAIA

Observe-se que a principal questão da conferência não figura nesse organograma. A proposta da criação do Tribunal de Arbitragem foi discutida no âmbito da Primeira Subcomissão da Comissão 1.

Presidente de honra: Van Goudriaan
Presidente: M. Nélidow
Vice-presidente: De Beaufort

Primeira Comissão
Presidentes de honra: Gaëtan de Kapos-Mére, Rui Barbosa e Edward Fry
Presidente efetivo: Léon Bourgeois
Primeira Subcomissão: Solução pacífica dos conflitos internacionais
Segunda Subcomissão: Organização do Tribunal de Presas

Segunda Comissão
Presidentes de honra: Barão Marshall, Horace Porter e Marquês de Soveral
Presidente efetivo: R. Beernaert
Primeira Subcomissão: Melhorias das leis e costumes da guerra terrestre; Declaração de 1899
Segunda Subcomissão: Direitos e obrigações dos neutros em terra e no começo das hostilidades

A RAIZ DAS COISAS

Terceira Comissão

Presidentes de honra: Joseph Choate, Lou Tseng-tsiang e Turkan-Pachá

Presidente efetivo: Joseph de Torrielli

Primeira Subcomissão: Bombardeio de portos; Colocação de torpedo e minas submarinas

Segunda Subcomissão: Regime dos vasos de guerra em portos neutros; Convênio de 1899

Quarta Comissão

Presidentes de honra: Villa Urrutia e Keiroku Tsuzuki

Presidente efetivo: De Martens

Subcomissão: Transformação dos navios mercantes em vasos de guerra; Propriedade privada no mar; Termo de favor; Contrabando de guerra; Bloqueio; Disposição de guerra terrestre aplicável à guerra marítima

VI. BIBLIOGRAFIA DE RUI NA CONFERÊNCIA DE BUENOS AIRES

ANGELL, Norman. *The World's Highway: Some Notes on America's Relation to Sea Power and Non-Military Sanctions for the Law Nations*. Nova York: George H. Doran Company, [s.d.].

_____. *America and the New World-State*. Nova York/Londres: G. P. Putnam's Sons, 1915.

BARKER, Ernest. *Nietzsche and Treitschke: The Worship of Power in Modem Germany*. Londres: Oxford University Press, 1914.

BERNHARDI, general Friedrich von. *Germany and the Next War*. Trad. Allen H. Powler. Londres: Edward Arnold, 1912.

BLONDEL, Georges. *La Doctrine pangermaniste*. Paris: Librairie Chapelot, 1915.

BRYCE, James (visconde Bryce). *Neutral Nations and the War*. Londres: MacMillan & Co., 1914. "Round Table", *Special War Number*, set. 1914, "German & the Prussian Spirit".

CHRISTENSEN, Arthur. *Politics and Crowd-Morality. A study in the philosophy of politics*. Trad. A. Cecil Curtis. Londres: Williams and Norgate, 1915.

DAVIS, H. W. C. *The Political Thought of Heinrich von Treitschke*. Londres: Constable and Company Ltd., 1914.

FERNAU, Hermann. *Précisément parce que je suis Allemand! Eclaircissements sur la question de la culpabilitdé des Austro-Allemands posée par le livre* J'Accuse. Lausanne/Paris: Librairie Payot et Cie., 1916.

A RAIZ DAS COISAS

FISHER, H. A. L. *The Value of Small States*. Londres: Oxford University Press, 1914.

HASSALL, Arthur. *Just for a Scrap of Paper*. Londres: Oxford University Press, [s.d.].

LAVISSE, E.; ANDLER, Ch., *Pratique et Doctrine allemandes de la guerre*. Paris: Armand Collin, [s.d.].

MAETERLINCK, Maurice. *Les Débris de la guerre*. Paris: Bibliotèque-
-Charpentier, 1916.

MUIRHEAD, J. H. *German Philosophy and the War*. Londres: Oxford University Press, 1914–1915.

PHILLIPSON, Coleman. *International Law and the Great War*. Londres: T. Fisher Unwin Ltd., 1915.

RICHARDS, sir H. Erie. *Does International Law Exist?* Londres: Oxford University Press, 1914. [panfleto].

ROOSEVELT, Theodore. *Fear God and Take Your Own Part*. Londres: Hodder & Stoughton, 1916.

SMITH, Thomas F. A. *What German Thinks or the War as Germans see it*. Londres: Hutchinson & Co., 1915.

USHER, Roland G. *Pan-Germanism*. Boston/Nova York: Houghton Mifflin Company, 1913.

VII. O PROTESTO SARAIVA

A esquadra de Sua Majestade católica que hostiliza a República do Chile bombardeou a cidade de Valparaíso, destruindo propriedade chilena pública e particular pertencente a súditos de potências neutrais. Este ato de excessiva e desnecessária hostilidade produz no Brasil a mais penosa impressão. Neutral na guerra em que, infelizmente, se acham empenhados o Chile e a Espanha, tem o governo de Sua Majestade o imperador cumprido, e cumprirá com o mais religioso escrúpulo, os deveres que esta posição lhe impõe. Mas, a par desses deveres, tem ele outros que ele deve satisfazer. Não somente no interesse próprio: no dos demais Estados americanos, no de uma causa que é comum a todas as nações civilizadas, sejam elas beligerantes ou neutrais. A moderna civilização, respeitando os direitos dos beligerantes, tende a minorar os males que resultam do estado de guerra; consegue proteger tanto a propriedade neutral como a inimiga inofensiva, e condena todo ato de hostilidade que não seja necessário. Valparaíso estava protegida por esta prática salutar. Não era uma praça de guerra; era uma cidade comercial, e encerrava, além de propriedade inimiga inteiramente inofensiva, propriedade estrangeira e neutral de valor considerável. A sua destruição em nada aproveitava à Espanha; não tirava recursos do inimigo, nem influía, direta ou indiretamente, no êxito da guerra. Bombardeando aquela cidade, prejudicou a Espanha, principalmente, aos interesses neutrais e estabeleceu um precedente fatal que não pode ser sancionado, nem mesmo pelo silêncio das demais nações. Todas elas devem protestar, e o Brasil protesta. Empenhado, também, em uma guerra, conhece o governo imperial pela própria experiência quanto convém aos beligerantes que lhes não seja impedido, ou embaraçado, o exercício dos direitos soberanos, mas procura diminuir os males que desse exercício podem nascer, respeitando os interesses neutrais, concedendo-lhes tudo quanto é possível, prescindindo mesmo do uso dos seus direitos, e deixando de praticar aqueles atos que não são indispensáveis ao seu objeto. O governo imperial, portanto, pronunciando-se nesta questão, apoia-se nos seus direitos como neutral e no seu procedimento como beligerante. O Brasil e a maior parte dos Estados americanos, novos ainda, não dispõem de todos os recursos precisos para se fazerem respeitar; e disseminada a sua riqueza e a sua população ao longo de costas extensas e indefesas, estão sujeitos ao abuso da força, e necessitam por isso que sejam mantidas as máximas da civilização moderna, que constituem a sua principal e mais eficaz proteção.

José Antônio Saraiva

VIII. SUMÁRIOS DOS TRÊS TOMOS DE *O DIREITO DO AMAZONAS AO ACRE SETENTRIONAL**

TOMO I (292 P.)
PRIMEIRA PARTE
AS PRELIMINARES

1. Preliminar: Incompetência do juízo
    I.   Extensão da competência do Supremo Tribunal
    II. A objeção do caso político
    III. Os pleitos de limites entre os Estados, nos Estados Unidos
    VI. As questões de limites dos Estados com a união, nos Estados Unidos
    V.   A objeção política nas questões de limites interiores sob o regime federal
    VI. As questões de limites na República Argentina
2. Preliminar: A pendência legislativa da questão
3. Preliminar: Impropriedade da ação
    I.   Domínio e jurisdição
    II. Reivindicação de jurisdição
    III. Erro de nome não anula a ação

---

* *Obras completas de Rui Barbosa, v. XXXVII, t. V, VI e VII,* Rio de janeiro: Fundação Casa de Rui Barbosa, 1983.

A RAIZ DAS COISAS

TOMO II (445 P.)
DE MERETIS
CONSIDERAÇÕES INTRODUTÓRIAS.
POSIÇÃO DA QUESTÃO.

Título I
Os fatos

Título II
A prova
História e geografia

Capítulo I. A prova cartográfica
Capítulo II. A prova diplomática (o Tratado de 1867)
    1. Textos e exegese
    2. Os protocolos e a linha oblíqua
Capítulo III. A Prova testemunhal
Capítulo IV. A prova documental
    1. Documentos já autuados
    2. Documentos ora anexos (Terras Devolutas)
    3. Atos legislativos
Capítulo V. A confissão da ré
Razão de ordem
    1. Reivindica a união com brasileiro o Acre Setentrional
    2. Confessa a União o Domínio do Amazonas no Acre

Título III
O Direito

Capítulo VI. A opinião nacional
Capítulo I. O Tratado de Petrópolis

ANEXOS

1. O litígio afirma o Direito
2. A *res dubia* na *transação*
3. Caráter declaratório da transação
4. Das cláusulas translativas na transação
5. O equívoco da transação "indivisível"
6. As compensações na Transação de Petrópolis
7. Transações e decisões arbitrais

Capítulo II. O *uti possidetis*

Conclusão

TOMO III (351 P.)
ACRE SETENTRIONAL. REIVINDICAÇÃO DO ESTADO DO AMAZONAS CONTRA A UNIÃO PETIÇÃO INICIAL CONTESTAÇÃO RÉPLICA ACRE-AMAZONAS (CONSULTA JURÍDICA A CLÓVIS BEVILÁQUA) TRANSAÇÃO DO ACRE NO TRATADO DE PETRÓPOLIS (POLÊMICA DE RUI BARBOSA)

Apêndices

Escritura do contrato entre o Estado do Amazonas e Rui Barbosa
Tréplica da União Federal
Consulta de Rui Barbosa. Parecer de Lafayette Rodrigues Pereira
Memorial em prol dos acrianos (Gumercindo Bessa)
Em prol dos acrianos
Bibliografia dos tomos I, II e III
Jurisprudência norte-americana

Bibliografia

LIVROS

ABRANCHES. Dunshee de. *A ilusão brasileira*. Rio de Janeiro: D. de Abranches Editor, 1934.

ACCIOLY, Hildebrando. *O barão do Rio Branco e a Segunda Conferência da Haia*. Rio de Janeiro: Ministério das Relações Exteriores, 1945.

ALDRICH, Robert (org.). *The Age of Empires*. Londres: Thames and Hudson, 2009.

AMADO, Gilberto. *Presença na política*. Rio de Janeiro: José Olympio, 1958.

ANGELL, Norman. *Le Chaos européen*. Paris: Bernard Grasset, 1920.

ARAÚJO JORGE, A. G. *Rio Branco e as fronteiras do Brasil (uma introdução às Obras do barão do Rio Branco)*. Brasília: Senado Federal, 1999.

BALEEIRO, Aliomar. *Rui, um estadista no Ministério da Fazenda*. Salvador: Livraria Progresso Editora, 1954.

_____. *Constituições brasileiras 1891*. Brasília: Senado Federal/Centro de Estudos Estratégicos (CEE–MCT)/Escola de Administração Fazendária (ESAF–MF), 1999.

BARBOSA, Rui. *A transação do Acre no Tratado de Petrópolis*. Rio de Janeiro: Typ. do Jornal do Commercio de Rodrigues & C., 1906.

A RAIZ DAS COISAS

_____. *Segunda Conferência da Paz – Actas e discursos.* Rio de Janeiro: Jacintho Ribeiro dos Santos Editor, 1917.

_____. *De la Conférence de la Haye a la Guerre des Nations.* Paris: Garnier Frères, 1917.

_____. *A revogação da neutralidade do Brazil.* Londres: R. Clav & Sons, 1918.

_____. *Cartas de Inglaterra.* São Paulo: Saraiva & C. Editores, 1929.

_____. *A Grande Guerra.* Rio de Janeiro: Guanabara, 1932.

_____. *O divórcio e o anarchismo.* Rio de Janeiro: Guanabara, 1933.

_____. *Esfola da calumnia.* Rio de Janeiro: Guanabara, 1933.

_____. *Obras completas. Relatório do ministro da Fazenda. v. XVIII, 1891, t. II e III.* Rio de Janeiro: Ministério da Educação e Saúde, 1949.

_____. *Conferência de Haia. Dois autógrafos do Arquivo da Casa de Rui Barbosa.* Rio de Janeiro: Casa de Rui Barbosa, 1952.

_____. *Obras completas. A imprensa. v. XXVI, t. III, IV, VI, 1899.* Rio de Janeiro: Ministério da Educação e Cultura, 1954.

_____. *Obras completas. Campanha presidencial. v. XLIV, 1919, t. II.* Rio de Janeiro: Ministério da Educação e Cultura, 1956.

_____. *Obras seletas. Tribuna Parlamentar República.* Rio de Janeiro: Casa de Rui Barbosa, 1956.

_____. *Obras avulsas. I Conferência da Haia. Discurso em Paris a 31 de outubro de 1907.* Rio de Janeiro: Casa de Rui Barbosa, 1962.

_____. *Obras completas. A Segunda Conferência da Paz. v. XXXIV, 1907, t. II.* Rio de Janeiro: Ministério da Educação e Cultura, 1966.

_____. *República: teoria e prática.* Petrópolis: Vozes; Brasília: Câmara dos Deputados, 1978.

_____. *Obras completas. A imprensa. v. XXVIII, t. III, 1901.* Rio de Janeiro: Ministério da Educação e Cultura, 1979.

_____. *Obras completas. Embaixada a Buenos Aires. v. XLIII, 1916, t. I.* Rio de Janeiro: Ministério da Educação e Cultura/Fundação Casa de Rui Barbosa, 1981.

BIBLIOGRAFIA

_____. *Obras completas. O direito do Amazonas ao Acre Setentrional*. v. XXXVII, 1910, t. V, VI e VII. Rio de Janeiro: Ministério da Educação e Cultura/Fundação Casa de Rui Barbosa, 1983.

_____. *Obras completas. A Grande Guerra*. v. XLIV, 1917, t. I. Rio de Janeiro: Ministério da Cultura/Fundação Casa de Rui Barbosa, 1988.

_____. Os *conceitos modernos do direito internacional*. Estabelecimento do texto do original castelhano, tradução, notas, apêndices e introdução de Sérgio Pachá. Apresentação Homero Senna. Rio de Janeiro: Fundação Casa de Rui Barbosa, 1983.

_____. *O processo do capitão Dreyfus*. São Paulo: Giordano, 1994.

_____. *Escritos e discursos seletos em um volume. Oratória política/Oratória jurídica/Oratória acadêmica/Jornalismo/Ensaio/Filologia*. Rio de Janeiro: Casa de Rui Barbosa/Nova Aguilar, 1995.

_____. *A questão social e política no Brasil*. Rio de Janeiro: Casa de Rui Barbosa, 1998.

_____. *Pensamento e ação de Rui Barbosa*. Brasília: Senado Federal; Rio de Janeiro: Fundação Casa de Rui Barbosa, 1999.

_____. *Obras completas. Jubileu cívico,* v. XLV, t. 11. Rio de Janeiro: Fundação Casa de Rui Barbosa, 2016.

BELLO, José Maria. *Joaquim Nabuco, Rui Barbosa: duas conferências*. Rio de Janeiro: Ministério das Relações Exteriores/Serviço de Publicações, 1949.

_____. *Ruy Barbosa e escriptos diversos*. Rio de Janeiro: A. J. de Castilho Editor, 1918.

BILLINGTON, James H. *The Icon and the Axe*: An Interpretative History of Russian Culture. Nova York: Vintage, 1966.

BOOK ON RUSSIA. Dedicated to the 75th Anniversary of Great Victory. Moscou: GAZPROM, Special Representative of the President of the Russian Federation for Cooperation with Compatriot Organisations Abroad, 2020.

A RAIZ DAS COISAS

BRITO, Lemos. *Rui Barbosa e a igualdade das soberanias.* Rio de Janeiro: Casa de Rui Barbosa, 1954.

BURNS E., Bradford. *The Unwritten Alliance: Rio-Branco and Brazilian--American Relations.* Nova York: Columbia University Press, 1966.

_____. "As relações internacionais do Brasil durante a Primeira República". *In*: FAUSTO, Boris (direção). *O Brasil republicano: sociedade e instituições (1889–1930).* Rio de Janeiro: Bertrand Brasil, 1990.

CÂMARA, José Aurélio Saraiva. *Capistrano de Abreu, tentativa biobibliográfica.* Rio de Janeiro: José Olympio, 1969.

CARDIM, Carlos Henrique. "A Primeira Conferência de Paz da Haia, 1899: por que a Rússia?" *In*: PEREIRA, Manoel Gomes Pereira. *Barão do Rio Branco: 100 Anos de Memória.* Brasília: Fundação Alexandre de Gusmão, 2012.

_____. "A raiz das coisas – Rui Barbosa: o Brasil no Mundo". *In*: PIMENTEL, José Vicente de Sá. *Pensamento diplomático brasileiro. Formuladores e agentes da política externa (1750–1964).* v. II. Brasília: Fundação Alexandre de Gusmão, 2013.

CARVALHO, C. Delgado de. *História diplomática do Brasil.* São Paulo: Companhia Editora Nacional, 1958.

CELSO, Afonso. *Oito anos de parlamento.* Brasília: Senado Federal, 1998.

CHATEAUBRIAND, Assis. *Allemanha.* Rio de Janeiro: Typographia do Annuario do Brasil, 1921.

CHURCHILL, Winston S. *The World Crisis.* v. 1–5. Londres: Thornton Butterworth, 1923–1931.

CUNHA, Pedro Penner da. *A diplomacia da paz: Rui Barbosa em Haia.* Rio de Janeiro: Casa de Rui Barbosa, 1976.

DANTAS. San Tiago. *Rui Barbosa e o Código Civil.* Rio de Janeiro: Casa de Rui Barbosa, 1949.

_____. *Política externa independente.* Rio de Janeiro: Civilização Brasileira, 1962.

BIBLIOGRAFIA

_____. "Rui e a renovação da sociedade". *In:* _____. *Rui Barbosa: escritos e discursos seletos.* Rio de Janeiro: Fundação Casa de Rui Barbosa/ Nova Aguilar, 1995.

D'ENCAUSSE, Hélène Carrère. *Nicolas II, La Transition interrompue, une biographie politique.* Paris: Fayard, 1996.

ESSAD-BEY, Mohammed. *Nicolau II: o prisioneiro da púrpura.* Tradução de Marques Rebelo. Porto Alegre: Livraria do Globo, 1937.

EYFFINGER, Arthur. *The Hague: International Centre of Justice and Peace.* Haia: Jongbloe Law Booksellers, 2003.

FERRO, Marc. *Nicolas II.* Paris: Payot, 2011.

FIGES, Orlando. *Natasha's Dance. A Cultural History of Russia.* Londres: Peguin, 2003.

FONTOURA, João Neves da. *Rui Barbosa, orador.* Rio de Janeiro: Ministério da Educação e Cultura, 1960.

FRANCO, Afonso Arinos de Melo. *Um estadista da República.* Rio de Janeiro: José Olympio, 1955.

_____. *O som do outro sino. Um breviário liberal.* Rio de Janeiro: Civilização Brasileira/Editora UnB, 1978.

FREYRE, Gilberto. *Região e tradição.* Rio de Janeiro: José Olympio, 1941.

_____. *Ordem e progresso.* Rio de Janeiro: Record, 1990.

FUNDACIÓN CENTRO NACIONAL DE HISTORIA. *Cipriano Castro en la caricatura mundial.* Caracas: Fundación Centro Nacional de Historia, 2008.

GARCIA. Eugênio Vargas. *Cronologia das relações internacionais do Brasil.* São Paulo: Editora Alfa-Ômega; Brasília: Fundação Alexandre de Gusmão, 2000.

_____. *O Brasil e a Liga das Nações (1919–1926).* Porto Alegre: UFRGS Editora; Brasília: Fundação Alexandre de Gusmão, 2000.

GREWE, Wilhelm G. *The Epochs of International Law.* Berlim/Nova York: De Gruyter, 2000.

LACERDA, Virgínia Cortes de. *Rui Barbosa em Haia*. Rio de Janeiro: Casa de Rui Barbosa, 1957.

LACOMBE. Américo Jacobina. *Rio Branco e Rui Barbosa*. Rio de Janeiro: Ministério das Relações Exteriores/Comissão Preparatória do Centenário do barão do Rio Branco, 1948.

_____. *Rui Barbosa e a queima dos arquivos*. Rio de Janeiro: Fundação Casa de Rui Barbosa, 1988.

LAMOUNIER, Bolívar. *Rui Barbosa*. Rio de Janeiro: Nova Fronteira, 1999.

LAUERHASS JR., Ludwig. *Getúlio Vargas e o triunfo do nacionalismo brasileiro*. Belo Horizonte: Itatiaia; São Paulo: Edusp, 1986.

LIEVEN, Dominic. *Nicholas II: Emperor of All the Russias*. Londres: John Murray, 1993.

_____. *Empire. The Russian Empire and its Rivals from the Sixteenth Century to the Present*. Londres: Pimlico, 2003.

_____. *Russia Against Napoleon: The True Story of the Campaign of War and Peace*. Londres: Penguin, 2009.

LIMA, Hermes. *O construtor, o crítico e o reformador na obra de Rui Barbosa*. Rio de Janeiro: Casa de Rui Barbosa, 1958.

LINS, Álvaro. *Rio-Branco*. v. 325. São Paulo: Companhia Editora Nacional, 1965. (Coleção Brasiliana.)

LOBATO, Monteiro. *Urupês*. São Paulo: Livraria Martins Editora, 1944.

LOPES, Waldemar. *Algumas reflexões sobre Ruy, internacionalista*. Recife: Livros de Amigos, 2000.

LOBO Hélio. O *Brasil e seus princípios de neutralidade*. Rio de Janeiro: Imprensa Nacional, 1914.

MADDISON, Angus. *História del desarrollo capitalista. Sus fuerzas dinâmicas*. Barcelona: Ariel, 1991.

MAGALHÁES JÚNIOR, R. *Rui, o homem e o mito*. Rio de Janeiro: Civilização Brasileira, 1964.

BIBLIOGRAFIA

MANGABEIRA, João. *Rui: o estadista da República*. Brasília: Senado Federal, 1999.

MARTYNOV, Boris F. *El Canciller de Oro*: *el Barón de Rio Branco, un gran diplomático de América Latina*. Moscou: Instituto de Latinoamérica de la Academia de Ciencias de Rusia, 2004. [Edição do texto em russo.]

MELLO, Linneu de Albuquerque. *Gênese e evolução da neutralidade*. Rio de Janeiro: Imprenta, 1943.

MINISTÈRE DES AFFAIRES ÉTRANGÈRES. *Documents Diplomatiques: Conférence Internationale de la Paix 1899*. Paris: Imprimerie Nationale, 1900.

MONTEIRO, Tobias. *As origens da Guerra. O dever do Brasil*. Rio de Janeiro: Francisco Alves, 1917.

MOSCARDO, Jerônimo; CARDIM, Carlos Henrique (orgs.). *Rússia*: *seminário*. Brasília: Fundação Alexandre de Gusmão, 2008.

NASAW, David. *Andrew Carnegie*. Londres: Penguin, 2006.

NICHOLSON, Nicolas B. A. *et al. The Romanov Royal Martyrs. What Silence Could not Conceal*. Chipre: Mesa Potamos Publications, 2019.

NICOLAS II. *Journal Intime. Décembre 1916–juillet 1918*. Apresentação e notas de Jean-Christophe Buisson. Paris: Perrin, 2018.

NUNES, Reginaldo. *Rui Barbosa: as duas conferências de Haia — O Supremo Tribunal Federal e O Instituto dos Advogados*. Rio de Janeiro: Companhia Editora Forense, 1958.

OCTAVIO, Rodrigo. *Minhas memórias dos outros*. Rio de Janeiro: Civilização Brasileira, 1934.

PATERSON, Michael. *Nicolas II, The Last Tsar*. Londres: Robinson, 2017.

PEREIRA, Antônio Baptista. O *Brasil e o anti-semitismo*. Rio de Janeiro: Casa de Rui Barbosa, 1945.

PIPES, Richard. *Three "Whys" of the Russian Revolution*. Nova York: Vintage, 1995.

POCOCK, J. G. A. *The Machiavellian Moment*. Princeton: Princeton University Press, 1975.

PRADO, Eduardo. *A ilusão americana*. São Paulo: Livraria e Oficina Magalhães, 1917.

PRADO, Paulo. *Retratto do Brasil*. São Paulo: D.M.C., 1928.

PRAZERES, Otto. *O Brasil na guerra*. Rio de Janeiro: Imprensa Nacional, 1918.

PRIMAKOV, Yevgeny. Russian Crossroads. Toward the new millennium. New Haven: Yale University Press: 2004.

RADKAU, Joachim. *Max Weber. A Biography*. Cambridge: Polity Press, 2009.

RADZINSKY, Edward. *O último czar. A vida e a morte de Nicolau II*. São Paulo: BestSeller, 1992.

RAPPAPORT, Helen. *A corrida para salvar os Románov. Os planos secretos para resgatar a família imperial da Rússia*. Rio de Janeiro: Objetiva, 2018.

RENOUVIN, Pierre. *La Crise européenne et la Première Guerre Mondiale*. Paris: Presses Universitaires de France, 1948.

RIASANOVSKY, Nicholas V.; Steinberg, Mark D. *A History of Russia*. Nova York/Oxford: Oxford University Press, 2005.

RIO BRANCO, barão do; BARBOSA, Rui. *II Conferência da Paz de Haia: A correspondência telegráfica entre o barão do Rio Branco e Rui Barbosa*. Brasília: Fundação Alexandre de Gusmão, 2014.

RIO BRANCO, Raul do. *Reminiscências do barão do Rio Branco*. Rio de Janeiro: José Olympio, 1942.

RODRIGUES, José Honório. *Interesse nacional e política externa*. Rio de Janeiro: Civilização Brasileira, 1966.

ROURE, Agenor de. *A constituinte republicana*. Brasília: Senado Federal/ Editora Universidade de Brasília, 1979.

SALES, Alberto. *Sciencia política*. Brasília: Senado Federal, 1997.

BIBLIOGRAFIA

SCELLE, Georges. *Commémoration du centenaire de Rui Barbosa*. Rio de Janeiro: Casa de Rui Barbosa, 1953.

SERVICE, Robert. *The Last of the Tsars. Nicholas II and the Russian Revolution*. Londres: Pan Books, 2018.

SCOTT, James Brown. *The Hague Conferences of 1899 and 1907*. 2 v. Baltimore: Johns Hopkins University Press, 1909.

SIMPSON, Gerry. *Great Powers and Outlaw States*. Cambridge: Cambridge University Press, 2004.

STEAD, William T. O *Brazil em Haya*. Rio de Janeiro: Imprensa Nacional, 1925.

THE PERMANENT COURT OF ARBITRATION. *The Hague Peace Conferences of 1899 and 1907 and International Arbitratio: Reports and Documents*. Organização e compilação de Shabtai Rosenne. Haia: T.M.C. Asser Press, 2001.

TOCQUEVILLE, Alexis de. *De La Démocratie en Amérique*. Organizado por J. P. Mayer. Paris: Gallimard, 1968.

TOLSTÓI, Liev. *Guerra e paz*. São Paulo: Cosac Naif, 2011.

TSYGANKOV, Andrei P. *Russia's Foreign Policy*. Lanham: Rowan & Littlefield Publishers, 2010.

TUCHMAN, Barbara. *The Proud Tower: A Portrait of the World Before the War, 1890–1914*. Londres: Papermac, 1997.

VIANA FILHO, Luís. *A vida de Rui Barbosa*. Rio de Janeiro: José Olympio/MEC, 1977.

VIANNA, Oliveira. *Pequenos estudos de psycologia social*. São Paulo: Monteiro Lobato & C. Editores, 1921.

VITA, Luís Washington. *Alberto Sales, ideólogo da República*. São Paulo: Companhia Editora Nacional/Edusp, 1965.

WCISLO, Francis W. *Tales of Imperial Russia. The Life and Times of Sergei Witte*, 1849-1915. Oxford: Oxford University Press, 2011.

WEBER, Max. *Estudos políticos: Rússia 1905 e 1907*. Tradução e apresentação de Maurício Tragtenberg. Rio de Janeiro: Azougue, 2005.

WIEGERINCK, J. A. M. *Rui Barbosa e a soberania.* Rio de Janeiro: Casa de Rui Barbosa, 1958.

WITTE, Sergei. *The Memoirs of Count Witte.* Traduzido e organizado por Sidney Harcave. Londres/Nova York: Routledge, 1990.

ARTIGOS

BEST, Geoffrey. "Peace Conference and the Century of Total War: The 1899 Hague Conference and What Came After", *International Affairs,* v. 75, n. 3, jul. 1999,

_____. "Hague Rules OK: The 1899 Peace and Disarmament Conference", *History Today,* v. 61, n. 3, pp. 26–28, mar. 2011.

CASTRO, J. A. de Araújo. "Fundamentos da paz internacional: balança de poder ou segurança coletiva", *Documentação e atualidade política,* n. 2, Brasília, 1977.

CARNEIRO, Levi. "Rio Branco e a sempre tão limpa e generosa política internacional do Brasil", *Anuário do Museu Imperial,* Petrópolis, 1944.

DÓRIA, A. de Sampaio. "Cinquentenário de Haia", *Revista dos Tribunais,* v. 268, ano 47, São Paulo, fev. 1958.

FAUSTO, Boris. "Revisão de Rui", *Folha de S.Paulo,* São Paulo, 15 nov. 1999.

MARTINS, Estevão Chaves de Rezende. "Ruy Barbosa e a paz mundial", *Arquivos do Ministério da Justiça,* n. 177, ano 44, Brasília, jan.–jun. 1991.

MATTOS, J. Dalmo Fairbanks Belfort de. "Ruy Barbosa e o direito das gentes", *Revista dos Tribunais,* v. 183, São Paulo, jan. 1950.

VICENT, Victor. "Subsídios para uma melhor compreensão da entrada do Brasil na Primeira Guerra Mundial", *Estudos Históricos,* n. 15, Marília, 1976.

VINHOSA, Francisco Luiz Teixeira. "As Relações Brasil–Estados Unidos durante a Primeira República", *Revista do Instituto Histórico e Geográfico Brasileiro,* v. 378/379, Rio de Janeiro, 1993.

BIBLIOGRAFIA

OBRAS DE REFERÊNCIA

CASTAFIARES, Juan Carlos Pereira. *Documentos básicos sobre historia de las relaciones internacionales (1815–1991)*. Madri: Complutense, 1995.

MELLO, Rubens Ferreira de. *Dicionário de direito internacional público*. Rio de Janeiro: Iguassu, 1962.

OSMAŃCZYK, Edmund Jan. *Enciclopedia mundial de relaciones internacionales y Naciones Unidas*. Cidade do México: Fondo de Cultura Económica, 1976.

TSYGANKOV, Andrei P. *Russia's Foreign Policy*. Lanham: Rowan & Littlefield Publishers, 2010.

JORNAIS E REVISTAS

Jornal do Commercio. Rio de Janeiro, 1916–1917.

A Imprensa. Rio de Janeiro, 1899–1901.

CENTRO DE HISTÓRIA E DOCUMENTAÇÃO DIPLOMÁTICA; FUNDAÇÃO ALEXANDRE DE GUSMÃO. *Revista Americana: uma iniciativa pioneira da cooperação intelectual (1909–1919)*. Brasília: Senado Federal, 2001.

SITES

PERMANENT COURT OF ARBITRATION. Disponível em: <www.pca-cpa.org>. Acesso em: 27 jan. 2023.

CONTEMPORARY HISTORY OF RUSSIA. Disponível em: <vm.sovrhistory.ru/en/sovremennoy-istorii-rossii>. Acesso em: 27 jan. 2023.

A RAIZ DAS COISAS

ARQUIVOS PESQUISADOS

Arquivo Histórico do Itamaraty, Ministério das Relações Exteriores, Escritório Regional no Rio de Janeiro.
Arquivo Rui Barbosa, Fundação Casa de Rui Barbosa, Rio de Janeiro.

Este livro foi composto na tipografia
Adobe Garamond Pro, em corpo 12/16, e impresso em
papel off-white no Sistema Digital Instant Duplex
da Divisão Gráfica da Distribuidora Record.